# Agatha dans tous ses états

## Du même auteur

*Pas d'histoire, les femmes,* Syros, 1977
*Hélène Brion; la voie féministe,* Syros, 1978
*Un coin dans leur monde,* Syros, 1979
*Le Ministère du possible...,* Alain Moreau, 1986
*Choses dites de profil,* Ramsay, 1988
*George Sand, la lune et les sabots,* Robert Laffont, 1990
*Rose Noël,* Seghers, 1992
*La Grande Verrière,* Payot, 1991
*Carnets de Prague,* Seghers, 1992
*Le Déjeuner,* François Bourin, 1993
*La Famille Renoir,* Calmann-Lévy, 1994
*Simone Weil,* Julliard, 1995
*Les Roches rouges,* Ecriture, 1996
*Faute de regard,* Ecriture, 1997

Huguette Bouchardeau

# Agatha dans tous ses états

Flammarion

Ouvrage publié sous la direction
de Perrine Simon-Nahum


ISBN 2-08-067496-X
Imprimé en France

*Pour Barbara Robinson, peintre anglais installé en Languedoc depuis longtemps, avec un grand merci pour m'avoir aidée à approcher quelques subtilités à propos d'Agatha Christie en particulier, et des Anglais en général.*

# Introduction

«Il n'avait jamais eu de message personnel à donner.
Il avait été un messager, ce qui était très différent.»
Mary Westmacott, alias Agatha Christie,
*Le Poids de l'amour*

Bonjour, Madame Agatha,

Dame Agatha, devrais-je dire, puisque ce fut le titre que vous conféra la reine Elisabeth II en 1972. «Lady» ne désigne que l'épouse du «lord», «dame» proclame la distinction gagnée par le mérite personnel. Encore une biographie… Pourtant vous aviez averti : «J'écris des livres pour les vendre et j'espère que les lecteurs y prennent plaisir, mais je crois que les gens s'intéressent davantage aux romans qu'à leurs auteurs.» Vous étiez même allée plus loin; pour prévenir les interprétations hasardeuses («Je couperai ainsi l'herbe sous les pieds de tous les autres biographes en puissance»…) vous aviez écrit vous-même, à la fin d'une vie bien remplie, une *Autobiographie* qui aurait dû faire reculer les aspirants aux reconstitutions aventureuses. Pourtant votre réussite est si étonnante qu'elle porte à s'interroger sur la personne que vous fûtes, sur votre manière d'écrire, sur la façon dont sont toujours mêlées, dans les existences d'écrivain, l'écriture et la vie.

Bien sûr les faits sont là, dates incontestables, événements de la vie privée, années de publications des ouvrages. Pour que le lecteur soit immédiatement au clair avec ces données brutes, chaque chapitre de ce livre commencera par un «rapport de police», sec et sans état d'âme, comme le veut la loi du genre; mais au moins peut-on s'y rapporter quand un doute saisit sur la chronologie, quand une précision s'impose. Avec une remarque cependant : à partir de la quarantaine d'Agatha, ces «rapports de police» ressembleront de plus en plus à des fiches bibliographiques, tant la production de l'écrivain semblera dominer les péripéties de l'existence.

Cet état des lieux, recommencé à chaque étape, nous permettra d'évoquer ensuite avec plus de liberté, dans le corps de chaque chapitre, ce que nous pensons être les lignes de force de votre personnalité, de votre vie, de votre expérience et de votre écriture. Là, il nous faudra confronter les «avis du témoin principal» et les suggestions renvoyées, comme par autant de miroirs, par l'œuvre littéraire. Les «avis du témoin principal», ce sont les textes que vous avez écrits vous-même, dans le récit des campagnes archéologiques partagées avec Max Mallowan, *Dis-moi comment tu vis*, et dans votre *Autobiographie*. Ce sont aussi, plus dispersées, les interviews, les confidences rapportées, les lettres.

L'œuvre littéraire, pourtant, ne serait-elle pas plus porteuse encore de ces traits multiples qui révèlent, au plus profond, une personnalité? Témoins non muets de tous les mouvements qui agitent, ces miroirs-là disent les attachements anciens à tel ou tel paysage, les personnages admirés, les répulsions sourdes. Quelquefois, le roman se fait bavard, et ses protagonistes échangent leurs réflexions, qui peuvent éclairer celles de l'auteur. Mais ce sont moins les discours que les remarques apparemment anodines qui paraissent les plus révélatrices. Ces notations, renforcées par leur concordance, nous les chercherons sans doute dans les romans policiers où elles se glissent entre quelques remarques vaniteuses d'Hercule Poirot, quelques sentences judicieuses de Miss Marple, quelques fatuités naïves de Hastings. Mais nous les trouverons plus encore peut-être dans ces romans moins connus que, par pudeur et sans doute par peur des révélations dont ils seraient porteurs, vous avez signé du pseudonyme de Mary Westmacott.

Il nous faut même ici avouer une faiblesse : quitte à faire la part trop belle à l'imagination, nous serions tentée de privilégier cette piste; la vie d'Agatha Christie, telle qu'elle fut avec exactitude, intéresse bien sûr. Il importe encore plus au lecteur d'aujourd'hui de connaître comment l'a vécue, pensée et parlée son auteur. Il lui importe surtout de retrouver les vies multiples que rêva et joua la grande dame du roman policier lorsque, sous sa plume, surgissaient de manière songeuse ou furtive, acerbe ou pointue, les remarques, les pensées, les sentiments, tout ce qui fait qu'un écrivain vit aussi par procuration dans les êtres qu'il met en scène, dans les déclarations qu'il se permet lorsque court la plume, lorsque cliquettent les touches de la machine à écrire, plume et touches libérées dans la danse sans risque des petites cellules grises. La vie de tous les jours est si contraignante, le self-control si nécessaire, quand on est une dame de la bonne société anglaise, cette société victorienne finissante du début du siècle! Et quand le grand auteur reconnu se sera émancipé de quelques règles, aura choisi de conduire sa vie à sa guise, ce seront les feux de la rampe, l'étau jamais desserré des médias dont l'œil jaloux se substituera aux chaperons d'autrefois.

Nous commençons donc une enquête, Madame Agatha Christie, où tout ce que vous avez voulu dire sur vous-même sera écouté, où rien de ce que vous avez voulu cacher ne sera exclu. Votre existence littéraire s'étant passée à démêler le vrai du faux, à défendre l'innocent contre le coupable, nous tenterons, si vous le permettez, de nous placer sous votre patronage.

Nous ne citerons pas, en fin d'ouvrage, de bibliographie sur l'œuvre critique à propos d'Agatha Christie. Nous voudrions, en revanche, que le lecteur sache combien nous sommes redevables pour ce travail – après avoir évidemment consulté la «biographie autorisée» écrite par Janet Morgan, et parue en 1986 chez Luneau Ascot – à trois auteurs :

François Rivière, dont un livre paru aux éditions du Seuil en 1981 (*Agatha Christie, duchesses de la mort*) fut la première biographie en français d'Agatha Christie. Il a écrit par ailleurs le texte d'un très bel album publié aux éditions du Chêne en 1995 : *Les Promenades d'Agatha Christie* (images de Jean-Bernard Naudin).

Sophie de Mijolla-Mellor, pour son ouvrage très suggestif d'interprétation psychanalytique de l'œuvre d'Agatha Christie : *Le Meurtre familier*, Dunod, 1995.

Jacques Baudou, dont les préfaces à chacun des volumes de l'Intégrale de l'œuvre d'Agatha Christie publiée par Le Masque à partir de 1990, et les postfaces à chacun des romans ou recueils de nouvelles parus dans cette même collection, constitueraient, si elles étaient réunies, le travail le plus complet écrit en français, sur la vie et l'œuvre d'Agatha Christie.

**Rapport de police**

**15 septembre 1890** : naissance d'Agatha Mary Clarissa Miller, fille de Frederick Miller et de Clara West, son épouse, à Torquay, Devonshire.
Une sœur aînée, Margaret, dite Madge (née en 1879).
Un frère aîné Louis Montant, dit Monty (né en 1880).
**1901** : Mort de Frederick Miller.
**1902** : Madge épouse James Watts.
**1903** : Agatha est inscrite pour la première fois à des cours, à l'école de jeunes filles de Miss Guyer, à Torquay.

**Résidences** : Ashfield, Torquay, Devonshire — Ealing (environs de Londres), résidence de la grand-mère maternelle d'Agatha.

# I

# Enfance

## 1890-1903

*«One of the luckiest things that can happen to you in life is to have a happy childhood. I had a very happy childhood. I had a home and a garden that I loved; a wise and patient Nanny; as father and mother two people who loved each other dearly and made a success of their marriage and of parenthood.»*

A. Christie, *An Autobiography*

«Une enfance typiquement anglaise? La campagne, une grande baraque brinquebalante, des chevaux, des chiens, des promenades sous la pluie, des feux de bois, l'odeur des pommes dans le verger, le manque d'argent, les vieux tweeds, les robes du soir qu'on remettait d'année en année, un jardin à l'abandon avec les asters qui jaillissent des parterres comme de grands étendard à l'automne.»

A. Christie, *Les Vacances d'Hercule Poirot*

Agatha Christie revendique bien haut, dans son *Autobiographie*, une enfance très heureuse : maison et jardin agréables, «nannie» sage et patiente, parents qui s'aimaient et exerçaient leur rôle avec bonheur. Contrastant avec cette image idyllique, l'univers romanesque d'Agatha Christie présentera souvent des enfances difficiles. Comme si, dans ses premières années rêveuses, Agatha avait vécu dans un cocon magique où le pire et le meilleur pouvaient se confondre.

## La famille pour univers

Agatha Miller est le troisième enfant de Frederick et Clara. Un troisième enfant arrivé sur le tard : Margaret (Madge) et Louis Montant (Monty), ses aînés, ont déjà onze et dix ans. Nul doute que, pour la fillette, c'est un monde d'adultes qui l'accueille, un monde tout de bienveillance et de protection sans doute, mais où elle devra considérer de très loin, comme en solitaire, les grandes personnes qui l'entourent.

Evoquant le couple de ses parents, Agatha parlera toujours de la différence de leur personnalité autant que de la tendresse qui les liait. Frederick, le père, était américain. Mais un Américain de souche anglaise, ayant vécu une partie de son enfance chez ses grands-parents du Massachussets, une autre partie à Manchester, en Angleterre, où la firme new-yorkaise de son père avait des intérêts. C'est d'ailleurs là qu'il rencontre une petite cousine, Clara, de huit ans sa cadette, qui deviendra son épouse. L'un des premiers termes qui vient à Agatha pour parler de son père, dans son *Autobiographie*, est «lazy». «Lazy» : paresseux? nonchalant? insouciant? ou simplement dilettante? Il semble que, pour l'écrivain, le terme ait été plutôt bienveillant, puisqu'il vient compléter la formule qui lui permet de définir Frederick : «c'était un homme aimable». Et l'heureuse paresse dont il fait montre s'explique : Frederick n'a pas à travailler. Enumérant les activités de Frederick Miller, Janet Morgan note que, dans la haute société américaine –

les neuf cents familles inscrites au bottin mondain de 1892 – «le temps passait à rendre visite à ses amis et relations, lire le journal, danser, dîner en ville, aller au théâtre et (...) se rendre au concert, aux expositions, au tennis, au croquet, aux cartes, fumer (passe-temps sérieux), suivre les courses de chevaux et les régates». Les vertus appréciées chez Frederick, par sa femme comme par ses enfants, et sans doute par tout l'entourage, sont donc les qualités de cœur, d'esprit, de sociabilité qui permettent une existence paisible, ménageant des loisirs mondains. Agatha a noté que son père n'était peut-être pas d'une intelligence extraordinaire, mais qu'il était attentif à autrui, capable d'humour, qu'il plaisantait volontiers et savait se montrer généreux. Un homme, donc, d'un naturel «heureux et serein».

L'insouciance de Frederick n'est pas preuve d'étroitesse d'esprit. Il arrive sans doute du Nouveau Continent, avec tout ce que cela comporte de signes de «barbarie» aux yeux des Anglais cultivés, mais une jeunesse riche et libre lui a permis de voyager dans divers pays d'Europe. Il est collectionneur dans l'âme. Lorsque la famille Miller s'installera dans la demeure nommée «Ashfield», à Torquay, Frederick encombrera les murs de peintures de toutes sortes, dont Agatha reconnaîtra plus tard qu'elles n'étaient pas du meilleur goût. Mr Miller était plus éclairé en matière de mobilier, et il sut acheter à bon escient quantité de tables Sheraton et de chaises Chippendale dont certaines devinrent plus tard la propriété d'Agatha, tandis que la vente des autres permettait à Clara de compenser quelques revers de fortune. En chineur averti, Frederick ajoutait ces pièces dont raffolaient les Anglais du bon monde au début du XXe siècle : les porcelaines de Dresde, dont l'évocation sera si fréquente dans les romans d'Agatha (*Les Dix Petits nègres*, entre autres) les bibelots, les «chinoiseries»...

Côté affaires, il est bien entendu que Frederick Miller ne travaillait pas. Mais au moins aurait-il pu surveiller avec quelque attention la gestion de la fortune laissée par son père. Il semble que, trop confiant et mal informé, il laissa aller les choses. A tel point que, vers 1895, il comprit que ses ennuis financiers devenaient sérieux : il lui fallait réduire son train de vie. La solution adoptée alors par Frederick nous paraît aujourd'hui curieuse : il décida que sa famille voyagerait! On louerait Ashfield (située dans une station balnéaire réputée), et l'on vivrait à moindres frais que ceux qu'entraînaient l'entretien d'une propriété et d'une domesticité importante, en choisissant un pays moins coûteux que l'Angleterre : ce serait la France, et les Pyrénées chères au cœur des Britanniques. Mais ceci est une autre histoire, qui comptera beaucoup pour la petite Agatha.

Les ennuis financiers, cependant, troublèrent profondément Frederick : «ce fut à ce moment-là que la santé de mon père s'altéra» écrit Agatha dans son *Autobiographie*. Les «attaques cardiaques», comme on disait à l'époque, se multiplièrent, et il mourut le 26 novembre 1901. Agatha avait onze ans.

Toute en contrastes avec un père si calme, Clara, la mère d'Agatha, paraît avoir été de tempérament tourmenté. En matière de religion, par exemple, Frederick, toujours bonhomme, faisait preuve d'une grande simplicité : «simple-hearted, orthodox christian», foi sans histoire et orthodoxie chrétienne. Clara, elle, était particulièrement attirée par toutes les doctrines religieuses et mystiques; Agatha évoquera, dans son *Autobiographie*, ce qu'elle nomme les «religious flirtations» de sa mère, et elle cite à l'envi les églises ou sectes qui retinrent Clara un moment : l'église catholique romaine, les «unitarians», les théosophes, la doctrine de Zoroastre avant qu'elle revienne, tout bonnement, à... l'église anglicane! Mais Agatha, avec tendresse, cherche à décrire la timidité profonde qui expliquait ces aspects fantasques. «Ma mère avait une personnalité énigmatique et attachante, plus marquée que celle de mon père, étonnamment originale dans ses idées, timide et sans assurance pour elle-même, avec tout au fond un penchant naturel pour la mélancolie.»

Clara paraîtra toujours à ses enfants si douée d'intuition pour saisir les plus fugaces impressions intimes et en décrypter le sens que Madge, la sœur aînée, aurait déclaré un jour : «Lorsque je ne veux pas que Mère sache quelque chose, je n'ose même pas y penser quand elle est dans la même pièce que moi.» La cadette, quant à elle, se souviendra surtout de la capacité de tendresse et de compréhension avec laquelle sa mère savait rassurer la petite fille dans les moments de détresse (lorsque Agatha crut avoir perdu à jamais un petit canari nommé «Goldie») de maladie ou de peur (lorsque la fillette avait vu un papillon vivant piqué sur son chapeau par un guide de montagne, pendant une promenade).

Cette «intuition» pouvait s'accompagner de décisions inattendues qui se révélaient ensuite importantes et justes : comme celle d'acquérir sans en référer à personne une maison à Torquay – une station balnéaire de la côte du Devonshire, au sud-ouest de l'Angleterre – la maison où la famille Miller devait passer des années si heureuses; comme celle que prit un jour Clara, «tout à trac», pour engager la jeune Française Marie Sijé à suivre la famille Miller en Angleterre à la fin de leur villégiature à Pau, permettant ainsi à Agatha de rencontrer l'une de ses meilleures compagnes d'enfance; comme celle d'entraîner Frederick à voyager sans cesse pour trouver des climats propices à sa santé, en laissant la jeune Agatha sous la garde des grand-mères et des bonnes. Les fantaisies, les «lubies» de Clara étaient célèbres : ainsi de la décision de ne pas apprendre à lire à la petite Agatha, sous prétexte que les apprentissages précoces pouvaient gâcher les dons des enfants; ainsi de la volonté, exprimée un jour sans explication préalable, de faire donner des leçons de piano à la petite fille par une jeune Allemande, Fräulein Uder;

ainsi, nous en reparlerons, de la «plume» tendue à l'adolescente Agatha, avec l'injonction d'écrire, qui fut sans doute pour beaucoup dans la carrière de la romancière.

## Rêveuse enfance

Agatha paraît avoir été une petite fille assez tranquille, timide, un peu craintive. Tellement plus jeune que ses frères et sœurs, elle semble avoir eu peu de compagnons de jeu, et s'être réfugiée très tôt dans les joies dont l'imagination pourvoit les solitaires.

Faute d'enfants autour d'elle, puisque ses parents tiennent à assurer son éducation sans qu'elle fréquente d'école, elle convoque pour ses jeux des êtres qu'elle invente, elle transforme en personnages humains les poupées qu'on lui offre et se crée tout un théâtre d'êtres imaginaires qu'elle appellera tantôt ses «filles», tantôt ses «chatons». «Ma principale distraction était de jouer à "faire semblant"» écrit-elle dans son *Autobiographie*. «Du plus loin que je me rappelle, j'ai eu ainsi divers compagnons sortis de mon imagination.» Lorsque Nursie découvrira la nature de ce jeu et expliquera à une autre servante : «elle s'amuse à être un petit chat qui joue avec d'autres chatons», Agatha, bouleversée que quelqu'un ait percé son secret, se gardera de parler à voix haute à ses «créatures»! «Les Chatons étaient "mes" Chatons et les miens seulement. Personne ne devait les connaître.»

Aux petits chats succèderont les enfants de Mrs Green (une centaine!) «pas tout à fait des enfants, pas tout à fait des chiens, des créatures indéterminées entre les deux», pour lesquels elle invente des prénoms : Poodle, Squirrel, Tree, etc. Création solitaire et secrète d'armées de personnages, que voilà de jolis débuts pour qui devra plus tard mettre en scène tant de héros, tirer les ficelles de tant de marionnettes!

Pourtant, l'aspect plaisant de ces créations cache souvent, pour Agatha, un sentiment profond d'infériorité, surtout à l'égard de Madge, si brillante, si belle parleuse... Les romans qu'Agatha Christie écrira sous le nom de Mary Westmacott, comme *Le Poids de l'amour*, mettront en scène ces petites filles qui se jugent trop «ordinaires», qui s'enferment dans le silence, qui voudraient tellement être aimées pour des qualités dont elles s'estiment peu douées.

**Dans ma dernière incarnation, j'ai été un chien...**

Parmi les interlocuteurs de la petite Agatha, Tony, un terrier du Yorkshire, son premier chien. Sur une photo reproduite partout – car les photos d'enfance de l'écrivain sont rares – on aperçoit la petite fille posant auprès de son père dans le jardin d'Ashfield, tout près des fenêtres fleuries de la véranda. Le soleil printanier a obligé père et fille à coiffer des chapeaux, mais le temps doit être assez frais pour justifier des vêtements chauds. De grosses potées de jacinthes encadrent un mobilier de jardin en bois et bambous, et, sur la table, entre Frederick et Agatha, trône Tony le chien, poilu et débonnaire. Agatha a raconté l'arrivée de ce premier compagnon : «Le jour de mes cinq ans on m'offrit un chien.(...) J'en éprouvai une joie telle que je fus incapable de prononcer un mot.» Et l'enfant timide, clouée par l'émotion se réfugie... aux toilettes, pour cacher sa joie. Là elle exulte en répétant : «J'ai un chien... un chien... c'est mon chien à moi... à moi toute seule... Un terrier du Yorkshire, mon chien, mon chien à moi!» Les chiens seront souvent présents dans l'œuvre d'Agatha. Elle consacrera l'une des nouvelles du recueil *Marple, Poirot, Pyne... et les autres, Next to a Dog*, à la relation de dépendance amoureuse existant entre une jeune femme et son chien. Un autre roman, *Témoin muet*, est construit comme un véritable dialogue de l'auteur avec Bob, le terrier «aux longs poils raides et gris» d'Emily Arundell. Hercule Poirot le gratifie avec humour d'un «maître Bob»! et le narrateur justifie les désobéissances de l'animal à l'égard d'une dame qui vient de qualifier Bob de «bon petit toutou» : «rien ne m'irrite davantage que d'entendre appeler "petit toutou" un brave terrier.» *Le Mystérieux Mr Quinn*, ce roman aux allures de conte psychique comme ceux qu'Agatha écrivit dans sa jeunesse, contient une page superbe sur la mort d'un chien fauché par une voiture : «Le chien se dressa, resta un moment immobile, fixant sur Mr Satterthwaite un regard chargé de reproches puis s'abattit sur le côté.(...) Quelle étrange expression venait de passer dans les yeux du chien comme s'il avait voulu dire : "Monde! Oh! Monde merveilleux en qui j'avais confiance! pourquoi m'avoir fait cela?".»

Agatha possèdera des chiens toute sa vie : chiens qu'elle s'offre elle-même ou dont ses proches, plus encore, lui font cadeau. Elle raconte ainsi dans son *Autobiographie* qu'au moment le plus serein de son existence avec son premier mari, alors qu'ils semblaient tous deux ne plus rien avoir à désirer, «il nous manquait pourtant quelque chose : un chien.(...) Nous achetâmes un chiot terrier à poils longs que nous appelâmes Peter. Il devint bientôt l'âme et la vie de la maison.» Dans le jardin de Winterbrook House, une des résidences qu'elle partagera avec son second mari, disparaissent dans un tapis de lierre, sous les branchages, les tombes de deux des derniers chiens que posséda Agatha : l'une, en pierre blanche, porte le nom d'un terrier que lui avait offert Rosalind, avec la suscription «Treacle, mort en janvier 1960, âgé de 14 ans» L'autre sépulture est en pierre noire : c'est celle de Bingo, un terrier encore, «mort en décembre 1970 âgé de 11 ans». Ce dernier compagnon était si caractériel qu'il s'attaquait à tous ceux qui approchaient la romancière, y compris, un jour, un envoyé du *Daily Mail*. *Témoin muet* sera ainsi dédié au chien Peter, sous forme d'envoi dont un lecteur peu averti ne se douterait pas qu'il s'adresse à un animal : «A mon cher Peter, le plus fidèle des amis et le plus merveilleux des compagnons, un dieu comme on n'en fait pas.»

Dans l'univers enfantin d'Agatha d'autres animaux favoris passent aussi : outre le chien terrier de son frère, Scottie (dont elle se souvint plus tard que, vieux et sourd, il sentait très mauvais), elle parlait comme à des amis aux souris blanches du même Monty, Mr et Mrs Moustache; enfin Goldie, un canari apprivoisé qu'on laissait voltiger en liberté dans la chambre et qui causa une grande peur à l'enfant en disparaissant une journée. A l'égard de tous ces animaux, la petite fille se comportait comme beaucoup d'enfants, prêtant à ces compagnons une identité, des sentiments, des comportements humains. Lorsque Agatha aura la chance d'être servie par la jeune Française Marie Sijé, celle-ci aura, au nombre de ses corvées, les soins à donner au chien chéri d'Agatha; elle devint, note la romancière dans son *Autobiographie* «la nurse de Tony, en supplément à ses autres charges», et l'on voyait Marie arriver au jardin «un tablier noué autour de sa taille, annonçant poliment : Monsieur Tony pour le bain».

**Plaisirs de lecture**

Les jeux avec les poupées et les animaux permettent souvent à la fillette isolée et timide de projeter sur des êtres proches les fantasmes nés de ses lectures. Frederick et Clara ont une théorie : les enfants ne doivent pas apprendre à lire trop tôt. Qu'importe, la bibliothèque d'Ashley est si largement ouverte! La petite Agatha déchiffre les pages qui lui tombent sous la main, et Nannie s'excusera auprès de Clara, le jour des cinq ans de la petite fille, comme si sa vigilance s'était laissé tromper, comme s'il s'agissait d'une entorse malheureuse aux règles de l'éducation familiale : «Je crains, madame, que Mademoiselle Agatha ne sache lire!»

En fillette silencieuse habituée à l'autonomie, Agatha dévorera tous les livres qui lui tombent sous la main, sans qu'aucune précocité, cependant, ne se manifeste dans ses choix. A part *L'Ange d'amour*, le premier livre qui servit à Agatha de terrain de défrichage, elle note, dans son *Autobiographie*, les ouvrages qu'elle a dévorés toute jeune et dont elle se souvient. *Notre violette blanche* de Charlotte Yonge est l'un des titres de ces petits livres larmoyants dont elle raffolait. Des livres spécialement écrits pour les enfants par une Mrs Molesworth : *Juste un petit garçon, HerrBébé, L'Horloge Coucou, La Pièce à la tapisserie, La Ferme aux quatre vents...*

Elle insiste sur le fait – qui indique les préoccupations futures de la romancière – que ces livres étaient bons puisqu'ils présentaient «une bonne histoire» et «des personnages bien campés». Viennent des titres plus connus : *Les Quatre Filles du docteur March* de Louisa Alcoott, *Alice au pays des merveilles* et *A travers le miroir* de Lewis Caroll. Lorsqu'elle apprend le français au contact de Marie Sijé, elle découvre les *Mémoires d'un âne* de la comtesse de Ségur et *Sans Famille* d'Hector Malot. Puis elle se prend d'une passion adolescente pour les romans historiques, ceux de Stanley Weyman en particulier : *L'Auberge du château, Le Prisonnier de Zenda*.

En français elle dévore, dit-elle, tous les récits de Jules Verne, puis, un peu plus tard, les romans d'Alexandre Dumas : *Les Trois Mousquetaires, Vingt ans après*, et tient-elle à préciser : «le meilleur de tous», *Le Comte de Monte-Christo*. Vers ses quatorze ans, quand elle se retrouve seule avec sa mère, elles lisent l'une pour l'autre, à voix haute, les romans de Walter Scott, dont les descriptions font bâiller Agatha et Clara, découvrent Thackeray, et se ravissent de Dickens.

Il semble que ce soit Madge qui l'ait initiée très tôt au roman policier en lui racontant les histoires que la fillette ne lisait pas encore. Ainsi Agatha rencontre-t-elle Rouletabille dans *Le Mystère de la chambre jaune* de Gaston Leroux, Sherlock Holmes dans *Le Cas Levenworth*, Arsène Lupin qu'elle apprécie plutôt comme un héros de romans d'aventures, et surtout Mark Hewitt, le personnage créé par Paul Beck.

**L'écriture des demoiselles**

Chez les dames de la maison on aime tout autant l'écriture que la lecture. Clara Miller, la mère d'Agatha, a reçu dans son salon d'Ashfield, flattée de pouvoir les inviter, des écrivains comme Henry James et Rudyard Kipling. Toute jeune, elle s'exprimait volontiers en vers, envoyant au cousin Frederick, qui devait devenir son mari, des poèmes-cadeaux comme les jeunes filles pouvaient les composer au XIXe siècle et au début du XXe : sortes de compliments où le «contenant» (ouvrage brodé, papier décoré, album, carnet) obéit comme le «contenu» à des codes esthétiques. «Poésies» que lisait et, paraît-il, corrigeait le cousin Fred, offrant un jour lui-même à l'adolescente un recueil de poèmes de l'écrivain anglais du début du XVIIIe siècle, Robert Southey. Et, de la même façon que les jeunes filles de la bonne société devenaient habiles aux arts d'aiguille (travaux de décoration s'entend, les coutures utilitaires étant réservés aux lingères et autres servantes) elles jouaient aussi des habiletés de la plume. Du «compliment» orné de fioritures des premières années, elles passaient volontiers aux cahiers-recueils de poèmes, aux journaux intimes, et à l'exercice de textes dont on ne dédaignait pas de tenter la publication dans des magazines.

Ainsi mère et filles se livrèrent-elles à l'art du texte court. Clara Miller composa quelques nouvelles dont Janet

Morgan nous dit avoir lu un exemplaire conservé dans les papiers d'Agatha, sous le pseudonyme de Callis Miller. La sœur aînée, Madge, avait publié avec succès toute une série de nouvelles dans le *Vanity Fair*. Quant à la jeune Agatha, elle s'exprime volontiers en vers. Très tôt, à onze ans, elle versifie sur la création d'une ligne de tramway qui partage alors l'opinion, et l'un des vieux amis de Grannie fait publier ces vers dans le journal local. A dix-sept ans, elle réussit à faire paraître, dans la *Revue poétique* des poèmes où apparaissent des personnages conventionnels : Arlequin, Colombine, Pierrot et Pierrette, ces protagonistes de la *comedia dell'arte* qui figuraient en bonne place parmi les statuettes de Dresde du salon familial, et dont s'inspireront certains personnages récurrents des romans à venir, Mr Quinn en particulier.

Ce fut vraiment Clara qui mit la plume à la main de sa fille, avec une telle force d'injonction que celle-ci ne put y résister. Agatha raconte : un jour d'hiver désagréable, elle traîne au lit pour se remettre d'une grippe. «Pourquoi n'écririez-vous pas une histoire?» suggère sa mère. Agatha est interloquée, mais Clara insiste : «Oui, comme Madge». Pas d'échappatoire possible; mère et sœur aînée l'engagent dans la voie à suivre, et Clara revient dans la chambre avec un cahier dont seules quelques pages ont été utilisées pour des notes de blanchisserie : «Vous pouvez commencer tout de suite». La nouvelle aussitôt écrite aura pour titre *La Maison de beauté*. Agatha se prend au jeu et écrit dans la foulée *Dans un battement d'ailes, Le petit dieu solitaire, Sur la place du marché*...

Ces textes ont en commun d'être ce que l'on nommait alors des «histoires psychiques» où le rêve, la folie et les sujets occultes tenaient une grande place. Les histoires d'Agatha, comme celles de Clara, ne connurent pas de succès malgré les efforts déployés par mère et fille pour les faire publier dans des journaux ou revues sous des pseudonymes variés. Ce fut à la célébrité venue que certaines d'entre elles furent appelées à figurer, avec des textes de la maturité, dans des recueils de nouvelles. L'une d'elles en particulier, *Dans un battement d'ailes*, parut en 1933 dans un recueil dont le titre anglais, *The Hound of Death and Other Stories* devint en français *Le Chien et la Mort* pour figurer ensuite dans un autre recueil : *Le Flambeau.* Elle sera reprise aussi par la Librairie des Champs-Elysées dans une collection de «grands contes fantastiques» en 1981.

C'est bien de fantastique qu'il s'agit, ou plutôt de rêverie sur l'opposition du monde spirituel au monde matériel. Un bourgeois enrichi, troublé par des rencontres imprévues (un pasteur illuminé par sa foi en l'idéal, un mendiant qui meurt au cours d'un accident, un cul-de-jatte interprétant sur sa flûte des airs d'une beauté divine...) se sent tout à coup attiré de manière irrésistible vers le monde d'en haut (il entend des battements d'ailes, il décrit la couleur de ces ailes invisibles...) alors que tout, dans son existence antérieure, n'était que pesanteur : les plaisirs sensuels, de la bonne chère à la caresse chaleureuse d'un manteau de fourrure. Fasciné par ses visions il se traite de fou, et ne s'en délivre qu'en distribuant tous ses biens et en donnant sa vie pour sauver un clochard qui va glisser sous une rame de métro... La méfiance des éditeurs de la toute jeune Agatha était compréhensible! Pourtant, les lecteurs que nous sommes pouvons apprécier aujourd'hui les promesses du talent; car, sur fond de coïncidences invraisemblables, de formules sybillines (le mendiant musicien déclare, à propos de ses jambes coupées : «elles étaient le mal»...) l'étoffe de l'écrivain est déjà perceptible dans l'art de créer une atmosphère trouble et ce que l'on nomme du «suspense» en prêtant la main à un destin destructeur.

L'univers du spiritisme, lui, reparaîtra dans l'œuvre d'Agatha, soit à titre de décor savamment traité et ménageant une ambiance d'angoisse et de suspense (par exemple dans le roman *Cinq heures vingt-cinq*) soit –

comme si l'auteur ne s'en était jamais complètement détachée – comme réalité même, lorsqu'elle fera naître des personnages évanescents comme *Le Mystérieux Mr Quinn*.

En tout cas, vivement encouragé par l'entourage familial, le choix d'écrire, pour Agatha, ne paraît dicté par aucune de ces envies irrésistibles de liberté que connurent par exemple, à quelque temps de là, George Sand en France ou, tout à fait à la même époque, Virginia Woolf en Angleterre. L'art de la plume, pour elle, ne s'accompagne d'aucun mouvement de transgression. Il s'agit au contraire de conquérir des galons dans le domaine même où la sœur aînée connaît une jolie réussite. Il lui faut aussi retrouver les fantaisies de la mère, et le choix même des thèmes, comme celui du genre cultivé, portent les signes de cette filiation.

Nous touchons sans doute là un trait de la personnalité d'Agatha Christie. Elle manifeste comme Clara assez de fantaisie pour ne pas s'enfermer dans des rigidités trop conformistes, mais ces écarts à l'égard du réel ne dérangent jamais gravement les manières d'être ou de pensée de son milieu d'origine. Peut-être apercevons-nous aussi ce qui fera le charme un peu désuet de ses ouvrages : un humour toujours en décalage par rapport aux habitudes sociales, aux préjugés, aux coutumes – singulièrement les coutumes anglaises. Cependant cet humour ne remettra à aucun moment en question le cadre bien établi des convictions sur lesquelles reposent sa famille, la classe sociale à laquelle elle appartient, et les bonnes mœurs de l'Angleterre traditionnelle.

**Taty-Grannie et Grannie B.**

Agatha avait une ascendance compliquée qu'elle résume dans son *Autobiographie* en une phrase : «Mon père avait épousé la nièce de sa marâtre (la seconde femme anglaise de son père américain)». Clara, en effet, avait été élevée par sa tante, la sœur aînée de sa mère, qui se trouvait assez riche pour adopter l'une de ses nièces, lorsque le père de Clara mourut. C'est chez elle qu'elle connut Frederick, qu'elle appelait son cousin, alors qu'il n'avait aucun lien de sang avec elle puisque le père du petit garçon avait épousé la tante d'Agatha en secondes noces. Frederick, cependant, appelait «mère» sa marâtre, tandis que Clara, à juste titre, l'appelait sa tante. Elle devint donc, à la génération suivante, à la fois grand-tante et grand-mère, d'où le surnom de «Taty-Grannie». Quant à sa sœur, la mère de Clara, ses petits enfants la désignèrent sous le nom de Grannie, et Agatha accole à ce diminutif la lettre «B», pour Boehmer, son nom de famille. Avec le petit côté drolatique d'une grand-mère, sœur aînée de l'autre, qui n'aurait droit qu'à un «B», comme tout personnage second.

Les caractères des deux grand-mères paraissaient bien correspondre à cet ordre hiérarchique. Taty-Grannie dominait l'édifice familial du haut de sa richesse : une belle maison à Ealing où Agatha passa de nombreuses vacances, une abondante domesticité, les visites d'une cour de vieux messieurs, «militaires en retraite, vieux colonels ou généraux auxquels elle brodait des gilets et des chaussons de nuit», et les fameuses collections de porcelaine qui devaient ensuite envahir les bahuts et les guéridons d'Ashley.

Dans cette maison d'Ealing, la petite fille donna libre cours à ses rêveries, s'enfermant aux toilettes pour jouer «sur un grand siège en acajou» avec ses personnages imaginaires favoris : «Je me retirais là, dès le matin, pour accorder des audiences, donner ma main à baiser, jusqu'à ce que quelqu'un m'invitât, avec colère, à céder la place en tambourinant sur la porte.»

Taty-Grannie, sûre de l'ordre établi qu'elle représentait, paraît avoir été la dame victorienne type, grande mainteneuse de traditions et de conformismes en tout genre. Parmi ces traditions, le sacro-saint repas du dimanche dont Agatha se souvint toujours avec nostalgie. Granny B., elle, maintenue à un degré de fortune inférieur par la mort prématurée de son mari, vivait une existence plus modeste, jouant un peu les utilités pour sa sœur aînée, s'occupant pour elle, en particulier, de nombreuses courses aux «Army and Navy Stores», les Magasins de l'armée et de la marine dans Victoria Street, à Londres. Agatha se souviendra plus tard dans plusieurs romans, en particulier dans *A l'Hôtel Bertram,* de ces longues séances d'achats dans les rayons d'un grand magasin. Ce sont des évocations de gourmandises : glace à la fraise, chocolats fourrés à la crème; la vieille dame, couverte de sa mante «de popeline noire» et se rendant en fiacre au spectacle avec sa petite-fille; les achats d'épices et de décors pour gâteaux en sa compagnie avant les fêtes.

**L'univers des servantes**

Il était aussi rigide, aussi codé, aussi porteur de symboles pour la petite fille, que celui des grands-mères. Dans l'univers enfantin d'Agatha, les domestiques représentent à la fois des types d'humanité et des rôles. C'est d'abord le modèle protecteur, de mère nourricière et sécurisante, des «nannies». Dans un passage de *Musique barbare*, analysant longuement les premières émotions d'un tout petit enfant, Agatha Christie insiste sur les sentiments nourris par le petit Vernon pour ce type de servante qui se chargeait du double rôle de nourrice et de gouvernante : «Nurse, à la fois, lui inspirait de la crainte et lui donnait un immense sentiment de sécurité.» Evoquant sa propre enfance Agatha se souviendra, avec respect et tendresse à la fois, de la «sage et patiente Nanny». Le costume lui-même fait partie du rôle, comme la romancière aimera tellement à le rappeler pour souligner que, souvent, nous sommes incapables de distinguer la personne réelle si elle adopte un uniforme qui la masque. A propos de Nursie, Agatha vieillissante ne pourra l'évoquer qu'à travers «la batiste transparente de sa coiffe plissée et de son tablier». De la batiste : un tissu fin et blanc, empesé, où le repassage et le tuyautage faisaient merveille. Coiffe et tablier : vêtements qui devaient recouvrir et protéger à la fois les tissus nobles pour leur éviter les dégradations des travaux ménagers, qui devaient masquer aussi la chevelure et la robe séductrices. Nursie représenta également la stabilité pour la petite Agatha, dont la mère était si changeante, si imaginative : la servante possédait, note l'*Autobiographie*, un répertoire de six histoires toujours les mêmes, racontées toujours de la même façon, alors que la mère, Clara, se montrait capable d'inventer sans cesse. Nursie incarnait aussi – par son âge, son autorité, les principes rigoureux auxquels elle paraissait toujours obéir – la rigueur chrétienne, et l'inspiration biblique. La mère brisait le conformisme, Nursie consolidait les barrières et les protections.

Un autre personnage éminent de l'enfance d'Agatha fut Jane, la cuisinière : impressionnante autant par son calme que par… ses tours de poitrine et de hanches! elle semble avoir représenté, pour la future romancière, l'incarnation de quelque déesse de la bonne chère qui aurait prédestiné l'enfant à rester attachée, toute sa vie, aux délices de la gourmandise. Jane était énorme, elle adorait préparer des gâteaux aux raisins secs et au gingembre, et – délice suprême – elle servait, sur les plateaux de thé de la «crème du Devonshire, aussi épaisse que du beurre, avec une couche jaune dorée».

Enfant, au contact de Jane, Agatha apprend donc le goût des nourritures consistantes et douces, de ces mélanges comme la mélasse et la crème, où le râpeux sucré vient réveiller la tendresse laiteuse un peu fade. Jamais, au cours de sa longue existence, elle ne saura résister à un bol de crème du Devon. La dédicace de *Un, deux, trois...* sera rédigée ainsi : «A Dorothy North qui aime la crème fraîche et les romans policiers, avec l'espoir que celui-ci puisse lui faire oublier l'absence de celle-là». Nous la verrons, au soir de ses quatre-vingts ans, énoncer, comme l'un des plus grands plaisirs de son anniversaire, la mise à sa disposition, pour elle toute seule, d'une grande jatte de crème fraîche. Dans *Le Chat et les pigeons*, quelqu'un recherche avec peine un nom. Pourquoi diable ce nom s'associe-t-il au Devonshire? La solution sera sur le bout de la langue : le nom est Cream!

Susan, Edith, Mary, Froudie sont les femmes de chambre, les servantes, qui n'ont pas droit au «Mrs» des cuisinières. Très souvent, Agatha s'amuse de la manie qu'avaient les maîtres de l'époque de rebaptiser leurs domestiques de prénoms qui leur paraissaient convenir à leur fonction : «Elle se prénommait Isabel, mais on l'appelait Susan parce que c'était "plus convenable".» (*Musique barbare*). Ce seront aussi «les bonnes» qui, dans les années cinquante, deviendront souvent – malgré les soupirs de maîtresses de maison désemparées – «la» bonne, ou, pire encore, la femme de ménage.

L'apprentissage de la société et de ses hiérarchies se fait là. Non seulement dans l'opposition évidente entre maîtres et serviteurs, mais dans l'échelle sociale subtile qui s'établit entre les fonctions de service domestique. Au moment où elle écrit son autobiographie, Agatha insiste sur ce point, consciente qu'en cinquante à soixante ans les rapports complexes entre serviteurs et maîtres ont disparu, tout simplement parce que la société bourgeoise, après la société aristocratique, a perdu les moyens d'entretenir du personnel domestique. Ses romans sont pleins de ces notations qui, à quelques décennies d'intervalle, apparaissent comme autant de documents ethnographiques. Ainsi, quand maîtres et serviteurs prennent le train ensemble – on le voit en particulier dans *Le Train bleu* – ils ne voyagent pas dans la même classe, quels que soient les inconvénients de ce choix. Le fait que la femme de chambre ne voyage pas dans la même cabine d'avion que sa maîtresse sera même à la base de l'énigme de *Mort dans les nuages*. La richesse, l'aisance se mesurent au nombre de domestiques que l'on peut s'offrir. Le docteur Roberts, de *Cartes sur table*, est célibataire, et il annonce, pour lui seul, une cuisinière, une femme de chambre et une bonne à tout faire. Sans compter, pour l'exercice de son métier, une secrétaire qu'il occupe à temps plein.

Dans *Christmas pudding*, une femme de charge évoque le service de la maison tel qu'il était au temps de son grand-père : trois hommes et un aide au jardin, et huit femmes dans la maison. Plus tard, Agatha se fera le témoin des difficultés de plus en plus grandes à trouver des domestiques.

Dans *Poirot joue le jeu* la secrétaire Miss Brewis répond à Poirot qui lui demande si le personnel compte une femme de charge : «Oh! non, monsieur. De nos jours on ne se permet plus un personnel aussi complet, sauf dans les maisons montées sur un très grand pied. Je suis à la fois femme de charge et secrétaire, parfois surtout femme de charge, conclut-elle avec un petit rire acide.»

Dans une nouvelle, *L'Aventure de la cuisinière de Clapham* (1923), une cliente d'Hercule Poirot s'insurge contre la promotion qu'espèrent les jeunes femmes qui ne veulent plus de rôles de domestiques : «Tout ça c'est à cause des allocations de chômage! Mettre dans la tête des domestiques l'idée qu'elles peuvent prétendre à un poste de dactylo! (...) Je voudrais bien savoir de quoi ont à se plaindre *mes* domestiques; un après-midi et une soirée libres par semaine, un dimanche sur deux, tout le linge donné à l'extérieur, la même nourriture que nous, et jamais de margarine dans la maison, toujours du meilleur beurre...». Une des servantes renchérit d'ailleurs : «Bien sûr Madame est une drôle de femme... Mais la nourriture est bonne. Et on n'est pas rationné. Un plat chaud au dîner, de bons desserts, autant de beurre qu'on veut.»

Dans *Christmas pudding* (1960), une maîtresse de maison explique qu'elle connaît encore une situation confortable, malgré la disparition de ce qu'on appelait «les gens de maison» puisqu'ils étaient logés chez les maîtres et attachés exclusivement à leur service. Mais le personnel salarié s'y est substitué : «On ne peut plus s'attendre à être servi comme on en avait l'habitude. J'ai des personnes différentes qui viennent du village. Deux femmes le matin, deux autres pour préparer le déjeuner et faire la vaisselle, et deux autres encore pour le soir. Beaucoup de gens ne demandent qu'à venir travailler pourvu que ça ne dure que quelques heures.» Et d'ajouter que son ancien maître d'hôtel, très âgé, habite une loge proche de la maison et tient à faire le service au moment de Noël, s'acquittant avant tout de cette tâche réservée aux maîtres d'hôtel : le nettoyage de l'argenterie!

Ces fameux maîtres d'hôtel sont situés tout en haut de l'échelle domestique. L'étiquette et les bonnes manières semblent leur être consubstantielles, et ils savent rester muets comme des tombes sur l'histoire et les secrets des familles qu'ils servent : «Peverell demeurait le maître d'hôtel parfait. Il ne voyait jamais rien à moins qu'on ne l'en eût prié.» Dans *Les Sept cadrans* le domestique Stevens annonce à son jeune maître Jimmy qu'une dame désire le voir. Jimmy s'écrie : «Ah, ah! Comment est-elle? Jeune et belle?» Le maître d'hôtel répond alors : «C'est une personne tout à fait comme il faut, Monsieur.»

Les domestiques sont souvent plus entraînés et attentifs aux signes extérieurs de distinction que les maîtres eux-mêmes. Ils sont donc souvent de précieux auxiliaires pour la police. Dans *Le Train bleu* Hercule Poirot interroge son fidèle George : «Vous possédez une vaste expérience du monde, George. Comment se fait-il qu'après avoir toujours fréquenté des gens titrés, vous vous soyez abaissé à entrer à mon service? Dois-je l'attribuer à l'amour des émotions?» — «Pas exactement, Monsieur. Au moment où je cherchais une place, j'ai lu dans un journal mondain que vous aviez été reçu au palais de Buckingham. Sa Majesté s'était montrée, paraît-il, très aimable et bienveillante envers vous...»

Dans *La Plume empoisonnée* la vieille Mary ne se laisse pas amadouer par les tentatives de familiarité de sa maîtresse : «Elle tient aux vieilles habitudes et elle sait ce qui se fait et ce qui ne se fait pas dans une bonne maison! (...) Elle te méprise parce que tu n'es pas une maîtresse de maison accomplie. Tu ne passes jamais tes doigts sur les meubles pour voir si le ménage a été bien fait, tu ne regardes pas sous les tapis, tu ne demandes jamais ce qu'est devenu le reste du gâteau au chocolat, tu ne fais jamais faire de panades...»

Et, ajoute Agatha, les anciennes habitudes avaient du bon, car les domestiques faisant partie, en somme, d'une sorte de famille agrandie, où l'on se souciait aussi de leur fatigue : «A dix heures et demie, la table du déjeuner sera desservie, déclare Miss Arundell dans *Témoin muet*. Dans le monde moderne, il est de bon ton, paraît-il, de ne pas se soucier de la peine des serviteurs. Cela ne se passe pas ainsi chez moi.»

**Dieu bénisse les maisons!**

L'Angleterre d'Agatha est déjà tout entière dans la maison d'Ashfield. Une Angleterre de demeures cossues et de jardins fous, de salons cosy et de bibliothèques pleines, de cuisines chaleureuses et de vérandas fleuries. Cette Angleterre-là est riche de son passé colonial et des importations de ses comptoirs : porcelaines, soieries, tapisseries brodées, meubles cirés, emplissent des pièces où des maîtres d'hôtel font briller l'argenterie, où des servantes portent et débarrassent des plateaux, où, derrière les lourdes tentures protégeant des intempéries du dehors, la petite table d'acajou reçoit les cartes de visite des personnes non attendues. Cette Angleterre, bien sûr, est celle d'une classe qui cultive les valeurs familiales de l'affection et de la fortune. Quelque quarante ans plus tôt, Charles Dickens, fils d'un modeste employé, avait mis en scène la vie miséreuse des faubourgs. Comme à mille lieux de là, Agatha n'échappera que très rarement au cadre qui fut celui de son enfance : des maisons et non des rues, des villages ou de petites villes plus que de grandes cités industrieuses. Quand elle évoquera Londres, ce sera souvent à travers des lieux mythiques, Harley Street, la rue où se regroupent tous les médecins et spécialistes célèbres, quelques grands magasins, des gares, et ces étapes de passage où peuvent séjourner les étrangers à la ville : les hôtels, parmi lesquels le Savoy est le plus souvent cité.

Mais l'univers d'Agatha, ce sont surtout des maisons. Trois maisons, en fait, celle de Grannie, à Ealing, la maison des beaux-parents de Madge à Abney, et surtout, la plus chérie de toutes, la vraie maison d'enfance, «Ashfield», à Torquay.

La nursery d'Ashfield était tapissée d'iris mauves, et les fleurs se répétaient en rangs serrés, en arabesques dont se nourrissaient les rêveries de la fillette. La chambre d'enfants du petit Vernon Deyres, le héros de *Musique barbare*, sera aussi tapissée d'iris mauves, et sur leurs entrelacs le garçonnet brodera ses histoires imaginaires.

Tout à la fin de son *Autobiographie*, évoquant les lieux qui lui ont été les plus chers, Agatha cite, avant tout, cette maison d'Ashfield : «Elle a tant compté pour moi! Quand je rêve, je ne suis jamais à Greenway ou à Winterbrook (Les deux maisons de la fin de vie d'Agatha), mais toujours à Ashfield, dans le vieil entourage familier où se déroulèrent mes jeunes années (...) Comme je reconnais bien tous les détails : les rideaux rouges effilés qui conduisaient à la cuisine, le pare-feu en cuivre qui garnissait la cheminée, le tapis de Turquie de l'escalier, la grande salle de classe, avec sa tapisserie bleu foncé et doré.»

Pourtant, elle se souvient aussi d'Ealing, la maison de Tatie-Grannie, où elle passait ses étés dans un jardin empli de roses. Resteront également en souvenir le lit d'acajou à baldaquin et les collections de figurines de Dresde.

A partir de ses dix ans, Agatha fit connaissance avec une demeure plus majestueuse que les maisons familiales, celle des Watts où Madge allait entrer par son mariage : Abney Hall.

Le grand-père du futur époux de Madge, Sir James Watt, avait fondé une firme d'import-export où il organisait d'incessants échanges avec les colonies anglaises. Il était devenu lord maire de Manchester, et sa vaste maison victorienne – construite sur les plans de l'architecte Pugin, qui avait travaillé à la reconstruction du Parlement – avait été augmentée d'une immense pièce, où il pouvait accueillir des assemblées importantes pour des célébrations religieuses ou des réunions politiques. Le prince consort, Mr et Mrs Gladstone, Mr et Mrs Disraeli avaient été reçus à Abney Hall. Son fils, James Watt Senior (le mari de Madge étant James Watt Junior...), avait enrichi et embelli la demeure de collections de meubles anciens. La petite Agatha fut très impressionnée par la grandiose architecture néo-gothique, l'accumulation des tapis, du mobilier, des tableaux.

Plus tard, dans nombre de ses romans, Agatha se souviendra de l'impression que lui fit Abney, et les escaliers monumentaux, les galeries ornées de portraits, les alcôves secrètes, les vitraux colorés, les cheminées immenses serviront de toile de fond aux intrigues qu'elle voudra situer dans l'aristocratie anglaise. Vers ses dix ans, elle était surtout intimidée par un tel cadre où la famille se retrouverait, des années durant, pour fêter Christmas, et elle garderait un faible pour le charme plus discret des demeures bourgeoises.

## L'Angleterre des stations balnéaires

Le Devonshire, comté du sud-ouest de l'Angleterre, développe entre Exeter au nord et Plymouth à l'ouest les côtes déchiquetées d'un massif primaire qui culmine en forêt de Dartmoor. Les activités de la mer s'y partagent entre les ports de pêche, comme Plymouth, et les stations balnéaires, dont fait partie Torquay. En faisant d'Ashfield leur demeure, Frederick et Clara Miller avaient choisi de consacrer aux plaisirs de la mer une part de leurs loisirs. Pourtant, Agatha n'aura jamais la «culture de la mer» qu'on attendrait d'une fille d'Albion élevée dans ce cadre.

La mer sera toujours pour elle le lieu paisible où l'on se baigne plutôt que le chemin houleux sur lequel on s'aventure. Elle a dû très vite reconnaître, dès ses premières expériences en bateau, qu'elle n'avait pas toujours le pied marin – même si Madge, que son père emmène volontiers au Yacht Club, est encore plus malade qu'elle – et elle caricature volontiers cette faiblesse à travers Hercule Poirot qui redoute plus que tout d'avoir à affronter roulis et tanguage. Quand elle évoque les régates de Torquay, qui avaient lieu les derniers lundi et mardi d'août, elle se souvient plutôt de la fête foraine qui les accompagnait, du feu d'artifice, et des fabuleux desserts des garden-parties dont elles étaient l'occasion.

Mais elle adore dès son enfance, et elle adorera toute sa vie, les baignades et la natation. Elle a raconté avec beaucoup d'humour, dans son *Autobiographie*, la manière dont le début de siècle puritain s'acharnait à cacher le moindre centimètre de peau nue au moment de la baignade : le costume de bain «d'alpaga bleu foncé ou noir, avec des jupes superposées et des plis qui tombaient bien au-dessous du genou», les bas à conserver pendant le bain, l'étonnant système des «cabines» de déshabillage transportées du haut d'une crique jusqu'à la mer, avec la baigneuse en train de se déshabiller à l'intérieur, les plages réservées aux hommes d'une part, aux femmes de l'autre…

Elle se souvient de l'énergie qu'elle mettait, fillette, dans le costume imposé, à braver les interdits de baignade (trop proches du repas, ou trop prolongées, ou dans l'eau trop froide, etc.). Bien tard dans sa vie, quand son embonpoint n'en fera plus une baigneuse très présentable, elle s'acharnera à retrouver, dès qu'elle le pourra, ces plaisirs d'enfance.

Plus tard, quand elle voudra situer une intrigue dans un cadre sublime, Agatha se souviendra toujours de Torquay, même s'il lui arrive de débaptiser sa station favorite. Ainsi commence-t-elle *La Maison du péril* (ou St Loo remplace Torquay, et l'hôtel Majestic l'Impérial Hotel de son enfance) par ces mots : «De toutes les stations balnéaires du sud de l'Angleterre, St Loo est, si vous voulez mon avis, la plus agréable. Surnommée à juste titre la Reine des plages, elle évoque irrésistiblement la Riviera. Pour moi, la côte de Cornouailles est tout aussi prodigue en séductions variées que la Côte d'Azur – sinon plus.» A quoi Poirot répondra que ce texte sent un peu trop son slogan touristique! Mais, au moins, Agatha a-t-elle pu le reprendre à son compte!

**«Un enfant qui prend des notes»**

Cadre de rêve, famille heureuse, enfant apparemment tranquille… une question vient sur les lèvres : pourquoi faut-il que l'écrivain Agatha ait si peu évoqué, dans ses héros-enfants, le bonheur de cet âge?

Parmi tous ses romans, l'auteur déclarait que l'un de ses deux préférés était *La Maison biscornue*, cette histoire où l'héroïne meurtrière est une petite fille, Joséphine, «l'enfant biscornue d'une maison biscornue». Les éditeurs d'Agatha tentèrent d'ailleurs d'obtenir de la romancière qu'elle épargne aux lecteurs la découverte scandaleuse que représentait un enfant meurtrier, et le livre ne put être enregistré en feuilleton pour la radio américaine qui se refusait à exposer une telle turpitude à une heure de grande écoute. Mais si la petite Joséphine – la coupable – est un «cas», un monstre psychopathe, elle est tout de même représentative des enfants dans ses réactions les plus spontanées : comme tous les enfants elle «cherche avant tout à se rendre intéressante»... et les bons héros du roman diront combien elle leur inspire de sentiments ambigus, horreur et compassion mêlés. Ils reconnaissent en effet que ce désir de «se rendre intéressant» est partagé par tous les enfants du monde et que, bien malgré elle, Joséphine a concentré en elle, comme il peut arriver à tous les enfants, l'ensemble des défauts et des vices de la famille.

C'est la curiosité inquiète des enfants qu'évoque Agatha, dans *Cinq heures vingt-cinq*, quand elle compare le travail du détective à l'attitude observatrice des petites filles soulevant le toit de leur maison de poupée comme un couvercle pour piéger la vie des habitants, à l'intérieur. Et, dans *Témoin muet*, lorsque Charles se demande pourquoi Bella a tellement besoin d'argent, il suggère méchamment : «Il se peut qu'elle en désire pour ses affreux marmots. Elle songe sûrement à leur payer des études, des leçons de musique et des appareils en or pour redresser les dents de devant.»

Un roman de la fin de la vie d'Agatha, *La Fête du potiron* (1969), fait la part belle aux enfants. Son action se passe pendant une fête enfantine organisée à grands frais d'imagination et de travail par les mères de famille. L'ouvrage tout entier tourne autour de l'enfance, de son innocence et de ses perversions. Sans doute traduit-il l'exaspération que dut ressentir quelquefois l'écrivain-femme devant les obligations maternelles dans la bonne société. Mais il s'échange tout de même, dans ce livre, de curieux dialogues au regard des préjugés sur l'enfance.

Sans doute Mrs Drake déclare-t-elle à Hercule Poirot qui lui a posé la question : «J'aime les enfants, bien sûr, comme tout le monde d'ailleurs», mais le détective rétorque : «que l'amour des enfants n'est pas si naturel qu'on le croit, et que la répulsion à leur égard peut avoir pour cause… les enfants eux-mêmes». Un autre protagoniste du drame annonce sans ambages : «Je n'aime pas les enfants. Ils m'ennuient.» Et Mrs Oliver de rappeler – pour caractériser la curiosité malsaine des enfants – une phrase dont elle ne sait plus bien si elle doit l'imputer à Burns ou à Walter Scott : «Il y a parmi nous un enfant qui prend des notes.»

## Sortie d'enfance

Frederick Miller, le père d'Agatha, meurt le 26 novembre 1901. La fillette de onze ans est plongée dans ce qu'elle nomme «a queer state of turmoil», un trouble étrange. A quelques mois de là, en septembre 1902, Madge se marie et quitte la maison. Monty, engagé dans une carrière militaire, est devenu officier, et il est parti avec son régiment, le «East Surreys», d'Afrique du Sud pour les Indes. La famille s'est défaite brusquement. Du statut de «petite dernière» entourée et surprotégée, Agatha passe en quelques semaines à celui de grande petite fille, seule interlocutrice quotidienne de sa mère. «Nous n'étions plus les Miller, une famille. Nous étions seulement deux personnes vivant ensemble, une femme d'un certain âge et une petite fille naïve et peu préparée à affronter la vie.» L'insouciance des années passées, l'ordre bien établi d'une existence sans problème ont disparu. Agatha se sent devenir protectrice à l'égard d'une mère toujours admirée mais toujours fantasque. «Après la mort de mon père, la vie prit un aspect complètement différent. Je sortis de mon univers enfantin, un univers de sécurité et d'insouciance, pour aborder au rivage du monde réel», note-t-elle dans son *Autobiographie*.

**Rapport de police**

**1906** : Agatha est pensionnaire dans des maisons d'éducation en France (chez Mademoiselle Cabernet à Paris, puis aux Marronniers, à Auteuil, enfin chez Miss Dryden à Paris).

**Hiver 1907-1908** : voyage en Egypte avec sa mère. Bateau emprunté : le *S.S.Heliopolis*. Résidence au Caire : Gézirah Palace Hôtel.

**12 octobre 1912** : rencontre Archibald Christie.

**24 décembre 1914** : épouse Archibald Christie.

**Résidence** : «Ashfield»

## II

# Agatha jeune fille et les jeunes filles d'Agatha

### 1904-1914

> «Quelle absurdité que de vouloir faire de la jeunesse l'âge du bonheur! La jeunesse… l'âge de toutes les vulnérabilités.»
>
> A. Christie, *Mort sur le Nil*

> «Voyez-vous, Georges, la jeune fille est un phénomène des plus intéressants, surtout quand elle est intelligente.»
>
> H. Poirot, *Christmas Pudding*

Peu de héros pour Agatha… Les personnages permanents de ses romans, l'illustre Poirot et son faire-valoir de Hastings, la discrète Miss Marple, le mystérieux Mr Quinn, le surintendant Battle et quelques autres sont des professionnels de l'enquête policière dont la romancière s'applique à railler les petits côtés, les parades vaniteuses ou les douces manies. Les autres protagonistes des drames en tous genres, toujours suspects un moment en attendant les révélations finales, suscitent rarement une sympathie débordante. Seules résistent à l'ironie, défiant l'indolence de leur entourage, les dangers promis, les aventures risquées, quelques héroïnes énergiques. Elles illuminent les romans d'Agatha de leur intelligence et de leurs foucades, leurs yeux brillent de tous les feux et leur tignasse refuse les coiffures trop sages. Ce sont les jeunes filles. Ces jeunes filles sont fantaisistes et gaies, volontaires et décidées avant tout. Et si la peur les saisit rarement, leur courage ne connaît plus de borne quand elles sont amoureuses. Des amours qu'elles ignorent souvent, par une sorte de grâce innocente, dont l'implacable Agatha se plaît à dévoiler le cheminement. Un trait encore, significatif peut-être, amusant sans doute : le lien entre la rousseur et l'énergie dans la plupart de ces portraits. «Je la regardai. Elle me plaisait beaucoup... ses cheveux rouges, ses taches de rousseur, son esprit aventureux», déclarera le héros du roman *Le Cheval pâle*. Quand on lui fera remarquer que le plan élaboré par la jeune Ginger est très risqué, il répondra : «elle est absolument décidée, rien ne l'arrêtera!» A quoi son interlocuteur rétorquera spontanément : «Elle est rousse, m'avez-vous dit?»

## Héroïnes des premiers romans

Les premiers romans d'Agatha, ceux qu'elle a sans doute mûris au temps d'adolescence où elle s'essayait à l'écriture, sont traversés de trop de personnages de jeunes filles pour qu'il s'agisse d'un simple hasard.

Son premier roman, *La Mystérieuse affaire de Styles*, (écrit en 1916 et publié en 1920) trace, dès le début, le portrait flamboyant de l'une d'elles à travers le regard d'un Hastings enthousiaste : «Jamais je n'oublierai cette première rencontre avec Mary Cavendish. Sa silhouette élancée se découpait dans la lumière éclatante du soleil. Ses beaux yeux fauves – des yeux tels que je n'en avais jamais vu chez aucune femme – brillaient comme un feu sous la braise; et, derrière son extraordinaire sérénité apparente, on devinait qu'un caractère indomptable habitait ce corps aux proportions exquises.» Passons sur l'exagération, les tournures ampoulées et légèrement ridicules que pratique le compagnon d'Hercule Poirot, Hastings, toujours prompt à tomber amoureux! Il reste le trait essentiel : l'opposition entre la réserve de façade et l'embrasement intérieur. Les femmes de la bonne société sont trop bien élevées pour afficher leurs sentiments, mais que d'énergie et de passion retenues! Puis arrive Cynthia Murdoch, «une jeune personne charmante et pleine de vie». Elle déboule en courant sur la pelouse où se trouvent les hôtes de la maison et invite aussitôt le pauvre Mr Hastings à s'asseoir comme elle sur le gazon. Ses cheveux sont auburn, sa main blanche et délicate, et il faut bien tout le conformisme de l'ami d'Hercule Poirot pour songer qu'elle serait plus attirante avec «des yeux et des cils foncés»!

*Mr Brown* est le deuxième roman d'Agatha. Il met en scène deux jeunes gens qui deviendront l'un des couples familiers de l'écrivain : Tommy et Tupence. Plus précisément, dans ce livre des débuts, le jeune homme a bien pour nom celui qu'il gardera plus tard : Tommy Beresford; mais l'héroïne, elle, Prudence Cowley, surnommée Tuppence (Two pence) dans le texte anglais, adopte dans la traduction française le sobriquet de «Miss Quat'sous». C'est dire que l'auteur la traite avec une affection drolatique, qui convient à la pétulance et à l'esprit d'aventure de la jeune fille. Elle n'est pas précisément jolie mais elle ne manque «ni de charme ni de caractère», et de signaler, après la finesse des traits, le «menton volontaire» qu'elle relève souvent d'un air de défi! Elle s'habille avec de petits moyens mais de façon fantaisiste et plaisante. C'est la fille d'un pasteur, effarouché parce qu'elle fume des cigarettes. Elle déteste les travaux de ménage et les bonnes œuvres. Quand elle prend une décision, elle «s'ébroue comme un jeune chien». Aussi l'un de ses interlocuteurs déclare-t-il : «Jusqu'à présent, je pensais que les jeunes Anglaises étaient des créatures victoriennes, douces et bien élevées, incapables de faire trois pas sans un valet de pied ou un chaperon. Je crois que mes renseignements n'étaient pas à jour!»

*Le Crime du golf*, le troisième de ses romans, présente deux jeunes filles bien différentes. L'une est une aventurière, danseuse-acrobate dans un cirque. Le très conformiste Hastings est immédiatement choqué par son langage. Mais c'est pour être séduit, de manière aussi foudroyante, par son «joli visage effronté, encadré d'épaisses boucles noires et surmonté d'un petit chapeau rouge posé de façon fort désinvolte». Et l'ami de Poirot ne tarde pas à s'apercevoir de l'énergie de la jeune personne : «son attitude résolue face à la vie et sa profonde détermination à faire son chemin avaient quelque chose de curieusement ingénu». L'autre personnage, Marthe Daubreuil, est au contraire très réservée, silencieuse, pâle et blonde... Le docteur Hastings doit pourtant se rendre à l'évidence : «Je la vis rassembler ses forces, et, à son expression déterminée, je compris que cette frêle jeune fille avait le caractère d'une lutteuse.»

*L'Homme au complet marron* – le quatrième roman – a pour narratrice une jeune femme en quête d'aventures; le récit de sa rencontre avec son futur mari, qui forme la trame policière du roman, commence par ces mots : «Moi, Anne Beddingfeld, je vais vous raconter mes aventures. J'avais toujours rêvé d'aventures. Or, ma vie était d'une monotonie accablante.» Fille d'un archéologue qui ne se passionne que pour l'homme de Néanderthal, elle se nourrit de lectures romanesques et de rêves : «La bibliothèque de notre village était remplie de livres de fiction en lambeaux. Je vivais donc des aventures et des amours de seconde main, et j'allais me coucher la tête pleine de Rhodésiens farouches et taciturnes, d'hommes forts qui abattaient toujours leurs adversaires d'"un simple crochet du droit". Malheureusement, dans mon entourage, aucun homme ne semblait en mesure d'abattre un adversaire d'un simple crochet du droit, ni même en s'y reprenant à plusieurs fois.» L'imagination d'Anne Beddingfeld se nourrit aussi de films mélodramatiques, les *Aventures de Pamela* dont l'héroïne, une jeune femme comme il se doit, a «un cran époustouflant», saute d'un avion, explore les fonds sous-marins, etc. La jeune fille d'Agatha ne se donne pas seulement des modèles extravagants en rêvant d'aventures hors du commun. Elle sait aussi que l'un des traits que les hommes adorent chez les femmes est leur fragilité. Un homme n'est jamais aussi heureux que lorsqu'il peut venir prêter main forte à une femme en difficulté. Faute d'être faible, au moins faut-il feindre la faiblesse. Anne Beddingfeld ne s'en privera pas, qui note avec humour au cours d'une journée où elle joue la pauvre petite fille en danger : «décidément, la voix tremblante devenait ma spécialité!»

*Le Secret de Chimneys* – le cinquième roman policier d'Agatha – présente deux jeunes femmes. Au chapitre 4, intitulé «Une jeune femme charmante», nous faisons la connaissance de Virginia Revel : «grande, d'une minceur exquise (...) cheveux dorés aux reflets ambrés, un petit menton décidé, un nez charmant, des yeux pétillants de malice, et une bouche indescriptible à l'arc bien dessiné. C'était un visage si merveilleusement expressif, irradiant une telle vitalité, qu'on ne pouvait passer devant elle sans la remarquer.» Cette jeune femme peste contre le port de certains sous-vêtements féminins : la gaine qui emprisonne les hanches et resserre la silhouette de la taille aux genoux. Mais elle en parle de façon directe : «les hanches n'ont rien d'indécent!» et elle accepte cette torture puisque c'est un gage d'élégance. Virginia est surtout douée d'un humour imparable, qui effraie ses compagnons : «On ne pouvait pas compter sur elle, elle ne prenait rien au sérieux.» A ses côtés apparaît une toute jeune fille, lady Eileen, la fille aînée de lord Caterham, «mieux connue sous le nom de "Bundle-la-boulotte" bien qu'elle fût d'une sveltesse spectaculaire». Quelques coups de crayon suffisent à la peindre : «grande, mince et brune», et l'essentiel vient ensuite : «elle avait des traits quelque peu garçonniers, mais infiniment séduisants, et des manières énergiques». Quant à ses yeux gris, ils inquiètent ses interlocuteurs par leur «perspicacité malicieuse».

Si «la jeune fille énergique» est un stéréotype de tous les premiers romans d'Agatha Christie, la romancière se plaira à retrouver ici et là ce genre d'héroïne tout au long de sa surabondante carrière.

*Cinq heures vingt-cinq*, paru en 1931, pourrait avoir pour sous-titre : «hommage à la force des femmes». Emily est fiancée à un dadais qui s'est mis en situation embarrassante et devient le suspect principal d'un crime. Dès le premier contact l'inspecteur Narracott remarque, ébloui, que «tout en elle respirait le savoir-faire, l'énergie et l'intelligence». Sans doute n'est-elle pas d'une beauté éclatante, mais elle est «expressive» et son charme «extraordinaire». Vers la fin du roman il dira apprécier fort les qualités d'Emily, «sa superbe crânerie et son énergique résolution de ne point se laisser abattre par l'adversité». Sa personnalité, note un autre observateur masculin, doit pouvoir triompher de tous les obstacles. Une vieille demoiselle, énergique elle aussi, la complimente en ces termes : «Autant la femme qui pleurniche me déplaît, autant j'aime celle qui réagit dans le malheur.» Nous retrouvons un trait déjà noté : d'intuition sûre, la jeune Emily sait que les hommes apprécieront de jouer les protecteurs. Aussi affiche-t-elle à son tour, lorsque ses interlocuteurs masculins en ont envie, l'allure d'une faible femme : «Une femme ne peut rien faire toute seule, un homme possède plus de facilités pour pénétrer partout...» déclare-t-elle à un partenaire dont elle désire faire son chevalier-servant.

«Elle souhaitait transformer le journaliste en espion à son service personnel, en esclave toujours prêt à obéir à ses ordres. Mais elle comprit la nécessité de formuler sa proposition en termes flatteurs et agréables; elle voulait rester le chef de l'association, mais elle ne devait pas le laisser entendre», note Agatha. Et comme le journaliste Enderby se fait fort d'apporter son aide à la jeune fille, elle renchérit : «Il fait si bon pouvoir compter sur quelqu'un!» La présentation de Linnet Ridgeway, aux premières lignes de *Mort sur le Nil* (1937), ne manque pas à la règle. Passe qu'elle descende, devant des badauds ébahis, d'une Rolls rouge. Passe qu'elle soit «blonde comme les blés, au visage régulier, à la silhouette parfaite». L'essentiel – qui nous fait échapper à l'eau de rose – est dans la petite notation qui suit aussitôt : «une fille qui ne semblait pas du genre à se laisser marcher sur les pieds».

*La Plume empoisonnée*, en 1942, met en scène deux jeunes filles. L'une, Joanna, est riche, élégante, très «lancée» : elle est jolie, elle est gaie, adore conduire de puissantes voitures et ne déteste pas avoir des flirts. Bref, elle est «terriblement moderne»! Son frère, qui a pour elle toutes les indulgences, lui lance, amusé : «Je ne t'ai jamais vue intimidée par le regard d'un homme!» Et elle est – évidemment – énergique! D'une énergie qui frise souvent l'emportement et la colère : «Joanna rejeta la tête en arrière. Je connaissais le geste. Il annonçait l'offensive.» L'auteur note «la petite lueur rouge» dans l'œil de son héroïne ou le calme avant la bataille : «Elle parlait d'un petit ton réfléchi, mais assez satisfaite évidemment des projets de bagarre qu'elle envisageait.» Aux antipodes de Joanna, l'autre jeune fille du roman à peine sortie de l'adolescence, Megan, se croit laide et s'enferme dans la morosité. Il ne faudra pas bien longtemps au lecteur, pourtant, pour découvrir que quelques habits neufs et le regard admiratif d'un homme la transforment à son tour en héroïne.

Dans *Les Chevaux de Diomède*, l'une des nouvelles regroupées, au titre des travaux d'Hercule, dans le recueil intitulé en français *Les Ecuries d'Augias*, ce n'est plus à un jeune chien qui sort de l'eau, ni à un fox-terrier qui s'ébroue que fait penser Sheila Grant mais à «un cheval échappé». Et c'est encore par goût de la modernité, parce qu'elle s'imaginait «être ainsi à la page» qu'elle s'est fourvoyée dans un milieu douteux.

La jolie Victoria de *Rendez-vous à Bagdad* (1951) campe un personnage de sténo-dactylo qui pourrait en remontrer aux demoiselles bourgeoises ou aristocrates de tant d'autres romans. Il lui faut gagner sa vie et rejoindre à Bagdad, depuis Londres, l'homme dont elle est amoureuse. Elle prendra tous les risques en usant particulièrement de ses facultés d'imagination et d'une certaine propension à déformer la vérité. Mais qu'importent les moyens puisqu'elle veut arriver à ses fins! D'emblée, là encore, l'héroïne est présentée sous les traits caractéristiques de la jeune fille énergique; le portrait tourne même au stéréotype : «Victoria n'était pas précisément jolie. Mais ses traits avaient quelque chose de piquant et son visage, d'une mobilité extraordinaire...» etc.

*Destination inconnue*, une ténébreuse histoire de complot international parue en 1954, présente de nouveau le type de l'héroïne jeune fille : un visage «intéressant», des yeux «brillant d'intelligence», une bouche «grande mais bien dessinée» et... «le menton énergique». L'observateur interprète : «Il y a de la volonté dans tout ça, et aussi du cran! Et puis, moins évidente mais bien réelle, une gaieté foncière qui fait que, malgré tout, cette fille-là aime la vie et a le goût de l'aventure.» Quand elle se trouve piégée sous terre, au cœur d'une cité interdite, elle ne songe pas moins qu'à creuser un tunnel dans le roc et «Si le tunnel est impossible, nous procéderons autrement, voilà tout!» – «Vous êtes une fille extraordinaire» lui répond son interlocuteur : «Vous paraissez si sûre de vous» – «Je le suis» conclut-elle.

Les héroïnes jeunes filles, jeunes femmes, sont encore plus typées dans les romans autobiographiques d'Agatha. Joe (Joséphine, la cousine de Vernon dans *Musique barbare*) en est un exemple : personnalité forte, pugnacité qui l'entraîne vers un anti-conformisme destructeur, tout est là pour peindre un être qui «existe», à l'opposé de la jolie Nell, fade et égoïste. Comme si, dans les couples d'opposés qu'elle met en scène, Agatha Christie avait choisi une fois pour toutes le parti de l'énergie, de l'intelligence, contre celui des apparences et de la séduction.

**Les aînées idéales : Madge, Nan, Marie Sijé**

Cette jeune fille énergique, héroïne préférée d'Agatha Christie, paraît avoir été pour la romancière ce que les psychanalystes appellent «l'idéal du moi», bien plus que l'image fidèle de ce qu'aurait été Agatha jeune fille. Et si quelqu'un lui inspira ce modèle, ce fut sans doute sa sœur aînée Madge. Idéal bien compréhensible si l'on songe aux onze années qui séparaient les deux sœurs autant qu'à leurs différences de caractères. *Meurtre au champagne* présente un de ces couples de sœurs, Isis, la narratrice, et Rosemary, son aînée de six ans. Rosemary vient de mourir de mort suspecte. Isis se met tout à coup à penser à elle «comme à quelqu'un», alors qu'elle vivait jusque-là dans une telle intimité avec elle qu'elle avoue ne s'être jamais posé de questions sur sa personnalité : «Elle avait toujours accepté Rosemary sans rien se demander à son propos. On ne pense pas à sa mère, à son père, à sa sœur ou à sa tante. Ils existent, voilà tout.»

Sans doute Madge vivait-elle, dans la vie quotidienne et dans l'imaginaire de la petite Agatha, comme une «donnée» qui s'impose, comme «la jeune fille». C'est elle qui apprend à Agatha les premiers pas de danse, elle qui participe à ses premières leçons d'équitation, elle qui lui fait connaître de grandes œuvres musicales et lui fait partager sa passion pour le théâtre. Toute l'enfance d'Agatha et son adolescence seront éblouies par les réussites de Madge. Au moment où elle écrit son autobiographie, s'imposent encore à elle des souvenirs très précis; c'est le retour de Madge après un séjour à Paris : «Je me souviens de ma surexcitation lorsque je la vis descendre d'un fiacre à quatre chevaux à Ealing. Elle portait un petit chapeau de paille coquin avec une voilette à pois noirs et me parut une personne entièrement différente. Elle se montra très gentille avec sa petite sœur et lui raconta des histoires.»; c'est l'entrée de Madge dans le monde, avec «les réceptions, les toilettes élégantes, les visites à Londres» qui accaparaient non seulement l'aînée, mais aussi la mère, se vengeant peut-être là d'une jeunesse un peu étriquée.

Mais, surtout, l'aînée écrase la cadette par ce que cette dernière considèrera longtemps comme une supériorité intellectuelle évidente : Madge sait tellement plus de choses qu'elle, Madge va si vite dans tout ce qu'elle entreprend, Madge est douée de tant d'imagination! Une imagination dont les créations terrorisent souvent la fillette, comme cette invention d'une autre sœur à la voix terrifiante et caverneuse que Madge se plaît à jouer devant une Agatha qui meurt de peur et... redemande des frissons!

Pourtant, jamais cette domination ne semble avoir atteint l'affection que se portaient les deux sœurs. Car Madge était avant tout quelqu'un de gai, qui adorait plaisanter, qui savait raconter, et transformait tous les petits événements de l'existence en anecdotes savoureuses. Et la cadette s'apercevra vite de «l'extraordinaire fascination» que Madge exerçait sur les jeunes gens qui l'approchaient. «C'était une jeune fille très séduisante, jolie sans être vraiment belle. Elle avait hérité l'esprit vif de mon père et en société, elle était extrêmement amusante. De plus, il se dégageait de sa personne un grand charme féminin. On dirait aujourd'hui qu'elle était "sexy" (...) Bref, ma sœur était une bien divertissante personne.»

Madge est aussi à l'origine, pour Agatha, de la rencontre d'une autre jeune fille : Nan, la sœur cadette de James Watts, le mari de Madge. Avec elle, comme avec son aînée, semble s'être joué pour la future romancière tout un système d'oppositions. Nan avait la réputation d'être un garçon manqué, elle était gaie et malicieuse. Les deux familles avaient fait, chacune de leur côté, des remontrances aux deux adolescentes, vantant auprès de Nan le caractère d'enfant sage et tranquille d'Agatha, auprès d'Agatha l'absence de timidité, la sociabilité et la bonne humeur de Nan. Le résultat était prévisible : elles ressentirent l'une à l'égard de l'autre une grande méfiance. La méfiance se mua pourtant en fascination puis en amitié, quand il s'avéra qu'Agatha, entraînée par sa belle-sœur, pouvait s'avérer aussi bruyante et enjouée que son modèle.

Dans l'*Autobiographie*, écrite après la mort de Nan, Agatha insiste sur cette amitié affectueuse que les séparations n'altèreraient pas. Elles se découvrirent une même passion pour la gourmandise, en particulier pour cette crème du Devonshire qui avait tant compté dans les desserts d'enfance! Il reste que c'est encore une jeune fille vive, amuseuse, énergique, douée et gâtée par la vie – au début de son mariage, aux prises avec quelques difficultés financières, Agatha s'abstiendra même de la voir, faute de pouvoir entretenir avec elle des rapports égalitaires – qui entre dans la galerie des modèles d'Agatha.

Dans de nombreux romans, nous l'avons vu, coexistent – comme en miroirs – plusieurs jeunes filles. En marge des cohortes d'héritières à l'élégance innée, des aventureuses qui défient le destin, existent aussi des jeunes filles que le sort a un peu moins gâtées, que leur naissance oblige à trouver un emploi, pour qui le dur apprentissage de la vie passe par le travail. Agatha pourrait s'apitoyer et prêter à ces jeunes filles pauvres quelques plaintes ou quelques larmes. Il n'en est rien, et, comme les autres, elles seront gaies et décidées. Janet Morgan a noté que le modèle qui inspira ces personnages «de jeunes filles pauvres mais déterminées» fut sans doute Marie Sijé, la petite bonne française que Clara avait recrutée lors du voyage dans les Pyrénées en 1895, lorsqu'Agatha avait tout juste cinq ans. Elle restera au service de la famille Miller à peu près quatre ans. Marie avait l'âge de Madge, et le rôle que confia Clara à la jeune servante était double : elle devrait l'aider dans la marche de la maison, en particulier dans l'entretien du linge, puisque Marie était bonne couturière. Et, surtout, elle devrait s'occuper d'Agatha dans les mille aspects de la vie quotidienne, des soins de toilette et des jeux à l'exercice du français. Marie ne savait pas un mot d'anglais, aussi Agatha fut-elle forcée de comprendre très vite et de s'exprimer au moins oralement dans la langue de Marie. Pourtant, note-t-elle dans son *Autobiographie*, l'essentiel n'était pas là : malgré la différence d'âge, Marie représenta vite pour elle une amie capable de mettre la petite fille en confiance, plus proche sans doute, moins dominante que la fascinante sœur aînée.

Agatha note aussi quelques anecdotes à travers lesquelles la toute petite fille s'aperçut de ce que pouvait être la peur de l'humiliation chez une compagne tenue au rang de domestique : comment celle-ci avait refusé de dénouer ses cheveux devant les messieurs de la maison, comment elle avait été émue aux larmes un jour où Agatha, l'appelant «pauvre fille», ne s'était pas rendue compte de l'injure qu'elle avait proférée à son égard.

Pourtant, le trait dominant de Marie était – là encore! – la vivacité et la gaieté. Notons au passage les qualificatifs : «douce et gaie», «si charmante», «visage rond, petit nez retroussé»... «Bon caractère», Marie donne gentiment la réplique quand Agatha se pique de monter des saynètes, elle entre dans les fantasmes de la petite fille qui personnifie ses animaux, elle sermonne la fillette mais ne dénonce jamais ses frasques à ses parents... Enfin elle mène sa barque avec sérieux, mettant de côté la plus grande part de ses gages pour constituer sa dot et se marier dès son retour en France! En l'évoquant, Agatha ne peut cacher une émotion affectueuse, et les mots qu'elle emploie sont les termes mêmes dont elle a usé à propos du personnage de Rosemary (dans *Meurtre au champagne*) et que nous relevions plus haut : «Je suppose qu'avant de me replonger dans mes souvenirs, je n'ai jamais vraiment pensé à Marie. Elle n'était que Marie, une partie de ma vie.» Pourtant, lorsqu'elle évoque son adolescence et sa jeunesse, Agatha ne se décrit pas dans le rôle de ces héroïnes qui paraissent lui avoir servi de modèles et qui peupleront, tout au long de son existence, son univers romanesque. Elle évoque simplement, avec quelque nostalgie, ce qui fut pour elle une vocation manquée, la musique, avant de décrire ce qui devait être, pour sa mère et pour elle, la grande occupation de ses années de jeunesse : la recherche d'un mari.

## Une vocation manquée, la musique

Lorsque Agatha eut quinze ans, sa mère s'avisa, avec la brusquerie qui caractérisait ses prises de décision, que l'école de Miss Guyer, où était inscrite l'adolescente, dispensait une éducation insuffisante. Il fallait qu'Agatha conforte ses connaissances de français, et cela ne pouvait se faire que dans la capitale française! Adoptant la même tactique d'économies que celle qui avait mené la famille dans les Pyrénées quelques années plus tôt, Clara loue la maison d'Ashfield et accompagne sa fille à Paris. La mère et la fille logent un moment à l'hôtel d'Iéna, sur l'avenue du même nom, puis Agatha se retrouve pensionnaire chez Melle T. où Madge, avant elle, a laissé le souvenir vivace d'une jeune anglaise espiègle et audacieuse. Comparée à son aînée, Agatha paraît bien falote : «Je n'étais qu'une petite souris tranquille» écrit-elle dans son *Autobiographie.* Elle décrit avec humour ses premières études de piano, où elle s'essaye tout de même à la *Sonate Pathétique* de Beethoven. Trop timide pour la présenter en concert, elle se retrouve malade le jour de la représentation. Mais Paris est un centre merveilleux pour parfaire une culture théâtrale et musicale; elle ira alors à des spectacles d'opéra que le pensionnat n'aurait pas autorisés : *Faust* en particulier, où une amie de la famille chante le rôle de Marguerite. A l'Opéra-Comique, elle assistera à *Thaïs, Werther, Carmen, La Vie de bohème, Manon...* A l'Opéra, elle fera connaissance avec le *Tannhaüser* de Wagner.

La première et la seconde pension essayées s'étant avérées insatisfaisantes aux yeux de l'exigeante Clara, Agatha sera confiée, à la rentrée suivante – l'année de ses seize ans – à l'institution de Miss Dryden, «avenue du Bois, près de l'Arc de Triomphe». Une de ces pensions pour jeunes filles anglaises à Paris, où il est moins question de scolarité proprement dite que d'une sorte d'accompagnement éducatif à l'instruction. Vie familiale ou presque : la pension ne comportait que douze élèves. Celles-ci étudiaient surtout la musique, avec des professeurs particuliers ou au Conservatoire. D'autres suivaient des cours en Sorbonne.

L'art dramatique tenait aussi une grande place : des acteurs de la Comédie-Française venaient prononcer des conférences et interpréter des textes du répertoire, les élèves déclamaient des vers. Des chanteurs du Conservatoire donnaient, pour les pensionnaires, de petits récitals : du Gluck, du Lully… Agatha, cinquante ans plus tard, se souvient encore, dans son *Autobiographie*, de ses émerveillements aux spectacles de la Comédie-Française, quand elle découvre une Sarah Bernhardt vieillie jouer le rôle de la poule faisane dans *Chantecler* d'Edmond

Rostand, et Réjane – un peu plus jeune! – qui la passionne encore plus.

Mais la grande affaire, pour la jeune Miss Miller, c'est la musique : le piano et le chant. Son professeur de piano, un Autrichien, Charles Fürster, l'initie à Chopin, dont elle joue les *Etudes*, les *Valses*, la *Fantaisie impromptue*. Elle s'exerce aussi à interpréter des morceaux de Beethoven, du Fauré, du Tchaïkowski. Elle travaillera son piano jusqu'à sept heures par jour, et ne nie pas avoir espéré pouvoir devenir concertiste… Quant au chant, elle prend des cours avec deux des meilleurs professeurs de Paris. Elle se souviendra avec humour de leurs manies et de leurs conseils. Au bout de dix-huit mois à deux ans (elle-même ne peut le dire avec précision) elle doit se rendre à la difficile évidence : elle adore la musique, elle se débrouille bien dans certains airs d'opéra, mais, pour l'exécution au piano en concerts, elle est prise d'un tel trac qu'elle ne réalise rien de bien. Charles Fürster lui déconseille d'avoir à jouer en public; par timidité, Agatha renoncera à sa carrière de musicienne. «J'appris ainsi que je n'avais pas un tempérament à m'exhiber, de quelque façon que ce fût.»

**One day Mr Rigth will come along…**

Un autre aspect de la jeunesse d'Agatha est longuement mis en valeur dans l'*Autobiographie*, sous une forme qui mêle souvenirs et analyse sociologique. La question sous-jacente, à laquelle l'écrivain tente de répondre – en indiquant qu'elle s'efforce d'expliquer les comportements de sa génération pour les générations à venir – est la suivante : servies, entourées et choyées, à quoi les jeunes filles passent-elles leur temps, en ce début du XX$^{e}$ siècle, dans la société anglaise bourgeoise et aristocratique? Elles s'amusent sans doute, partageant en cela l'existence oisive de parents souvent rentiers, et toujours aidés par des domestiques. Mais elles se préparent aussi à leur existence de femme. Elles se familiariseront donc avec la conduite d'une maison. Plus libres que leurs sœurs des pays latins, elles se rendront capables de voyager à l'étranger en cultivant quelques langues parlées sur le continent, le français en particulier. Elles orneront leur esprit de toutes les qualités artistiques nécessaires pour mener une vie sociale agréable : le théâtre, la littérature, la musique, le dessin et les arts plastiques. Elles pratiqueront la danse pour ses vertus sociales, le sport pour les rencontres qu'il permet et l'hygiène qu'il entretient. Et surtout, surtout, elles s'acquitteront de leur devoir d'état essentiel : trouver, séduire, retenir un mari. Dans le roman autobiographique *Portrait inachevé*, Agatha parlera de «cette tragédie de l'adolescence : se tromper de cavalier».

Un long passage d'Agatha, quand elle raconte sa propre jeunesse, porte sur le manque d'indépendance des jeunes filles à l'égard de leur avenir. Un jeune homme a des perspectives : il veut faire de sa vie ceci ou cela. Une jeune fille dépend totalement du mari qu'elle va rencontrer. On pourrait s'attendre ici à ce que l'écrivain déplore une telle dépendance; il n'en n'est rien : «Je considérais que c'était une chance merveilleuse d'être une fille, c'est-à-dire un embryon de femme; j'ignorais ce qui allait m'arriver et c'est ce qui rendait la vie si passionnante. Une fille ne se souciait pas de ce qu'elle allait devenir. Elle attendait l'Homme (The Man). Quand L'Homme se présentait, il bouleverserait sa vie. Vous pouvez dire tout ce que vous voudrez, c'est un point de vue passionnant quand on se tient au seuil de l'existence.» Agatha affiche à cet égard une attitude paradoxale partagée entre la lucidité («vous pouviez aussi bien épouser un ivrogne») et le plaisir de la surprise : «Tout vous était ouvert. Non pas ouvert à votre choix, mais à ce que le destin vous apporterait.» Et pour bien faire entendre qu'il s'agit d'un point de vue très commun, elle fait appel sur ce point au bon sens populaire :

«Comme le disaient les vieilles nurses, les cuisinières et les femmes de chambre : "Un jour, l'homme de votre vie se présentera."» *«One day Mr Rigth will come along.»* Mr Rigth : celui qui vous est destiné depuis toujours... Un jour mon prince viendra...

Une partie entière de l'*Autobiographie* d'Agatha Christie, intitulée «Flirt, amourette, publication de bans, mariage (jeu populaire victorien)», plus de soixante pages sur cinq cents, porteront sur cette quête du mari à venir. Celle-ci a commencé très tôt lors du voyage de l'hiver 1907 en Egypte où Clara a décidé d'emmener Agatha. Pour la mère, il s'agissait de trouver un climat chaud qui lui permette de se soigner et d'oublier la mauvaise saison des îles Britanniques, tout en rencontrant un important échantillon de familles anglaises en villégiature. D'ordinaire, cette société se transporte volontiers sur le rivage basque de la France ou sur la Riviera, mais Clara ne craint pas un brin de dépaysement sur les terres exotiques de Sa Majesté. Pour la fille, il s'agit «d'entrer dans le monde» et, plus précisément encore, d'acquérir le statut de jeune fille à marier. Agatha se verra offrir plusieurs robes du soir, et courra de bal en bal pour l'exercice imposé que représente ce qu'Agatha nomme «the art of flirtation». Voici la vie au Caire en 1907-1908 contée par notre romancière : «Nos moyens nous permettaient de descendre dans un hôtel convenable. J'allais danser cinq fois par semaine. Il y avait des bals dans chacun des grands hôtels à tour de rôle. Trois ou quatre régiments stationnaient au Caire. On jouait au polo tous les jours.»

Agatha n'en finira pas de décrire ses toilettes, d'évoquer ses rencontres, et de bénir l'heureuse institution qui permettait de s'essayer aux relations amoureuses sans en prendre les risques. «Je fis ainsi la connaissance d'une trentaine de jeunes gens raisonnablement présentables. Entre bals et garden-parties, je fus invitée à cinquante ou soixante réceptions.» Et le séjour ne dura que trois mois!

Au retour en Angleterre, l'entrain sera un peu refréné mais la vie mondaine continuera avec ses bals, ses demandes en mariage et même un premier lien qui ressemble bien à des fiançailles avant que se présente un jour celui qui allait devenir le premier mari d'Agatha, Archibald Christie, dit Archie. Passons sur les péripéties du premier engagement rompu, des audaces d'Archie pour se faire connaître de la mère d'Agatha, des hésitations, de l'éloignement, des rapprochements… et faisons connaissance avec Archie.

**Archibald Christie**

La rencontre, comme il se doit, a lieu dans un bal, le 12 octobre 1912. Archibald Christie est un «merveilleux danseur», nous raconte Agatha, «grand, des cheveux blonds frisés, un nez légèrement retroussé et un air d'insouciance et de confiance en soi répandu sur toute sa personne»! C'est lui qui relance Agatha quelques jours après le bal en rendant visite à Clara et Agatha sur une moto pétaradante. Le jeune sous-officier annonce à Agatha qu'il désire faire carrière dans l'armée, et plus précisément dans l'aviation, qui sera d'après lui l'arme de l'avenir. Le coup de foudre paraît avoir été partagé. Agatha s'étonne un peu des silences d'Archie, et écrira plus tard avec une belle gaieté : «J'étais vraiment stupide. J'aurais dû savoir que lorsqu'un homme ressemble à ce point à un mouton malade (…) c'est qu'il a pris du plomb dans l'aile.» Ailleurs, dans *Loin de vous ce printemps*, Agatha racontera, sous le pseudonyme de Mary Westmacott, une rencontre entre deux héros qui ressemble à s'y méprendre à celle qui avait marquée les deux jeunes gens : un jeune homme qui se précipite chez les parents d'une jeune fille sous prétexte de rapporter une raquette de tennis oubliée, la conversation interminable avec les parents autour d'une tasse de thé en attendant la jeune fille absente, et le père indulgent et lucide : «s'il s'est incrusté, ce n'était pas pour moi. Il attendait que Barbara rentre.(...) Ne connaissez-vous pas les symptômes de l'amour, même quand ils crèvent les yeux? Le pauvre type était paralysé, l'embarras le rendait godiche. Voilà pourquoi vous l'avez vu rouge comme une pivoine.» Agatha reproduira une scène du même genre (mais cette fois ce sera la sœur aînée qui recevra le prétendant autour de la toujours inévitable tasse de thé) dans *Le Poids de l'amour*, le dernier roman signé Mary Westmacott.

En quelques jours, Archie fait sa demande. Agatha rompt les engagements qu'elle avait pris avec son premier fiancé, et elle a bien du mal à convaincre l'impatient qu'ils devront attendre assez longtemps un mariage qu'Archie aurait voulu voir conclu en un mois. Clara avait posé la question inévitable : «Avec quoi comptez-vous vivre?» Les fiançailles devaient durer un an et demi. Il faudra l'émotion de la guerre, le départ d'Archie – comme pilote de la Flying Air Force – dans des missions dangereuses, la crainte du pire et la terreur de ne jamais avoir réalisé le mariage espéré, pour que les deux jeunes gens, lors d'une permission d'Archie à Noël 1914, sans rien annoncer à leurs familles, se marient précipitamment avant d'être à nouveau séparés.

**Rapport de police**

**4 août 1914** : l'Angleterre déclare la guerre à l'Allemagne. Archibald Christie rejoint son escadrille à Southampton, traverse la Manche pour la France le 12 août 1914. Une citation le 19 octobre 1914. Nommé Flying Commander en novembre. — Agatha s'engage comme aide-soignante à l'hôpital de Torquay.—21 décembre : permission d'Archibald Christie. — 24 décembre : mariage d'Agatha et d'Archibald. — 26 décembre : Archibald repart pour le front.
**Juillet 1915** : Permission d'Archie.
**27 janvier 1916** : nommé d'abord capitaine dans la Royal Field Artillery, Archie est promu commandant.
**janvier 1917** : nouvelle citation, puis promotion de lieutenant-colonel.
**1er janvier 1918** : il reçoit le Distinguish Service Order et devient compagnon de Saint Michel et de Saint George.

**1915** : Agatha entre comme assistante aide-chimiste au dispensaire créé par Mrs Ellis et Eileen Morris.
**1916** : Agatha écrit *La Mystérieuse affaire de Styles*.
**1917** : diplôme de préparatrice en pharmacie.
**Juin 1918** : Archie est attaché au ministère de l'Air, avec le grade de colonel. — Agatha prend des cours de secrétariat et de comptabilité.

**Résidences** : — «Ashfield» — «Haytor Hotel» à Dartmoor — St John Wood, 5 Northwick Terrasse.

## III

# L'infirmière et les poisons

«Depuis le temps des Borgia
Leur noir pouvoir a fait ses preuves
Toujours fatales, toujours neuves
Pour celui qui les essaya
Vigueur et courage trompeurs
Dans ces flacons gorgés de peurs
De menace et de cris de haine
De souffrance et de mort soudaine...»
*La Route des rêves*, 1923.

La guerre éclate en août 1914, bouleversant les destins individuels, interdisant les anciennes insouciances. Archibald Christie, sous-lieutenant d'artillerie, est affecté dans l'aviation, après avoir passé son brevet de pilotage, au Royal Flying Corps. A la déclaration de guerre, il part en missions avancées avec son unité. Agatha vit cette tourmente dans l'inquiétude quant au sort de son fiancé, de son mari ensuite, mais assez peu consciente, semble-t-il, des enjeux d'un tel conflit. Ou plutôt, elle y participe à sa manière, discrète et efficace, comme sans doute l'y conduisait son statut de jeune fille, de jeune femme. Alors qu'Archie lui écrivait : «Il sera très dur pour vous de rester assise à la maison à ne rien faire», elle va connaître, au contraire, une des périodes les plus actives de son existence. Elle approchera la grande souffrance physique et morale, et peut-être plus encore, ce à quoi rien dans son éducation ne l'avait préparée, elle découvrira un «travail» semblable à celui d'une salariée, même s'il est bénévole les deux premières années, dans une structure hiérarchisée où elle éprouvera la dépendance, les mesquineries, les querelles de pouvoir inhérentes à toute structure sociale.

Agatha s'était déjà, avant même le début de la guerre, inscrite pour des cours de secourisme accomplissant ainsi ce qu'il était convenu de nommer, pour les femmes de la bonne société, une œuvre de charité. «Les cours d'infirmières et de secouristes, étaient très populaires en 1913 et au début de 1914. Tout le monde les suivait. On y apprenait à bander un bras ou une jambe et on s'essayait même à bander la tête, ce qui était plus compliqué. Nous passions des examens et une petite carte imprimée nous était délivrée, attestant nos succès.» La romancière raconte avec humour ces premières expériences, en insistant sur le fait que personne n'y voyait une quelconque préparation à un conflit dont, écrit-elle, «les gens ordinaires – tout le monde en somme à part quelques vieux ministres dans le cercle étroit des Affaires étrangères – n'avaient pas la moindre idée qu'il pût éclater.»

Dès le mois d'août, Agatha rejoint le détachement de la Croix-Rouge auquel elle a été affectée et se met à la disposition des services qui accueillent les premiers blessés. Le personnel médical et hospitalier ne sait que faire de ces jeunes femmes de bonne volonté mais dépourvues de compétences sérieuses, et la jeune Agatha, malgré son dévouement, connaît quelques déboires. Dans son *Autobiographie*, même si elle insiste sur le grand intérêt qu'elle portait aux malades et l'attrait que représentait pour elle la profession de soignante, la romancière s'attardera moins (comme d'ailleurs dans le chapitre consacré à la guerre de son roman *Musique barbare*) sur le sort des malheureux patients que sur le contexte hiérarchisé, mélodramatique ou drolatique de la situation. Après une mauvaise grippe, Agatha sera mutée dans un service où il n'est plus question d'aide directe aux personnes mais d'apprentissages techniques : un dispensaire pharmaceutique.

## La découverte des poisons

Le destin faisait bien les choses. Agatha, pour sa nouvelle tâche, devait passer un examen de préparatrice en pharmacie, et elle entra rapidement, et avec enthousiasme, dans les arcanes de la toxicologie. Son esprit méthodique se trouva vite à l'aise avec les nomenclatures, les propriétés chimiques des différents corps employés, les possibilités infinies des substances : les poisons, les contre-poisons, les secrets des plantes vénéneuses, les combinaisons des éléments entre eux, les mystères de l'anaphylaxie et de la mithridatisation… Elle apprit à reconnaître les signes extérieurs de leurs atteintes, comme leur capacité à se dissimuler dans une boisson, un onguent ou l'air respiré. Et, comme l'imagination d'Agatha était toujours en marche, on peut penser qu'elle songea, dès lors, à toutes les possibilités d'intrigues qu'offre l'usage de poisons peu connus, dont l'administration est simple et les effets souvent ignorés.

Car la future romancière apprend, dans le même temps, que la science pharmaceutique est souvent méconnue des médecins cliniciens amenés à soigner des patients déjà frappés par la maladie, ou à constater un décès. C'est pendant son séjour dans ce dispensaire – en mettant à profit de longs moments de temps libres dans le laboratoire – qu'elle commence, en 1916, l'écriture de son premier roman policier *La Mystérieuse affaire de Styles* qui mettra largement à contribution ses acquisitions nouvelles. La débutante ès romans policiers n'hésitera pas à faire lire par Poirot devant un auditoire ébahi la très savante recette de la précipitation de la strychnine dans l'eau sous forme de cristaux transparents sous l'influence du bromure de potassium! Et rien n'est épargné : poids des différents ingrédients nécessaires à la préparation, temps de l'opération, etc. La recette, précise le docte Poirot, est tirée d'un manuel trouvé au dispensaire de la Croix-Rouge d'un hôpital. Sur son lieu de travail, Agatha rencontre aussi un pharmacien, Mr P., qui devait servir de modèle – cinquante ans plus tard! – au redoutable docteur Zachariah Osborne du *Cheval pâle*. Ce docteur en pharmacie ne se promenait jamais sans avoir en poche un morceau de curare, et il s'en vantait auprès de son étudiante : «cela me donne une impression de puissance»! Agatha note à son propos : «c'était un drôle de petit homme tout rond. Il avait l'air d'un rouge-gorge, avec son visage rouge et son habit à queue. Il y avait en lui un air de satisfaction puérile.» On le voit, Agatha ne se contentait pas de parfaire ses connaissances en matière de poisons. Cependant, c'est avec beaucoup de fierté qu'elle écrivit plus tard dans son *Autobiographie* : «La critique qui me causa le plus de plaisir parut dans *Le Journal des pharmaciens*. On y louait "cette histoire policière qui parlait de poison de façon plausible et non avec ces sottises sur les substances indécelables, comme cela se produit si souvent. Miss Agatha Christie sait certainement de quoi elle parle."»!

## La séparation

Si l'on veut comprendre l'état d'esprit d'Agatha durant cette période, il faut réaliser que pendant ses trois premières années de mariage – 1915, 1916, 1917 – elle ne devait voir Archie qu'au cours de très rares permissions :

deux par an, trois en 1917. En 1915, elle s'était rendue à Paris pour tenter de le rejoindre, mais les militaires avaient été consignés et Agatha avait dû rentrer seule à Ashley. Janet Morgan notera que, pendant ces années de guerre, après le mariage décidé en quelques heures, Archie et Agatha «avaient appris à se rencontrer et à se séparer plutôt qu'à vivre ensemble pendant des semaines à la file». Dans la maison familiale, où la jeune femme était revenue vivre avec sa mère, règnait une atmosphère assez déprimante : Margaret, la mère de Frederick – Tatie Grannie – avait dû quitter Ealing. Elle avait rejoint Clara et Agatha, en laissant derrière elle, en état de débâcle, la demeure où Agatha avait passé des vacances si heureuses. La jeune femme fut profondément atteinte par la déchéance de cette aïeule à l'ancienne allure de souveraine. Plus encore, ce déclin rejoignait l'impression de décomposition sociale propre à ces années de guerre. Malgré ses occupations à l'hôpital puis au laboratoire, malgré sa cohabitation avec Clara et Tatie Granie, Agatha se sent très seule.

**La Mystérieuse affaire de Styles**

Parce qu'Archie est loin, parce que Madge (toujours Madge!), un jour, a lancé un défi à sa petite sœur («Je ne crois pas que tu serais capable d'écrire un roman policier, c'est très difficile à imaginer.» – «J'aimerais quand même essayer.» – «Je parie que tu n'y arriveras pas!»), parce que le goût d'écrire s'est imposé à la jeune Agatha depuis ses tentatives de rédaction de nouvelles, le premier roman policier d'Agatha va naître en 1916, même s'il ne doit voir le jour sous forme de livre imprimé et publié qu'en 1920. Ses découvertes récentes de préparatrice en pharmacie apparaissent de manière transparente dans le rôle de la jeune Cynthia, elle-même aide-volontaire dans un laboratoire d'hôpital. Un autre personnage, Mary Cavendish, déclare être effarée par l'ignorance des médecins à l'égard des poisons les plus subtils. Quant à Poirot, au moment de dévoiler l'identité du meurtrier devant un de ces auditoires de témoins et de présumés coupables dont il a le secret, il lira, nous l'avons vu, un passage de manuel «en usage dans les classes de pharmacologie». Pourtant, l'apport d'Agatha, si intéressante que soit la correspondance anecdotique avec ses activités de 1916, est d'une tout autre portée. Car, dès ce premier ouvrage, elle entre avec succès dans la lignée des maîtres du «roman d'énigme». A partir du goût qu'elle aura toujours de perdre et d'entraîner son lecteur à la poursuite d'une improbable vérité, mais non sans se placer sous le haut patronage d'un maître : Conan Doyle.

## Sherlock Holmes, sans hésitation!

Dans ce livre, *La Mystérieuse affaire de Styles*, Hastings déclare : «Depuis toujours je caresse le rêve d'être détective.» Son interlocutrice lui demande alors : «Détective? Inspecteur, comme à Scotland Yard? Ou bien Sherlock Holmes?» Hastings s'exclame : «Oh! Sherlock Holmes, sans hésitation». Et il annonce tout à trac sa rencontre et son amitié avec Hercule Poirot. L'inspiration de Conan Doyle est si évidente que le détective d'Agatha, comme son modèle, n'ira jamais bien loin sans son faire-valoir, son «yes-man», Hastings ayant succédé à l'inévitable Docteur Watson.
Le bon usage d'Hastings s'éprouve dès ce premier livre. Il faut bien un narrateur dans un roman policier, et Agatha ne s'essayera qu'une seule fois, dans *Le Meurtre de Roger Ackroyd*, à laisser le criminel être lui-même le conteur de l'histoire. Hastings, au contraire, est le narrateur rêvé : il a le regard assez objectif pour décrire avec précision, il est assez naïf pour être dupe des malins, assez vaniteux pour

penser qu'il tient la solution des énigmes. Plus encore, comme son auteur se garde bien de décrire avec précision son type physique ou ses manies (comme elle le fera si abondamment pour Hercule Poirot et Miss Marple), il devient un individu banal, bon objet d'identification. Ainsi permet-il, au fil des pages, d'éprouver les différentes conclusions que le lecteur peut avoir en tête. Avantages supplémentaires : sa crédulité permet à Poirot de deviner ce que le criminel rusé veut faire prendre pour la réalité et l'impuissance d'Hastings à cacher ses sentiments peut-être utile quand il s'agit de ne pas inquiéter le criminel sur l'avancement de l'enquête; ainsi, lorsque Hastings reproche à Poirot de l'avoir trompé, le détective réplique : «Tout au plus vous ai-je permis de vous tromper vous-même (...) vous possédez une nature si franche et un visage si transparent qu'il vous est impossible de dissimuler vos sentiments.»

En bref, la romancière force à plaisir la sottise du personnage, et, dès ce premier roman, Poirot peut déclarer sans ambage à celui qui se vante de l'amitié que lui porte le détective : Hastings, vous m'aidez considérablement, parce que vous voyez toujours ce que le coupable choisit de vous montrer, et vous faites donc éclater, avec évidence, ce qu'il ne faut pas croire! C'est peut-être dans *Le Couteau sur la nuque* que cette idée sera exprimée avec le plus de clarté : «Lorsqu'un criminel se décide à commettre un meurtre, il cherche d'abord à tromper. Et qui essaie-t-il de tromper? Ce qui représente dans son esprit l'homme normal. Cette entité pratiquement n'existe pas, mais vous en approchez d'aussi près que possible. A certains moments, vous manifestez des éclairs d'intelligence; à d'autres (excusez ma franchise, mon bon ami), vous atteignez d'étonnantes profondeurs d'ineptie; dans l'ensemble, vous personnifiez l'homme normal. Et voici de quelle façon vous me servez : comme en un miroir je lis en vous ce que l'assassin désire me faire croire. Et cela m'est infiniment précieux.» Un jour, l'impitoyable Poirot déclarera même à Hastings : «Vous faites partie de cette catégorie d'hommes honnêtes, crédules et respectables, qui sont la proie des gredins. Vous seriez du style à investir dans les champs pétrolifères ou dans les mines d'or à sec. Vous et vos semblables faites le pain quotidien des escrocs de tout poil.» (*La Maison du péril*)

## Naissance d'Hercule Poirot

Les détectives de roman policier, c'est entendu, sont des monstres d'intelligence puisqu'il est dans leur nature même que nulle énigme ne leur résiste. Ainsi *La Mystérieuse affaire de Styles* démontre-t-elle, dès le départ, que tout est affaire de logique. La méthode de Poirot, comme celle de Sherlock, sera de déductions : le héros se devra de mettre en lumière tous les maillons d'une chaîne, et de déceler celui qui manque ou qui s'accorde mal avec l'ensemble reconstitué. «Tout est simple si vous classez les faits méthodiquement» déclarera-t-il dans *Le Meurtre de Roger Ackroyd*. Affaire de «petites cellules grises» pour parler comme Hercule Poirot. Pour appuyer la démonstration et éclairer le lecteur, la romancière aura le souci de mettre en place, de manière claire, des repères de date, de lieu. Dès le deuxième chapitre du roman interviennent des précisions extrêmes quant à la succession des événements, et dans le troisième sont donnés à voir des plans de la maison de Styles Court.

Cependant, Agatha tient beaucoup à l'incarnation de ses héros : l'intelligence est une qualité bien abstraite et la romancière doit dessiner pour le lecteur, qui devra le reconnaître en toutes circonstances, le portrait typé de l'homme aux si efficaces petites cellules grises. Vient alors la touche de caricature nécessaire pour le peindre. A preuve la définition qu'en donne Agatha elle-même quand elle s'interroge sur les raisons d'apparence saugrenues qui donnèrent naissance à son personnage : «Ce serait un petit homme et il s'appellerait Hercule.» La première formule qu'emploie Hastings à propos de Poirot met immédiatement en scène un personnage contradictoire : «Un petit homme extraordinaire. Un véritable dandy mais d'une intelligence hallucinante.» Physiquement «petit», donc, alors que ses capacités dépassent toute mesure, et «dandy», rendu ridicule par ses manies alors qu'il s'agit d'un esprit si brillant. L'ami Hastings, fasciné, insistera d'ailleurs à nouveau sur cette double contradiction : «Poirot était un homme au physique extraordinaire. Malgré son petit mètre soixante-deux, il était l'image même de la dignité. Son crâne affectait une forme ovoïde, et il tenait toujours la tête penchée de côté. Sa moustache, cirée, lui conférait un air martial. Le soin qu'il apportait à sa tenue était presque incroyable, et je suis enclin à penser qu'il aurait souffert davantage d'un grain de poussière sur ses vêtements que d'une blessure par balle. Pourtant ce petit homme original, ce parfait dandy (était...) doué d'un flair prodigieux.»

A plusieurs reprises, la romancière insistera sur les yeux verts du détective, mais, à part ce crâne en forme d'œuf, la moustache en crocs, la raie dans les cheveux gominés, nous n'aurons guère d'autre description de Poirot, comme si Agatha – maniant la plume à la manière d'un fusain de caricaturiste – n'avait pas de traits assez cinglants pour moquer le physique de sa créature : allure de «coiffeur à la retraite», «il secoua la tête, bomba le torse et nous gratifia d'un regard filtrant. Il semblait si plein de lui-même qu'il en frisait le ridicule, son accent ne faisait qu'ajouter au grotesque» (*Le Meurtre de Roger Ackroyd*).

La plus importante des contradictions de Poirot tient sans doute au redoutable mélange d'intelligence et de vanité dont il se montre capable (M. Hercule Vanité Poirot, dit de lui l'inspecteur Japp) et qui agace tellement son compagnon. Comme lorsqu'il fait mine devant Hastings de dédaigner la sollicitation d'un ministre qui le presse d'intervenir pour lui, en déclarant «Les hommes disent de moi : "Cet homme, là, c'est Hercule Poirot!... Le grand..., l'unique!... Il n'y en avait jamais eu comme lui, et il n'y en aura jamais plus!" Voilà qui me suffit. Je ne demande rien de plus. Je suis modeste.» (*La Maison du péril*) Ou encore : «Quelle absurdité de prétendre que cela ne se fait pas... puisque je l'ai fait!» (*Le Couteau sur la nuque*) A quel degré faut-il lire de telles déclarations? La romancière a-t-elle voulu, à l'inverse de presque tous ses confrères auteurs de romans policiers, tourner en ridicule son détective favori? Ou voudrait-elle indiquer au passage que l'intelligence se mesure à la faculté d'autodérision? En tout cas, sa créature, au passage, livrera des raisons de sa ridicule vanité : dans *Drame en trois actes* le détective confiera à Mr Satterthwaite : «J'en rajoute, je me vante. Les Anglais n'aiment pas ça, ils disent : "Un type aussi imbu de sa personne ne doit pas valoir un pet de lapin." C'est ce qu'ils croient mais ils se trompent sur toute la ligne. Et ils ne sont pas sur leurs gardes.»

Il reste qu'au fil des livres, Hastings se complaira à décrire les qualités-défauts de son ami «depuis le toast matinal coupé dans une miche rigoureusement carrée, en passant par les œufs coque de taille identique et, jusqu'à son aversion pour le golf, jeu, selon lui de pur hasard, dépourvu de règles et racheté seulement par ces petits casiers où les joueurs maniaques peuvent ranger leurs tees.» Il est des jeux énervants par le calme qu'ils requièrent, et que l'on nomme pour cette raison des «jeux de patience». Hercule Poirot, pour se calmer, lui, construit des châteaux de cartes! Son goût maniaque de l'ordre et de la symétrie lui a fait choisir des meubles modernes où le métal remplace le bois : «Le mobilier, luxueux, faisait triompher la symétrie d'une géométrie parfaite. Dans un coin trônait une sculpture moderne : un cube posé sur un autre cube, couronnés tous deux d'une figure octaédrique à base de fil de cuivre.» (*Les Travaux d'Hercule*) Il ne peut apercevoir des verres sur un plateau sans les aligner ou les disposer en forme géométrique simple, il ne supporte pas une épingle de cravate agrafée de travers, etc. L'homme est gourmand, mais il sacrifiera volontiers le plaisir convivial d'un bon repas pour dîner seul, dans sa chambre, de brioches et d'éclairs au chocolat! Plaisir bien «continental» d'ailleurs, aux yeux d'Hastings, que ces sucreries dont se gave le détective (des hôtes anglais lui verront avec stupeur édulcorer sa tasse de thé avec cinq morceaux de sucre!), et nous touchons là à un autre aspect de la personnalité de Poirot : avant tout, il n'est pas anglais!

On sait quelles hypothèses, les unes corroborées par Agatha Christie elle-même, les autres avancées par des critiques, ont été échafaudées à propos de la naissance du personnage. La romancière s'en explique dans son *Autobiographie*; elle était fascinée par les détectives célèbres de ses devanciers : Sherlock Homes «le seul, l'unique!», Arsène Lupin – mais était-il «criminel ou détective»? – Rouletabille, «le jeune journaliste du *Mystère de la chambre jaune*» créé par Gaston Leroux – «c'était le genre de personnage que j'aurais aimé inventer». Elle balança longuement entre un collégien (trop jeune!) et un savant («que connaissais-je des savants?») quand elle fut un jour attirée, dit-elle, par l'un des nombreux réfugiés belges que la population anglaise avait si aimablement accueillis.

Ce sera donc un Belge – Agatha insiste sur l'aspect accidentel de ce choix – et pour qu'il ait quelque connaissance en matière criminelle, il aura derrière lui une carrière d'inspecteur de police. Détail malencontreux pourtant qui condamne Poirot, dès son apparition, à être déjà un homme que son auteur, au fil des romans, ne saura comment faire vieillir un peu plus! Dès 1930, dans *La Maison du péril*, l'ami Hastings constate avec une gentillesse apitoyée : «Ce pauvre vieux Poirot. Notre affaire le déroutait, je le voyais bien. Ses capacités n'étaient plus ce qu'elles avaient été.» En 1966, dans l'un de ses derniers romans, *La Troisième fille*, une éventuelle «cliente» du détective s'enfuit en l'apercevant, et s'écrie, épouvantée : «You are too old!» D'ailleurs, au long de sa carrière, Agatha dira souvent l'irritation qu'elle éprouve pour sa créature, ou elle le fera dire par le truchement d'un autre auteur de roman policier dans laquelle elle s'incarne de manière transparente : Ariane Oliver. Dans *Mrs McGinty est morte*, celle-ci, interrogée sur son personnage de détective et sur ses manies (le détective d'Ariane Oliver est finlandais, et végétarien plutôt qu'amateur de gastronomie française comme Poirot) répond avec irritation : «Est-ce que je sais? (…) Je devais être folle le jour où j'ai inventé cet insupportable personnage. Pourquoi est-il finlandais alors que je ne sais rien de la Finlande? Pourquoi est-il végétarien? Pourquoi est-il affublé de je ne sais combien de manies ridicules? Tout ça, je l'ignore. (…) On invente une histoire et, un beau matin, on s'aperçoit qu'on traîne derrière soi un Sven Hjerson dont on ne pourra jamais se débarrasser. Et les gens vous écrivent pour vous dire que c'est un personnage pour lequel vous devez avoir une grande affection (…) Si je le rencontrais dans la vie, ce maudit végétarien finlandais, je le tuerais… et je vous garantis que ce serait un beau crime!»

## Hercule Poirot, l'étranger

Arrêtons-nous pourtant sur la nationalité belge du héros. La rencontre avec les réfugiés est sans doute l'incident qui explique fortuitement le choix. Mais pourquoi avoir choisi un étranger? Parmi les mille paillettes du talent d'Agatha Christie, apparaît souvent le don qu'elle semble avoir de mettre en valeur les multiples détails qui «typent» un personnage, qui accusent des traits de caractère ou des comportements nationaux, provinciaux, sociaux. On a souvent insisté, pour louer les romans d'Agatha, sur la qualité de leur intrigue, et cette excellence s'impose. Mais ses livres valent peut-être autant par les descriptions sociologiques et psychologiques auxquelles elle s'adonne avec bonheur. Non pas en observatrice subjuguée, mais avec ce rien de décalage qui va, dans la mise en scène de ses créatures, du sourire malicieux à la caricature en passant, surtout, par l'humour.

L'étranger permet ce décalage, parce que son accent fait détonner la langue (et Poirot s'amuse lui-même à exagérer son accent ou à employer des barbarismes), parce que ses manies rendent apparentes des manies contraires (il boit du sirop de cassis quand ses amis anglais s'adonnent au whisky et aux cocktails, il savoure du chocolat quand les insulaires boivent du thé, il chérit les appartements surchauffés quand les bons Britanniques ne dorment que fenêtres ouvertes : «le grand air, ça va très bien dehors, c'est sa place, n'est-ce pas? Pourquoi vouloir le faire entrer?» etc.) enfin parce qu'il n'est pas de meilleure manière d'appréhender la nature de quelqu'un qu'en exhibant ses différences. Agatha, derrière le sourire affiché, tournera souvent en ridicule l'étroitesse d'esprit de ses concitoyens à l'égard de tout ce qui est «étranger»; ses criminels les plus méprisables manifesteront – en particulier à l'égard de Poirot – un chauvinisme à toute épreuve, comme ce Clarke qui, une fois découvert, dans *A.B.C. contre Hercule Poirot*, ne retient plus les injures et lance au détective : «Espèce de sale macaque d'étranger». Comme le cher Hastings lui-même, qui se sent gêné de l'»étrangeté» de Poirot : «Les gens qui voient mon ami pour la première fois ont, hélas! toujours la tendance à le prendre pour un clown.» Quelquefois, la manière dont Poirot force son caractère d'étranger n'est rien moins qu'une manipulation d'individus faibles qui trouvent, dans le seul fait d'être anglais, une justification à leur existence médiocre.

Dans *Drame en trois actes*, Poirot s'explique franchement sur cette tactique : «Je suis parfaitement capable de parler un anglais sans faute mais, voyez-vous, mon accent est un inappréciable avantage. Les Anglais me regardent de haut. Peuh! qu'est-ce que c'est que cet étranger qui ne sait même pas correctement parler notre langue? Mais la vérité, c'est que je ne veux pas que les gens se méfient. Je préfère qu'ils se moquent de moi.» Ce trait sera développé à plusieurs reprises dans *Cinq petits cochons* : «Hercule Poirot forçait son allure et son accent étrangers, s'enlisait dans un baragouinage qui n'avait plus d'anglais que le nom. Afin d'inspirer à (son interlocuteur) un mépris condescendant.» Agatha emploie souvent à ce propos un procédé qui lui permet d'éviter les pages entières de barbarismes : elle écrit une phrase en anglais – tel que sont supposés le mal parler les Français – puis elle ajoute qu'à partir de là elle retranscrira les discours de son détective dans un anglais correct. Avant tout, pas question de faire anglais. Quand on est étranger, étranger il faut demeurer et se faire pardonner de l'être : «Evidemment, ils n'ont pas la manière, ces continentaux. Pour un peu ils vous serreraient la main au petit déjeuner! Enfin, celui-ci a quand même l'air de savoir manger avec un couteau et une fourchette…» Et, comme Poirot cite des noms anglais connus et respectables, «une certaine chaleur parut enfin dans le regard de son interlocuteur : l'étranger semblait connaître les gens qu'il fallait».

Il faudrait presque dire qu'en mettant en scène le détective le plus intelligent qui soit, mais étranger pour les insulaires, Agatha a fustigé gaiement la xénophobie qui – si nous l'en croyons – règne sur les terres de Sa Majesté. On n'en finirait pas de relever les formules assassines de la romancière : «Les yeux du colonel s'arrêtèrent un instant sur Hercule Poirot, puis se détournèrent, indifférents. Poirot, accoutumé à lire sans erreur dans les cerveaux britanniques, sut que l'officier avait pensé : "Encore un de ces maudits étrangers!" (*Le Crime de l'Orient-Express*)». Cette méfiance à l'égard des étrangers présente d'ailleurs plusieurs degrés : les Américains sont peu présentables, mais ce sont tout de même des cousins, parlant la même langue, même s'ils la maltraitent. Ainsi le jeune Hector Willard MacQueen dit-il d'un valet de chambre à qui Poirot recommande la discrétion : «Ça ne posera pas de problème. Il est anglais jusqu'au bout des ongles et, comme il aime à le dire, il sait garder son quant-à-soi. Il a une assez piètre opinion des Américains, et pas d'opinion du tout sur les étrangers d'autres nationalités.» (*ibid.*) La très bienveillante infirmière de *Meurtre en Mésopotamie* s'exclame lors de sa «découverte» de Poirot : «Bien entendu, je savais qu'il était étranger, mais je ne m'attendais pas à ce qu'il soit étranger *à ce point-là* (souligné par l'auteur), si vous voyez ce que je veux dire.»

Le plus important reste donc ceci : l'année de ses vingt-six ans, Agatha Christie enfante un vieux petit homme, plein de manies et de tics de langage, mais tellement intelligent! Il aura deux fonctions : au nom de sa particularité d'étranger excentrique il donnera à voir ce qu'il aperçoit de «différent» de lui dans la société anglaise; au nom d'une logique qui reste évidemment «la chose du monde la mieux partagée» il débusquera la vérité derrière les apparences, dévoilera les secrets les mieux cachés, découvrira les criminels impunis. Bref, ce sera un maître-détective.

## Du frisson malgré tout

De même qu'Agatha confère un corps (une moustache!) et un habit bien reconnaissable à sa créature, elle prend garde aussi d'apporter quelque trouble, quelque chaleur, dans l'énigme qui se noue. L'intrigue intellectuellement la mieux ficelée serait bien plate sans la peur que la romancière tente de faire surgir chez le lecteur comme chez les protagonistes du drame. Simplement, le frisson ne sera presque jamais le fruit de la violence ou du sang. Son origine sera toute intellectuelle, née du désir de savoir qui a tué, plutôt que du plaisir horrifié de contempler le crime.

Dès ce premier roman encore, nous voyons naître les stratagèmes qui emportent l'émotion : aux toutes premières pages, lorsque Cynthia annonce qu'elle travaille dans un laboratoire pharmaceutique, quelqu'un lui demande : «combien de personnes avez-vous empoisonnées?» et, d'emblée, la menace est présente, d'autant que le lecteur est appelé à remarquer «l'expression étrange» qui passe alors sur le visage de l'un des personnages. Un peu plus loin, et comme sans y toucher, Agatha note que l'une des héroïnes est «énigmatique» et le premier chapitre se clôt sur cette formule : «J'eus le pressentiment d'un malheur proche.»

L'inquiétude pourra se renforcer lorsque l'auteur sèmera à propos quelques indices révélateurs du trouble d'un coupable : que de verres et de tasses échappés au bon moment, de règlettes de mah-jong renversées, de sursauts mal surmontés, qui n'ont d'autre but que de guider le lecteur à la croisée des peurs entretenues. Tout l'art d'Agatha Christie consistera ainsi à faire cœxister la recherche lumineuse de démonstrations rationnelles et l'insinuation de sentiments obscurs, à la limite de la superstition, de la crédulité ou de la magie.

**Un livre publiable?**

Pour relever le défi lancé par Madge, cependant, il fallait mener *La Mystérieuse affaire de Styles* jusqu'au bout : chez un éditeur. La rédaction elle-même avait posé quelques problèmes à Agatha : elle manqua s'arrêter au bout de quelques chapitres, faute de pouvoir dénouer les fils d'une intrigue qu'elle ne tenait plus en mains. «Au milieu du livre, je commençais à me sentir empêtrée. Les complications prenaient le pas sur l'histoire et je n'arrivais plus à les maîtriser.» Clara lui vint en aide en lui conseillant de s'isoler un moment dans un hôtel sur la lande de Dartmoor : l'hôtel Moorland à Hay Tor. Ce fut dans cette solitude qu'elle termina l'écriture en une dizaine de jours.

Démarche intéressante à deux points de vue : Agatha, en 1916, a vingt-six ans. Elle est mariée et travaille, même si ce travail n'est pas toujours rémunéré. Pourtant le premier de ses livres policiers vient au monde comme couvé par la sollicitude des deux femmes qui constituent sa famille de naissance : Clara et Madge. Comme si cette activité créatrice ne pouvait naître qu'à l'abri du cercle étroit qui l'a vue grandir, qui a fait de l'acte d'écrire un prolongement des jeux et des curiosités de l'enfance. En second lieu, le futur écrivain éprouve le besoin, au moment de terminer son livre, de se «retirer» un instant de l'entourage chaleureux. Sans doute pour trouver du temps libre pour elle, hors des préoccupations du dispensaire et de la maison maternelle. Mais en organisant ce qui deviendra vite une méthode dans la vie d'Agatha Christie : la «coupure» nécessaire d'avec les sollicitations extérieures – en particulier celles de la famille – pour instituer le quant-à-soi nécessaire à l'écriture.

Les proches, les amis d'Agatha ont tous témoigné en ce sens : elle avait la faculté, et sans doute le besoin, de ne pas mêler les deux mondes, celui du travail littéraire, dont elle entretenait très peu son entourage, et celui de la vie familiale ou mondaine. Comme un bon artisan qui se retire dans son atelier quand il l'estime nécessaire, et redevient, au sortir de celui-ci, père, époux ou citoyen. Le livre terminé, Agatha se préoccupe donc de le faire parvenir à un éditeur. Ce premier éditeur contacté – Hodder et Stougthton – «le retourna avec un refus pur et simple, sans commentaire». Agatha essaye un autre destinataire, Methuen. Même réponse, six mois plus tard, mais avec quelques encouragements. Agatha s'entête : elle envoie le manuscrit à John Lane, chez Bodley Head, qui lançait une nouvelle collection et avait publié deux ou trois romans policiers. Pas de réponse. Ce sera près de deux ans plus tard qu'arrivera un message de l'éditeur; celui-ci propose une entrevue à la jeune femme (qui entre-temps est devenue mère de famille!) et, tout en lui demandant d'apporter des corrections à son texte, de remanier la fin, etc., il sort un contrat d'un tiroir. Le livre paraîtra en volume en Angleterre et aux Etats-Unis, et en feuilleton dans le *Weekly Times*. Pas d'à-valoir, pas de droits d'auteur avant que soient vendus les deux mille premiers exemplaires de l'ouvrage, petit pourcentage ensuite. Agatha est bien trop heureuse et inexpérimentée pour discuter les termes de ce contrat. Elle signe. Le premier Agatha Christie va paraître.

Son auteur, quant à elle, ne se sent pas engagée dans une carrière littéraire. «On m'avait mise au défi d'écrire un roman policier. J'en avais écrit un. Il avait été accepté par un éditeur et allait paraître en librairie. En ce qui me concernait, l'aventure s'arrêtait là» écrit-elle dans son *Autobiographie.*

Elle ajoute d'ailleurs, pour caractériser son état d'esprit de l'époque : «J'étais l'amateur, au sens strict du terme. Il n'y avait rien de professionnel en moi. J'écrivais pour le plaisir.» Agatha passe insensiblement d'une écriture de demoiselle – en insistant sur le fait qu'elle pensait ne devoir écrire à l'avenir que des nouvelles – à la composition de romans comme jeux de société. Ses partenaires dans la publication des livres, les éditeurs, transformeront – par le biais des contrats, des obligations de produire, des sommes de plus en plus importantes mises à la clef – le jeu en activité de travail.

Pour en arriver là, cependant, Agatha devra passer par deux chemins contradictoires que tout auteur emprunte un jour ou l'autre : le plaisir d'être lu, reconnu, grisé même par le succès, et la souffrance d'avoir à écrire quand l'inspiration paraît morte, quand seule la contrainte de livrer à temps un manuscrit peut vous obliger à prendre la plume.

**Rapport de police**

**5 août 1919** : naissance de Rosalind, fille d'Archibald et Agatha Christie.

**1920** : parution de *La Mystérieuse affaire de Styles*

**1922** : parution de *Mr Brown* — 20 janvier : départ d'Archie et Agatha pour une mission autour du monde. Durée : 10 mois. 55000 km. Etapes du voyage :

- traversée sur le *RMS Kildoman Castle*; escale à Madère.
- 6 février : arrivée au Cap (hôtel Montnelson).
- séjours à Prétoria, à Johannesburg, en Rhodésie, excursion aux Chutes Victoria.
- départ pour l'Australie (Melbourne) et la Tasmanie.
– séjour à Coochin dans la maison de la famille Bell.
- voyage de 3 jours sur le Manuka pour la Nouvelle-Zélande.
- à partir du 5 août, séjour de vacances d'un mois à Hawaï.
- en septembre, départ au Canada abordé sur la côte Ouest : Victoria, Calgary, Edmonton, Regina, Winnipeg, Ottawa.
- bref séjour d'Agatha dans les Rocheuses et à Banff (sources thermales).
- Archie continue le voyage officiel vers Terre-Neuve, Agatha se rend en voyage privé à New York.
- départ de New York le 25 novembre. Arrivée à Southampton le 1er Décembre.

**1923** : *Le Crime du golf*

**1924** : *Les Enquêtes d'Hercule Poirot* — *La Route des rêves*, recueil de poèmes (à compte d'auteur) Geoffrey Bles — *L'Homme au complet marron* (sous le titre *Anna l'aventurière* en feuilleton dans l'*Evening News*)

**1925** : *Le Secret de Chimneys*

**Résidences** : appartement à Londres, Addison Mansions — appartement à Scottswood, à 45 km de Londres — «Styles», maison à Sunningdale.

# IV

# «Cette période de ma vie où tout allait si bien»

## 1919-1925

> «La vie ressemble à un bateau, à l'intérieur d'un bateau. Il y a des compartiments étanches. On émerge de l'un, verrouille les portes et on se trouve dans un autre. J'ai toujours éprouvé ce sentiment lorsque je voyage. Vous entrez d'une vie dans une autre. Vous êtes vous-même, mais avec une personnalité différente.»
>
> A. Christie, *Autobiographie*

La guerre est finie. S'ouvre pour Agatha ce qu'elle appellera «cette période de ma vie où tout allait si bien». Ce sera, sur le plan personnel, une excellente entente avec Archie et la naissance de Rosalind, le 5 août 1919; pour l'écrivain, la reconnaissance conquise, sinon auprès du grand public, au moins auprès de magazines de plus en plus demandeurs de ses histoires, d'éditeurs de plus en plus conciliants; pour l'amoureuse de voyages qu'elle sera toujours, le temps d'un périple autour du monde qui nourrira maints de ses livres.

## Rosalind

Agatha raconte avec humour, dans son *Autobiographie*, les malaises qui l'accablèrent pendant sa grossesse. Elle est moins prolixe sur le désir qu'elle eut ou qu'elle n'eut pas de cet enfant, se contentant de noter qu'à l'époque la naissance d'un bébé lui paraissait «presque automatique» à partir du moment où l'on était marié. Elle confie pourtant avoir été déçue, après les permissions d'Archie, de ne pas avoir de signes annonciateurs de l'événement. La petite Rosalind (huit livres et demie à la naissance!), fut un bébé agréable et tranquille, mais Agatha prend quelques précautions pour chanter les louanges de sa fille : «tout en considérant personnellement que tous les nouveau-nés sont hideux, je dois pourtant reconnaître que Rosalind était vraiment un bien joli bébé. Elle avait beaucoup de cheveux noirs et ressemblait à une petite Peau-Rouge. Elle n'avait pas ce teint rose et ce crâne chauve qui sont si affligeants chez la plupart des bébés. Dès son plus jeune âge, elle se montra aussi gaie et déterminée.»

Viennent alors les soucis et les occupations d'une jeune mère de l'époque. Agatha avait accouché dans la maison familiale d'Ashfield, et elle se félicitera plus tard que la naissance n'ait pas encore été l'événement médicalisé qu'il devait devenir : pas de clinique, et en revanche l'aide attentive de Clara et d'une infirmière, Miss Pemberton. Il fallait maintenant que mère et fille rejoignent Londres, puisque Archie travaillait dans la City. Agatha se met donc en quête (l'énumération est de sa plume) :

a) d'un appartement ou d'une maison;
b) d'une nurse pour le bébé;
c) d'une servante pour le travail domestique.

Agatha croyait fermement que l'éducation était la formation des enfants à l'autonomie. Elle a décrit souvent, dans ses romans, les effets désastreux de la possessivité. «Je pense qu'il n'y a rien de plus passionnant au monde, écrit alors Agatha, que d'avoir un enfant qui est à vous et qui, cependant, reste mystérieusement étranger. Vous êtes le véhicule grâce auquel il vient au monde, et vous êtes autorisée à en avoir la charge pendant un certain temps. Après, il vous quittera et s'épanouira librement. C'est, alors, votre devoir de le regarder vivre sa vie en toute liberté. Un enfant est comme un arbuste que vous avez planté et que vous avez hâte de voir fleurir.» Quand elle évoquera sa relation à Rosalind, dans quelque écrit que ce soit, Agatha évitera toujours – en bonne Anglaise – les effusions sentimentales, pour s'attarder sur les obligations maternelles, les contraintes d'ordre matériel et les préoccupations en matière d'éducation. Ce sont des soucis de ce type qu'Agatha va connaître au moment où se présente, alors que Rosalind n'a que deux ans, l'occasion d'un long voyage autour du monde.

### A la découverte de l'Empire britannique

Archie se voit proposer ce voyage par un personnage étrange, le Major Belcher, qui avait été son professeur à Clifton. Bluffeur, le Major avait l'art de se faire mandater pour des missions officielles bien rémunérées, sans posséder forcément les compétences nécessaires pour les mener à bien. Pourtant, en fin politique, il savait se choisir des adjoints capables de conduire le travail à sa place! Or, une exposition des produits de l'Empire britannique devait se tenir à Londres en 1924. Belcher se fit donc confier l'organisation d'un voyage de préparation à cette exposition, voyage qui devrait le conduire dans la plupart des territoires du Commonwealth. Archie fut sollicité par le Major comme possible brillant second. Agatha pouvait faire partie de l'expédition, à condition d'assumer ses compléments de frais personnels. La mission était très bien rémunérée, et d'un intérêt évident pour Archie, que ses occupations dans la Cité ne passionnaient guère. Toute au désir de découvrir des pays dont le nom seul (Honolulu!) la faisait rêver, Agatha pressa son mari d'accepter, et prépara le périple dans l'enthousiasme. Il y avait bien Rosalind; une absence de près d'un an était-elle possible? Agatha semble avoir très peu hésité : Clara, Jessie (la nurse), et surtout Madge s'occuperaient de la petite fille. Au dernier moment, un obstacle parut se mettre en travers de la route : Monty revenait en permission de ses campagnes africaines, et il était blessé. Madge se scandalisa un moment de l'indifférence de sa cadette, mais l'envie était trop forte : Archie et Agatha s'embarquaient pour le tour du monde.

Agatha a raconté par le menu dans son *Autobiographie* les péripéties du voyage. Janet Morgan, qui a pu consulter les lettres à la famille, a complété cette relation. Nous n'en reprendrons pas les anecdotes. Quelques traits ne peuvent pourtant être passés sous silence. Au premier plan, sans doute, la bonne humeur, l'entrain, l'énergie d'Agatha, bien dans le ton des jeunes filles et des jeunes femmes qu'elle avait commencé à peindre dans ses romans. La petite compagnie qui accomplissait le voyage n'engendrait pas toujours la gaîeté : elle comprenait le Major Bletcher, son secrétaire Mr Bates, un conseiller agricole, Mr Hiam, accompagné de sa femme et de sa fille Sylvia, Archie et Agatha. Le Major Bletcher se montrait exigeant autant que fantasque, très préoccupé des égards qui lui étaient dus, et pour tout dire assez grognon! Le secrétaire du «patron», Francis Bates, remplissait son rôle à merveille, mais – écrit Agatha – «il avait le physique d'un traître dans un mélodrame, avec ses cheveux noirs, ses yeux vifs et son aspect sinistre»... Agatha parle peu des Hiam; quant à

Archie, sur qui reposait le travail réel de la mission, il était préoccupé avant tout de la mener à bien.

Mise à part la première période de traversée jusqu'à Madère, Agatha expérimenta à nouveau son peu de résistance au mal de mer. «Ce n'est pas romanesque, pour une héroïne, d'avoir le mal de mer» écrira-t-elle dans *L'Homme au complet marron*, son quatrième roman dont elle imagina l'intrigue et situa en grande partie le cadre au cours de ce voyage, en évoquant en particulier les mouvements sociaux qui s'étaient produits pendant son séjour en Afrique du Sud.

Elle devait ensuite tirer parti avec délice de toutes les découvertes de la route : la lumière lors de la première escale à Madère, la vision émerveillée des chutes Victoria, les paysages de Nouvelle-Zélande, dont elle pense – même au soir de sa vie – qu'ils sont les plus beaux du monde! Il y aura aussi ce mois de vacances inoubliables à Hawaï, où elle découvre le surf et toutes les joies d'un océan plus grandiose que les plages de Torquay! Et, pendant le séjour en Nouvelle-Zélande, la rencontre de la famille Bell qui devait tellement l'impressionner. «Chaque fois que je pense à l'Australie, je pense aux Bell.» La famille Bell vivait dans un vaste domaine sous l'autorité d'une mère impériale : «figure dominante de la famille, veuve depuis de longues années. Elle ressemblait à la reine Victoria (…) elle dirigeait la famille avec une autocratie absolue et se conduisait toujours en souveraine.» La vie, dans la grande propriété, était intense : huit enfants, quatre garçons et quatre filles. Les garçons adoraient flirter avec la jeune Agatha, les filles – toutes bonnes cavalières, dévoreuses de grands espaces, rompues à l'encadrement des troupeaux – la fascinaient par leur liberté d'allure et leur énergie. Une véritable armée de serviteurs et de travailleurs salariés vivaient sur l'exploitation (la «station»), parmi nombre d'animaux domestiqués : chevaux et chiens bien sûr, mais aussi kangourous et wallabies. Pour l'Anglaise sage du Devon, l'impression exaltante d'aborder au Nouveau Monde fut totale.

Car le deuxième trait qui s'impose est l'infatigable curiosité de la jeune femme. Pour les aspects «exotiques» du voyage sans doute, les paysages en particulier. Mais aussi pour la chance que représentent les prises de contact avec des inconnus, et la découverte de civilisations qu'elle ignore. Ainsi observe-t-elle avec curiosité, en Afrique du Sud, des émeutes révolutionnaires qui réapparaîtront dans *L'Homme au complet marron*. Elle prend soin aussi de se familiariser avec les documents sur l'histoire et la préhistoire que possède le musée du Cap, et elle écrit – raconte Janet Morgan – des lettres enthousiastes sur «les sculptures préhistoriques des rochers, les murs peints, ainsi que la collection de crânes du musée»!

En Tasmanie, elle tiendra à visiter un autre musée, où – à côté des inévitables collections de crânes et de squelettes – elle s'informe de l'histoire des aborigènes et s'émerveille de leurs peintures. En bonne touriste, elle ne manque pas d'acquérir des objets typiques des régions traversées, en particulier des animaux de bois qu'elle achète, en principe pour Rosalind, mais que l'on reverra au côté de la romancière sur des photos sous le titre : *«with the rhodesian "zoo" of her Sunningdale Home : Mrs Agatha Christie, the brillant writer of detective stories at Scotswood»*. Les sculptures en question, de girafes, de zèbres, d'élans, emplirent trois caisses qu'un ex-officier de marine rencontré au Cap se chargea de convoyer en Angleterre. Toujours dans *L'Homme au complet marron*, l'auteur note : «A toutes les stations, des petits kafirs vendent des animaux bizarres en bois sculpté qu'ils fabriquent eux-mêmes» et deux héroïnes du roman se laissent aller à la fièvre de ces achats, faisant emplette de «quarante-neuf animaux en bois sculpté»!

Autre aspect encore de l'énergie d'Agatha : son art de résoudre les petits problèmes de la vie matérielle. Ses premières années de vie commune avec Archie l'avaient vue déployer ses talents d'organisatrice, en matière de maisons et de vie quotidienne. Pendant le mois de vacances à Hawaï, comme durant le séjour au Canada, elle aura l'occasion de prouver de nouveau ses capacités en économie ménagère. Car, si tous les frais de la mission officielle sont réglés, les à-côtés que représentent ces vacances et quelques excursions supplémentaires, au Canada d'abord, à New York ensuite, doivent être assumés par le maigre budget du jeune ménage. Agatha s'entend alors à trouver les hébergements bon marché, à profiter au maximum des ressources offertes par les réceptions, pour faire durer le petit pécule dont ils disposent. Et elle dira fièrement qu'ils peuvent rentrer avec autant d'argent en poche que quand ils sont partis! Là se révèle un aspect de la personnalité d'Agatha que ses manières rêveuses ou fantasques ne laissaient pas soupçonner : toute sa vie, elle se montrera capable d'être l'élément sérieux de la famille, très consciente des problèmes matériels, et la plupart du temps capable de les résoudre.

### Carlo

C'est encore la nécessité de s'occuper de Rosalind qui va permettre à Agatha de faire la connaissance de Miss Charlotte Fisher. Celle-ci allait, sous le diminutif de «Carlo» employé aussitôt par Rosalind, devenir l'une des amies les plus précieuses de la romancière. Après des fortunes diverses avec des nurses, fortunes décrites longuement par Agatha dans son autobiographie, la petite fille, vers ses cinq ans, se montra très rebelle, insolente et capricieuse, à l'égard de toutes les bonnes et nourrices qu'Agatha cherchait à employer. Sa mère imagina alors une solution qui lui permettrait à la fois de se doter d'une secrétaire et de faire garder Rosalind par une personne intelligente et compétente. En inscrivant la fillette à l'école, sa gouvernante trouverait le temps de prendre sous la dictée une partie des textes d'Agatha. Détail curieux dans ce recrutement : Agatha tenait à employer une Ecossaise. Elle s'en explique ainsi, trahissant à ce propos le goût prononcé qu'elle manifeste dans tous ses livres à l'égard d'une typologie liée à la nationalité : «J'avais remarqué, en observant les autres enfants et leur gouvernante, que les Ecossaises réussissaient particulièrement bien avec eux. Les Françaises étaient trop à cheval sur la discipline, les Allemandes étaient méthodiques, mais ce n'était pas l'allemand que je voulais apprendre à Rosalind. Les Irlandaises étaient gaies, mais causaient des ennuis dans la maison. On trouvait de tout chez les Anglaises. En fait, j'avais un penchant pour les Ecossaises.» Agatha passe une petite annonce, et fixe un rendez-vous à la postulante dans un hôtel de Londres. Elles se plaisent toutes deux immédiatement. Miss Charlotte Fisher sera donc embauchée dans un poste de gouvernante-secrétaire, et elle deviendra pour Rosalind et pour sa mère la chère «Carlo».

Auparavant, Agatha a pris soin de lui décrire la complexité de la tâche : sa double fonction d'abord, alors qu'elle n'a qu'une expérience très limitée en sténographie, et le fait d'avoir à s'entendre aussi avec Clara, la mère d'Agatha. «J'expliquai que ma mère était âgée, excentrique, encline à penser qu'elle en savait plus que tout le monde et qu'il n'était pas facile de s'entendre avec elle.» Cela n'émut guère Charlotte Fisher, qui fut tôt prête à abandonner le poste qu'elle occupait alors auprès des enfants «d'un millionnaire de Park Lane». Carlo avait une sœur qui, au besoin, pourrait aussi prêter de l'aide à la famille Christie.

Carlo obtint très vite ses examens de passage; Rosalind redevint souple et sociable, Agatha réussit, malgré ses appréhensions, à dicter les textes qu'elle s'était jusqu'alors contentée de taper elle-même. La romancière s'est attardée dans son autobiographie sur les avantages et inconvénients respectifs de l'écriture ou de la dictée (à une tierce personne ou par l'intermédiaire de ce qu'elle appelle un dictaphone qu'elle utilisera quelques années plus tard après s'être cassé un poignet). Cette réflexion est l'occasion pour elle de livrer quelques-unes de ses idées sur la «longueur» d'un bon roman policier, la dictée encourageant, selon elle, la prolixité. Pour Agatha, auteur de nouvelles comme de romans, le format court convient au «suspense», non à l'intrigue policière. Mais Agatha adopte une position moyenne qui lui permet, dit-elle, en écrivant des livres qui ne traînent pas en longueur, de ménager à la fois ce qu'elle nomme la «paresse naturelle de l'être humain», la nécessité d'offrir au lecteur un plaisir de lecture suffisamment long, et de «n'écrire pas plus qu'il n'est indispensable pour se faire comprendre». Restait que, facilité à dicter ou non, Agatha eut cette formule sur les moments qui suivirent l'arrivée de Charlotte Fisher : «J'avais Carlo et la paix domestique.»

Quand arriveront les difficultés avec Archie, on verra Carlo jouer le rôle d'amie, de conseillère, autant que de secrétaire. Agatha emploiera d'ailleurs pour parler d'elle l'expression «mon amie Carlo». Un exemple de cette intimité : quand elle se livre, toujours dans l'*Autobiographie*, à l'exercice de dresser la liste de ce qu'elle aime et de ce qu'elle n'aime pas, elle raconte un petit jeu partagé avec Carlo : «Carlo et moi créâmes, entre nous, deux ordres : l'ordre des Rats et l'ordre des Chiens fidèles. Il nous arrivait de dire de quelqu'un : "Oh! oui, nous lui donnerons l'ordre du Chien fidèle de première classe." Ou : "Nous lui attribuerons l'ordre des Rats de troisième classe."»

Tout au long de la vie d'Agatha, Carlo continuera de jouer ce rôle. Elle interviendra en particulier dans le choix, la vente et l'achat de ces nombreuses maisons qu'Agatha aimait tant acquérir, aménager et… changer! Et, pendant la guerre, lorsque Carlo ira travailler en volontaire dans une usine d'armement, c'est Agatha qui se chargera de promener James… le chien de Carlo.

## La percée chez les éditeurs

Durant le voyage autour du monde, Agatha, dès qu'elle le pouvait, s'installait pour écrire : un abondant courrier, bien sûr, qu'elle destinait surtout à Clara et à Madge, lettres inquiètes dès qu'elle manquait pendant quelque temps de nouvelles de Rosalind. Mais elle cherchait aussi – malgré ses protestations d'amateurisme des débuts – comment continuer dans la veine qui lui avait déjà valu sa première publication, *La Mystérieuse affaire de Styles*. La jeune femme, sans doute, n'avait jamais envisagé de gagner sa vie en écrivant, et ce sera Archie, étonné du tirage de deux mille exemplaires réalisé par le livre, qui suggèrera à Agatha, dès 1921, de renouveler l'expérience, quand ils se trouveront aux prises avec des difficultés financières.

John Lane accepta le deuxième manuscrit qui mettait en scène, cette fois, de nouveaux détectives, ou plutôt un jeune couple que les événements transforment en détectives amateurs : Tommy et Tuppence. Le titre proposé par Agatha était d'ailleurs *Les Jeunes aventuriers*, mais l'éditeur préféra *The Secret Adversary*, que l'on devait traduire en français par *Mr Brown*. Cependant Agatha s'était informée sur les pratiques de l'édition et sur la hauteur des à-valoir qu'elle pouvait espérer. John Lane avait obtenu de la romancière, qu'il estimait prometteuse, un engagement pour cinq ouvrages. Agatha, au vu des propositions des journaux pour publier ses livres en feuilletons, comprit vite qu'elle était piégée et tenta de se désengager le plus rapidement possible. Comme il lui refusait un conte, *Vision*, et qu'il discutait aussi sur la validité pour le contrat des *Enquêtes d'Hercule Poirot* (nouvelles et non roman) elle put enfin se rendre libre de ses mouvements après la parution de son sixième roman policier : *Le Secret de Chimneys*.

La correspondance qu'elle échangea durant ces années avec John Lane et les équipes de la maison The Bodley

Head montre qu'elle avait pleinement pris conscience de sa valeur marchande, et qu'elle voulait mener sa barque sans mésestimer ses intérêts. Sa première aventure éditoriale avec John Lane se terminait, elle allait dorénavant traiter avec l'éditeur chez qui elle ferait toute sa carrière : Collins.

Il faut dire un mot de l'allure allègre de ces premiers livres. L'humour y apparaît constant, que ce soit dans les aventures du jeune couple de *Mr Brown*, dans le ton insolent de la jeune aventurière de *L'Homme au complet marron*, Anne Beddingfeld, ou dans la manière de traiter le thème du complot international, manière qui deviendra souvent pesante dans les livres de la maturité.

Qu'on en juge par cette description – dans *Le Secret de Chimneys* – du pays où sont censés se fomenter les troubles, description qui s'apparente davantage à l'univers de Tintin qu'à celui de James Bond. «L'Herzoslovaquie? Il s'agit de l'un des Etats balkaniques, je crois. Principaux fleuves : inconnus. Principales montagnes : également inconnues, mais relativement nombreuses. Capitale : Ekarest. Population : essentiellement des brigands. Leur occupation favorite : assassiner les rois et provoquer des révolutions.»

Qu'on en juge aussi par quelques notations assassines comme celle-ci : «Rien n'ennuyait autant Lord Caterham que la politique, à l'exception peut-être des hommes politiques», ou par les déclarations cavalières d'un jeune aristocrate : «j'ai toujours voulu savoir si je saurais cacher un crime avec toute la ruse nécessaire, mais je n'ai jamais pu me résoudre à assassiner quelqu'un pour en faire l'expérience», ou par les plaisanteries semées à chaque chapitre : «on est obligé d'écouter George! Comment lui échapper alors qu'il vous attrape par le veston? Je propose que nous inventions un veston à revers détachable!» etc... La romancière provoque aussi les amateurs de descriptions stylées : «La voiture franchit les grilles du parc de

Chimneys. Description de ce haut lieu historique dans tous les guides. Egalement n° 3 dans *Résidences historiques d'Angleterre*, prix public 21 shillings. Tous les jeudis, des cars affrétés à Middlingham débarquent une flopée de touristes qui viennent admirer les parties ouvertes au public. Vu cette masse de documentation et de facilités variées, décrire Chimneys serait superfétatoire.»

**La première voiture**

Agatha s'était engagée dans la carrière littéraire comme par jeu. Elle avait été ravie de se voir publiée, mais l'idée de tirer un revenu confortable de l'écriture ne l'avait guère effleurée. Or voici qu'en 1924 l'*Evening News* lui propose cinq cents livres pour la publication en feuilleton de *L'Homme au complet marron*. Comparant cette somme à celle que lui offrait The Bodley Head, Agatha tombe des nues!

Comme un bonheur ne vient jamais seul (au moins était-ce l'avis d'Agatha qui rappelle souvent dans son *Autobiographie* sa croyance en une loi des séries), Archie venait de trouver un emploi sérieux et bien rémunéré dans une entreprise d'origine australienne. Le couple paraissait débarrassé des problèmes matériels.

Agatha, passionnée par les maisons et peu désireuse de continuer à vivre dans un appartement londonien, proposa de chercher un cottage à la campagne. Ce fut Archie qui lui suggéra de penser d'abord à s'offrir ce qui était, à l'époque, pour une femme surtout, signe de modernité, d'indépendance, et presque de luxe : une voiture!

«J'étais encore imbue du préjugé que les voitures étaient pour les riches. Ils vous dépassaient sur la route à trente, quarante, cinquante miles à l'heure, avec des passagers dont les chapeaux étaient retenus par des voilettes.» Elle n'ose donc avouer son enthousiasme, mais elle notera plus tard : «L'une des choses qui m'ont le plus impressionnée dans la vie fut ma première voiture, une Morris Cowley grise», et elle ajoute : «la seconde étant de dîner avec la reine à Buckingham Palace, quarante ans plus tard.»

Quand elle évoquera cette période de sa vie dans son *Autobiographie*, en faisant le compte de ses bonheurs, après les joies données par Rosalind, par l'appartement et la maison, et avant de citer la «paix domestique» et la bonne santé d'Archie, Agatha déclarera sa «chère Morris» : «Non, vraiment, je pense que rien ne m'a donné plus de plaisir, plus de joie achevée que ma chère Morris Cowley.» Il est amusant de lire à ce propos, dans le recueil de nouvelles intitulé *Le Mystère de Listerdale*, un texte, *L'Emancipation d'Edward Robinson*, où le désir d'une première voiture tient de la fascination. Cette nouvelle est autobiographique à double titre. D'abord parce qu'elle décrit les rapports compliqués entre un jeune homme et une jeune femme qui veulent tous deux se marier, mais pas au même moment, l'un et l'autre s'accusant tour à tour de précipitation ou de prudence excessive – où l'on reconnaîtra bien sûr les attitudes d'Archie et d'Agatha dans les mois qui précédèrent leur mariage.

Vient ensuite la relation à la fameuse voiture : «un petit cabriolet pimpant au capot allongé». Edward a participé à un concours, et il a gagné les 500 livres qui vont lui permettre de réaliser son rêve; sa fiancée, Maud, si elle était au courant de ce gain, voudrait sans doute l'investir dans quelque achat sérieux, «par exemple dans l'achat d'un petit nid d'amour», mais cet argent a été si facilement gagné – «d'un trait de plume» écrit Agatha! – qu'il doit être dépensé de la même manière. La voiture est donc décrite comme cet objet de luxe, plaisir et péché à la fois, dont l'acquisition va entraîner son auteur dans des mensonges en chaîne sans compter, Agatha ne peut faire moins, une sombre histoire de vols de bijoux.

## L'encombrante maison de «Styles»

L'envie d'une maison n'était pourtant pas apaisée. Sans doute, en 1919, Agatha avait-elle pu échanger le petit logis de leurs débuts contre un bel appartement dans le même bloc d'immeuble, à Addison Mansions. Mais elle désirait vivement trouver un cottage à la campagne. Archie voyait plus grand, et voulait surtout se rapprocher du terrain de golf qu'il fréquentait, dans le coûteux quartier de Sunningdale. Leur choix se porta d'abord sur un nouvel appartement à Scottswood, à quarante-cinq kilomètres de Londres, où Rosalind pouvait bénéficier d'un jardin et d'où les communications pour la City comme pour les terrains de golf étaient simples. Puis ils découvrirent la demeure qu'ils allaient baptiser «Styles», pour la placer sous le parrainage du premier roman de l'écrivain.

Les maisons que nous habitons agissent-elles sur nos destinées? «Styles» avait mauvaise réputation : le voisinage racontait que trois familles qui s'y étaient installées successivement avaient connu un destin tragique, mort ou séparation. Le jeune couple, tout à son coup de cœur, se décida à défier le sort. La maison était très – trop? – grande. Agatha la décrit plaisamment : «Elle ressemblait à une suite du Savoy pour millionnaire, transportée à la campagne et décorée sans souci de dépense. Les murs étaient revêtus de panneaux de chêne. Il y avait une quantité de salles de bains luxueusement agencées.» Le «mauvais œil» qui semblait planer sur la demeure avait obligé les vendeurs à négocier à la baisse : c'était donc, pour les Christie, une excellente affaire. Aux yeux d'Agatha, le jardin était l'argument majeur : une pelouse, un ruisseau, des plantes aquatiques, une partie sauvage couverte d'azalées et de rhododendrons, un jardin potager caché à l'arrière. Bref, le paradis pour Rosalind et sa mère.

Malheureusement, les dépenses pour habiter un tel domaine s'avérèrent bien vite au-dessus des moyens du ménage. Tapis, rideaux, mobiliers supplémentaires, les acquisitions pleuvaient. Le couple avait gardé ses deux voitures : la Delage d'Archie, la Morris d'Agatha. Une telle maison demandait un personnel plus important : en plus de Carlo, Agatha engagea une femme de chambre et un couple dont la femme était cuisinière. Agatha avoue, dans son *Autobiographie*, s'être sentie rapidement mal à l'aise dans son nouveau logis : décoration trop ostentatoire? rappel inconscient du sort qui y semblait attaché? Il semble bien que «Styles», une fois de plus, ne serait pas le cadre d'années aussi heureuses que celles que venait de connaître Agatha.

**Rapport de police**

**1926** : Mort de Clara Miller, mère d'Agatha Christie — *Le Meurtre de Roger Ackroyd* — 3-14 décembre : disparition d'Agatha Christie
**1927** : *Les Quatre*
**1928** : (Avril) prononcé du divorce entre les époux Christie — voyage au Moyen-Orient (chantier de fouilles d'Ur avec Leonard et Katharine Woolley) — *Le Train bleu*

**Résidences** : Styles — 22, Cresswell Place à Londres

# V

# La trahison

## 1926-1928

«Que puis-je faire pour effacer
Les souvenirs devant mes yeux?»
Keats

1926-1928 : deux années noires dans la vie d'Agatha. Avec un épisode plus noir que noir : sombre, au sens de triste, et obscur, au sens de mystérieux.

Le seul épisode vraiment dramatique dans une existence somme toute rangée et bien organisée prendra place l'hiver 1926 : ce sera la disparition de la romancière du 3 au 14 décembre. S'il nous est impossible de donner la solution de cette énigme, au moins pourrons-nous essayer d'en comprendre le contexte et d'exposer les raisons qui font pencher vers telle ou telle hypothèse.

Car l'année 1926 sera, pour Agatha, celle d'un grand succès – mais contesté – celui du *Meurtre de Roger Ackroyd*, et de tribulations intimes en cascades : ennuis causés par son frère, mort de sa mère, tracas de déménagements, enfin et surtout trahison d'Archie.

## Le désastreux Monty

Evoquant son frère aîné, au moment où elle raconte son adolescence, Agatha avoue : «Mon frère paraît avoir disparu de mon univers». Il allait réapparaître au plus mauvais moment pour la tranquillité de ses sœurs. Monty semble avoir incarné le côté fantasque et insouciant de la famille, ce côté qui faisait dire à Agatha que son père, malgré, ou à cause de son heureux caractère, était insouciant ou paresseux, celui qui portait l'énergique Clara à adopter, tour à tour, des croyances et des modes excentriques. Peut-être aussi, face à ses deux sœurs confrontées, comme toutes les femmes de leur milieu, au souci de tenir solidement les rênes de la maison et de la famille, Monty se trouve-t-il à son aise dans une sorte d'attitude irresponsable qui pouvait fort bien convenir aux jeunes hommes de la classe aisée. Après tout, il était plutôt mal porté de travailler chez les aristocrates et les bourgeois enrichis, à la fin du XIX^e siècle et au début du XX^e. Sans doute pouvait-on «faire des affaires» dans la *City,* mais la plupart des jeunes gens pensaient devoir s'accomplir en entrant dans la carrière des armes ou dans quelque charge, héréditaire ou achetée.

Dès l'enfance, Monty n'avait pas manifesté de qualités extraordinaires. «Il avait beaucoup de charme, écrit Agatha dans son *Autobiographie,* du goût pour la littérature, mais ses qualités intellectuelles n'allaient pas plus loin. Je pense que mes parents comprirent très vite qu'il serait "le cas difficile".» Trop peu doué pour les mathématiques pour devenir ingénieur, alors que son attirance pour la mécanique semblait le destiner à une vocation de ce genre, incapable de tenir une place de banquier comme Frederick l'avait rêvé pour lui, il finit par se tourner vers le métier toujours possible pour un garçon de bonne famille ces années-là : il serait militaire. Encore eût-il fallu qu'il se montrât capable de volonté et de persévérance. Or, très tôt, le jeune Monty avait superbement ignoré tout effort. Agatha porte sur lui un jugement très juste sans doute, lorsqu'elle évoque les dons de son frère pour la musique : «il n'aurait jamais eu la patience de travailler pour devenir professionnel et cette idée ne lui serait même pas venue. Il était bien élevé, plein de charme et, tout au long de sa vie, il fut entouré de gens anxieux de lui épargner toute peine et tout souci.» Plus méchamment elle ajoute : «Il aurait été parfait s'il était né Louis II de Bavière. Je l'aurais très bien vu dans son théâtre vide, savourant des opéras qui ne seraient joués que pour lui.»

Heureusement, l'Empire britannique avait besoin de bras! Monty s'engagea donc dans la guerre des Boers, en Afrique du Sud, où il devint officier dans un régiment nommé «East Surreys» puis il partit pour les Indes. C'est cependant en Afrique du Sud qu'il échafauda un projet, en demandant à sa sœur Madge et à son beau-frère James Watts de le financer : il s'agissait de construire et de faire circuler des bateaux sur le lac Victoria. Il dépensa allègrement l'argent avancé et ne réussit qu'à faire construire un prototype, le *Batenga,* tout en gaspillant l'essentiel de ses provisions financières en aménagements intérieurs luxueux.

Quand la guerre de 1914 éclata, le projet avait pris tellement de retard qu'il fallut renoncer à envoyer le bateau en Afrique et le brader. Après la guerre, le jeune homme, blessé et atteint de maladies tropicales, fut rapatrié en Angleterre. La vie devint vite infernale pour Clara, vieillie, qui se dépensait sans compter et devait subir les excentricités de Monty. Entre autres fantaisies, il s'exerçait à effrayer les visiteurs, en faisant des cartons au pistolet sur leur passage! Agatha, voulant soulager sa mère, se chargea de dénicher pour son frère un cottage et une gouvernante à Dartmoor. Après quelques péripéties Monty finira ses jours à Marseille en 1929 d'une hémorragie cérébrale. Un de ses supérieurs, apprenant avec étonnement le lien de parenté entre Agatha et Monty, eut cette oraison funèbre après avoir rappelé pour sa sœur le courage du soldat : «Le plus grand fou de la terre». En cette année 1926, Monty est seulement, pour Agatha comme pour Clara et Madge, un souci de plus.

## Le Meurtre de Roger Ackroyd

Du côté d'Agatha, au contraire, l'application au travail était la règle. S'il était possible d'assigner un début à sa gloire littéraire, *Le Meurtre de Roger Ackroyd* servirait sans doute de pierre blanche. Agatha se plaisait même à répéter que ce n'était pas son premier grand succès, mais son plus grand succès tout court. Et pour le lecteur français peut-être plus encore, puisque le roman devait devenir la première livraison de la célèbre collection du «Masque», lancée par Pierre Pigasse en 1927 pour la maison d'édition «La Librairie des Champs-Elysées».

Agatha a raconté elle-même que l'intrigue très particulière du *Meurtre de Roger Ackroyd*, où le meurtrier n'est autre que le narrateur, lui avait été suggérée par son beau-frère, James Watt («ce que j'aimerais, c'est un Watson coupable») et par un courrier de presse d'un conseilleur plus inattendu, lord Louis Mountbatten («il m'écrivit pour me conseiller d'écrire une histoire à la première personne racontée par celui qui serait le meurtrier» a noté Agatha dans son *Autobiographie*).

Qu'elle se soit souvenue ou non de ces suggestions, la romancière entreprit l'aventure, fort difficile à mener d'un bout à l'autre du roman, où le héros, le docteur Sheppard, doit afficher la bonne foi du conteur, s'escrimer comme le lecteur à démasquer le criminel, échapper aux pièges que lui tend Hercule Poirot et tromper en même temps tout son monde, du monstre de curiosité qu'est sa sœur Caroline au petit détective belge. Agatha confia souvent que la gageure lui avait demandé une attention et un travail considérables. Le lecteur d'aujourd'hui n'a qu'un regret : que le procédé employé par la romancière ait été si loué et si critiqué (l'innovation fut très fraîchement accueillie, même si elle devait ensuite être portée aux nues) qu'il n'existe plus aucun mystère, et que l'intérêt se déplace du suspense si bien ménagé à l'habileté de l'écrivain.

L'humour est présent dans ce roman à chaque page; à travers la description de caractères, comme celui de Caroline, chef-d'œuvre de vieille fille villageoise qui servira de modèle à Miss Marple; à travers des descriptions percutantes, où le talent de l'auteur s'exerce, aux dépens de beaucoup, par le jeu d'un second degré qui lui permet d'aligner les clichés les plus éculés sans jamais les reprendre à son compte. Veut-elle décrire un gentilhomme campagnard? Arrive la formule toute faite : «tenue de sport», «face vermeille», etc. Mais c'est pour ajouter : «c'est bien ce qui m'a toujours intéressé en lui : ce côté "plus vrai que nature". Il me rappelle ces opérettes surannées où des hommes (…) dans un décor de verdure, entonnent presque toujours une chanson où il est question de se rendre à Londres pour s'y amuser.»

Evoque-t-elle le poison? C'est en ces termes ironiques : «Le poison est l'ingrédient le plus classique du roman policier. Il doit être rarissime, provenir si possible d'Amérique du Sud, et de préférence d'une obscure tribu qui l'utilise pour y tremper ses flèches. Il provoque une mort instantanée que la science occidentale est incapable d'expliquer.» Le livre fut sans doute aussi l'un des premiers romans policiers à se servir d'un instrument qui devait faire merveille dans les intrigues de l'avenir : le magnétophone. Pour l'une des premières fois un criminel se préparait un alibi inattaquable en déclenchant, après le meurtre de la victime, une bande sonore enregistrée par celle-ci.

Il reste que *Le Meurtre de Roger Ackroyd* fut aussi un livre contesté. Les romans précédents avaient été accueillis avec plus ou moins de faveur, plus ou moins d'indifférence. Ici, des lecteurs apostrophèrent directement la romancière, lui reprochant d'avoir emprunté un procédé malhonnête et de les avoir piégés au-delà du convenu. Peut-être n'est-il pas faux de penser que le travail de mise en place de l'intrigue, puis les critiques portées à ce livre, comme les inévitables démarches dues à son succès, participèrent de manière non négligeable à la fatigue d'Agatha en cette année 1926.

### Veuve de golf

Autre raison de s'inquiéter pour Agatha : son isolement face aux problèmes domestiques, la garde de Rosalind et son travail d'écrivain, tandis qu'Archie paraissait de plus en plus mener une existence indépendante, surtout pendant le temps de loisir qu'il consacrait au golf. On sait que le choix de «Styles», à Sunningdale, avait été lié à l'engouement de plus en plus grand du mari d'Agatha pour les links. Elle devait en plaisanter plus tard, se traitant de ce qui devait être une épithète fréquente pour désigner les femmes de la bonne société que ce sport laissait indifférentes : «les veuves de golf». Pour Agatha, la suite allait être encore plus cruelle…

### La mort de Clara

Un autre malheur l'attendait pourtant. A la fin de 1926, alors que la jeune femme se dépensait pour l'aménagement de sa nouvelle maison, alors qu'elle devait faire face aux obligations de son travail d'écrivain, elle apprit que Clara, qui résidait alors chez Madge pour soigner une mauvaise bronchite, était gravement malade. Agatha se rendit précipitamment à Abney : sa mère était morte. Ce décès eût affecté tout autre, mais, pour la romancière, il s'agit sans doute d'un déchirement très profond : Clara et Agatha avaient vécu ensemble, et seules, un grand nombre d'années, en fait depuis la mort de Frederick et le mariage de Madge, alors que la petite fille n'avait que onze ans. Monty n'était revenu auprès d'elles que pour d'épisodiques séjours, et la cadette avait partagé la vie de sa mère de façon continue.

Le travail du deuil sera difficile pour Agatha. Elle l'évoque dans l'*Autobiographie* : elle s'était sentie comme glacée en redoutant la mort de sa mère. Archie, effrayé de se joindre à une cérémonie funèbre, refusa de participer à l'enterrement («il refusait l'atmosphère de chagrin dans une maison» écrivit plus tard Agatha avec indulgence); la romancière dit avoir éprouvé alors une intense solitude. Clara morte, il fallait aussi s'occuper d'«Ashfield», ranger et vider la maison qui s'était beaucoup dégradée. Il fallait inventorier tout ce que la grande demeure contenait, meubles, collections en tous genres, objets témoins de la vie familiale passée. «Je travaillai dix à onze heures par jour, ouvrant toutes les pièces et triant toutes les affaires. C'était effrayant : des vêtements mangés par les mites, des malles entières remplies de vieilles robes de Grannie.» Ce travail harassant, auquel Agatha voulut se livrer sans tarder, entretenait le deuil. C'est dans cette atmosphère de fatigue, presque de dépression, qu'Agatha apprit qu'Archie désirait la quitter.

## Archie s'en va

Rappelant cette période de sa vie dans son *Autobiographie*, Agatha cite les vers du poète Keats que nous avons placés en exergue à ce chapitre :

*Que puis-je faire pour effacer*
*Les souvenirs devant mes yeux?*

Styles avait été la maison qui devait sceller la réussite du couple. Elle allait être le théâtre d'un cauchemar. Le 5 août 1926, au cours d'une petite fête donnée pour les sept ans de Rosalind, Archie avoua à Agatha la liaison qu'il entretenait avec une secrétaire de dix ans sa cadette, Miss Nancy Neele, une jeune femme intelligente et cultivée, assez libre pour le retrouver dans la bonne société londonienne et sur les parcours de golf. Il tenta de persuader son épouse que le divorce serait une bonne solution et parut décidé à vivre complètement avec sa nouvelle amie. Puis il se ravisa, et revint un moment à Agatha, sans rompre cependant avec sa maîtresse. Quelque temps après il changeait à nouveau d'avis... Agatha eut beaucoup de mal à supporter une situation douloureuse que ces atermoiements rendaient encore plus difficile. Pendant de longs mois elle allait tenter de dissuader Archie de divorcer. En vain. Plus tard, le personnage de la secrétaire-maîtresse, pour qui le mari trompe son épouse mûrissante, fera quelques apparitions dans les romans d'Agatha. L'écrivain ne se privera pas d'ailleurs de caricaturer l'une et l'autre.

Dans *Mr Parker Pyne*, écrit en 1934, alors qu'Agatha s'est remise de la trahison et commence une nouvelle existence, elle décrit ainsi les impressions de la femme trompée : «Il ne raconte que des blagues!... Il l'emmène faire du canotage, moi aussi j'aime le canotage. Mais il y a cinq ou six ans, il m'a expliqué que cela l'empêchait de faire du golf. Seulement, pour *elle*, il peut lâcher le golf!... J'aime aussi beaucoup le théâtre, seulement George a toujours dit qu'il était trop fatigué pour sortir le soir. Et maintenant, elle, il l'emmène danser... *Danser!...* Je vous demande un peu!...» Mr Parker Pyne, dans sa ronde sagesse toute nourrie de statistiques, conseillera à l'épouse bafouée une stratégie de reconquête, en insistant sur la banalité de la situation. Agatha aura relativisé! Mais nous n'en sommes pas là : pour l'instant, vivant mal le deuil de sa mère, comprenant qu'elle ne pourra reconquérir son mari, la romancière est en plein désarroi.

D'ailleurs, l'écrivain ne perdra jamais une occasion de dire son horreur du divorce tel qu'il lui fut imposé : «Cette façon qu'on a maintenant d'aller au plus facile. On veut quelque chose, et puis on n'en veut plus, alors, vite, vite, on s'en débarrasse. Mais la parole donnée, ça a un sens, quand même! Quand on se marie, on promet assistance à sa femme, c'est un engagement que l'on prend. Eh bien, il n'y a qu'à l'assumer. Ces mariages et ces divorces à la carte m'écœurent.» (*Les Vacances d'Hercule Poirot*).

## La disparition

C'est dans ce contexte qu'il faut situer la très fameuse «disparition» d'Agatha Christie. Une seule chose est vraiment certaine : le refus obstiné d'Agatha d'en donner une explication claire. A un point tel que lorsqu'elle dicta son *Autobiographie,* le passage consacré à ces évènements fut enregistré d'une voix si indistincte que le passage est inaudible.

Rappelons les faits. Nous sommes le vendredi 3 décembre 1926. Agatha se trouve à «Styles» en compagnie de Carlo, sa secrétaire, et de quelques domestiques. Carlo a accepté à contre-cœur, car elle sait Agatha très fatiguée, une invitation à dîner. A son retour, dans la nuit, elle trouve les portes du garage ouverte. La Morris d'Agatha n'est pas là, la romancière est partie au volant vers onze heures du soir. Vers six heures du matin selon Carlo, plus tard selon d'autres témoins, un policier se présente à Styles et déclare que la voiture d'Agatha a été retrouvée, abandonnée, à une heure de là, à Newland Corners. Archie, en week-end en compagnie de sa maîtresse, est averti et vient aussitôt rejoindre Carlo. Mais entre-temps, et avant même que le mari d'Agatha ait pu entreprendre des recherches, l'«affaire» de la disparition tombe entre les mains de ce qu'on ne nommait pas encore les «médias». Lorsque Carlo et Archie sont amenés près de la voiture enfoncée sur un talus contre un buisson, celle-ci est entourée d'une foule de curieux et des camionnettes se sont postées là pour «vendre des boissons chaudes» aux journalistes et aux badauds! A partir de là, la disparition d'Agatha échappe à la vie privée et devient une énigme nationale.

Styles est assiégé par des journalistes, Carlo occupée à répondre aux interrogatoires de police et aux demandes d'interviews. Janet Morgan insiste sur la «bonne affaire» que représentait la disparition de la romancière dans la lutte que menaient, pour conquérir le public, le *Daily Mail* et l'*Evening News*. Certains policiers manquaient quelque peu de discrétion et ne se privaient pas d'alimenter les rumeurs. Tous les soupçons coururent : Archie, en froid avec sa femme, l'aurait peut-être fait disparaître!

L'éditeur Collins aurait mis en scène toute l'affaire pour relancer les ventes! Agatha se serait réfugiée dans les bois et se cacherait en compagnie d'un homme! Les recherches prirent de l'ampleur : le 7 décembre, cinq cents hommes furent convoyés sur place pour fouiller les alentours de New Lands Corner. L'étang de Silent Pool fut dragué, tellement la police pensait à la mort – meurtre ou suicide – de l'écrivain. Le 12 décembre une foule de volontaires se réunit pour organiser une immense battue. La romancière Dorothy Sayers se trouvait parmi eux.

Il fallut attendre le 14 décembre pour que le personnel de l'hôtel Hydropatic, à Harrogate – une ville thermale du Yorkshire – dont on pense que certains membres l'avaient reconnue assez vite, fasse circuler l'information qu'Agatha se trouvait dans les murs de l'établissement. Elle y était arrivée le jour même de sa disparition, avait loué, selon la direction, «une bonne chambre au premier étage, avec eau froide et chaude, au prix de sept guinées par semaine». «Elle avait chanté, dansé, joué au billard, lu les journaux sur sa disparition, bavardé avec les clients de l'hôtel et fait des promenades.» Quant au nom sous lequel elle s'était inscrite, c'était… Theresa Neele! Le patronyme même de la maîtresse de son mari! Nous avons dit qu'Agatha refusa toujours – ou se trouva incapable – d'expliquer cet étonnant épisode.

Entre la version adoptée par Archie : l'envie de disparaître, comme on fait une fugue, parce que la vie est devenue trop difficile, et celle invoquée par Agatha elle-même : une sorte d'amnésie causée par la trop grande fatigue et les contrariétés, y a-t-il vraiment tellement de différence? Dans les deux cas, l'état dépressif lié à l'épuisement et aux contrariétés est évoqué. Mais Agatha dégage sa responsabilité en niant avoir été dans son état normal, quand Archie croit voir dans la disparition une stratégie de provocation. Reste à savoir si toute stratégie est consciente, et si les deux versions n'ont pas leur part de vérité. Les psychiatres parlent à propos de tels épisodes de «bouffées délirantes», de l'envahissement de la vie quotidienne par une vague de folie… Comme si le sujet, s'isolant dans sa bulle, jouait à se représenter un autre monde que le monde ordinaire devenu impossible. Et, dans le cas d'Agatha, la «bulle» de folie parle : de la rivale indétrônable, de l'échec insupportable.

Pour la romancière, quelque chose devait demeurer comme une séquelle ineffaçable de ces dix jours où son image, son nom, son histoire personnelle avaient été jetés en pâture au public : l'horreur de la presse. Elle écrivit dans son *Autobiographie* : «De ce temps-là naquirent, je suppose, ma phobie de la presse, ma crainte panique des journalistes et de la foule.(…) J'avais eu l'impression d'être un renard traqué, chassé jusque dans son terrier par une meute de chiens hurlant sans cesse à mes trousses.» Dans plusieurs de ses romans, elle n'aura pas de mots assez forts pour évoquer cet encerclement des suspects ou simplement des personnalités en vue par les médias :

«C'était un supplice – une manière de pilori des temps modernes (...) des jeunes gens accrocheurs et tenaces, experts à démolir le mur de silence, le "Rien à déclarer" dont il avait essayé de se protéger. Même les rares monosyllabes qu'il avait lâchées en pensant qu'il n'y aurait pas là matière à interprétation, avaient été repris dans les journaux du lendemain, totalement déformés.» (*Les Vacances d'Hercule Poirot*).

Mais Agatha était une femme solide; elle sacrifia aux séances d'hypnose chez un psychiatre de cette rue fameuse, à Londres, où se regroupaient alors tous les praticiens : Harley Street. Dans les romans d'Agatha, quand un héros se rend à Harley Street, c'est l'indice suffisant pour supposer qu'il est atteint de quelque maladie grave! Ainsi soignait-elle (ou imposait-elle l'image qu'elle soignait) son amnésie. Mais elle aura toujours la dent très dure à l'égard des médecins en général, et des psychiatres en particulier. En 1932, dans *La Maison du péril*, elle notera :

«Sir Matthew jouissait d'une santé florissante. Il avait pourtant une tumeur que personne n'avait décelée. Elle a touché un tissu vital et il a fallu opérer d'urgence. L'opération a été, comme d'habitude dans ces cas-là, une réussite. Mais sir Matthew est mort.»!

Et, avec le bon sens un peu épais qui le caractérise, l'inspecteur Japp, une autre «créature» d'Agatha, déclarera à Hercule Poirot à propos d'un psychiatre : «c'est le prototype du toubib pour dames! Non! pas un gynécologue, mais un de ces médecins pour les nerfs, qui vous conseillent de dormir dans une pièce aux murs violets et au plafond orange, et qui vous parlent de votre libido ou de ce genre de choses, en vous disant de céder à vos instincts. Un charlatan, si vous voulez mon avis, mais les femmes en sont folles.»

En 1932, dans *La Mort dans les nuages*, c'est Poirot lui-même qui déclare : «Ils engagent leurs patients à s'asseoir et à leur raconter des choses : comment ils sont tombés de leur voiture quand ils avaient deux ans, comment leur mère a taché sa robe en mangeant une poire, et comment ils tiraient les poils de la barbe de leur père quand ils avaient un an et demi. Ensuite ces charlatans leur affirment qu'ils ne souffriront plus d'insomnie, ils leur prennent deux guinées et les laissent partir, contents.» Mais – second degré aidant – qui oserait imputer à la romancière elle-même une telle opinion?

## Ecrire par nécessité

Les difficultés personnelles dans lesquelles se débattait Agatha n'étaient guère propices à la création. Pourtant, le contrat avec son éditeur lui imposait le fatidique roman annuel. La romancière a rappelé dans son autobiographie ce passage difficile : «Depuis la mort de ma mère, j'avais été incapable d'écrire un seul mot. Je devais produire un livre cette année. Ayant dépensé tant d'argent à Styles, je n'avais plus rien devant moi (...) Il était vital que j'écrivisse un nouveau livre, aussi vite que possible.» Dans l'urgence, la romancière va se livrer au petit exercice que tout écrivain «en panne» a dû pratiquer un jour : fouiller dans ses tiroirs. Elle reçoit d'ailleurs ce type de conseil du frère de son mari, Campbell Christie, qui lui propose de se charger lui-même d'une transaction : il interviendra auprès du *Sketch,* où Agatha a publié une douzaine de nouvelles, pour en négocier les droits et permettre à sa belle-sœur de relier ces textes sous forme d'un nouveau roman. Ce sera *Les Quatre*, que l'écrivain tient en si piètre estime qu'elle le désigne comme un livre «bouche-trou».

Quant au *Mystère du train bleu*, qui suit *Les Quatre* en 1928, Agatha a raconté comment il fut composé. Elle s'était rendue aux Canaries avec sa secrétaire Carlo et Rosalind pour travailler dans le calme. La petite fille – elle a huit ou neuf ans selon que le séjour se situe fin 1927 ou début 1928, ce point restant peu clair – accapare sans cesse sa mère. Hélas! se plaint la romancière, sa fille ne ressemble pas à la petite Agatha d'Ashfield à qui il suffisait d'un cerceau pour s'inventer un monde. «Ce n'était pas une enfant qui savait s'amuser seule en utilisant son imagination.» Dans les jardins de l'hôtel, dans l'île de Tenerife, Rosalind fait du vélo; quand il pleut elle s'occupe quelques instants avec un puzzle, mais elle revient sans cesse auprès d'Agatha et Carlo, en quête d'attention... L'écrivain dit son malaise à repousser sans cesse sa fille : «Les yeux de Rosalind sur moi avaient l'effet d'une Méduse. Plus que jamais, j'avais l'impression que ce que je dictais était ridicule (ce n'était que trop vrai). Je bafouillais, je me reprenais, hésitais, me répétais. Vraiment, comment ce malheureux livre put jamais être terminé, je l'ignore!» Force est bien de constater que ces deux romans d'Agatha ne comptent pas parmi ses meilleures créations. Sans doute les ventes furent-elles bonnes (8500 exemplaires pour *Les Quatre*, alors que *Le Meurtre de Roger Ackroyd*, l'année précédente, n'avait été tiré «qu'à» 4000 exemplaires) mais le bruit fait autour de la disparition de la romancière y était sans doute pour beaucoup.

*Les Quatre*, en particulier, porte la marque de sa construction disparate. Surtout, l'auteur réussit assez mal à rendre vraisemblable le complot international qui sert de cadre au livre : un «cerveau» anime une vaste machination pour déstabiliser le monde. «Entreprise d'agitation mondiale, de crises, de guerres, de révolutions et de contre-révolutions» qui n'a pour but que d'assurer «la dictature mondiale» du manipulateur masqué. Cet homme – ou cette femme? – «dispose de ressources pécuniaires illimitées destinées à la corruption et à la propagande». Déjà, dans son deuxième livre *Mr Brown*, Agatha avait organisé l'énigme autour de mystérieuses réunions où le jeune détective s'efforçait d'apercevoir le «Numéro Un».

Ici, les quatre personnages soupçonnés incarner l'apprenti dictateur sont caricaturés.

Voici Mme Olivier, une femme scientifique vêtue d'une longue blouse blanche, les cheveux couverts d'une coiffe de religieuse, le visage balafré d'une cicatrice «trace d'une explosion terrible survenue dans son laboratoire»... Elle «s'est retirée du monde en se consacrant avec une énergie farouche à son travail scientifique». Elle travaillerait avc le groupe sur un «rayon qui tue», une puissante installation de radio concentrant l'énergie sur le point à atteindre, et qui aurait pu couler des torpilleurs et des destroyers au large des côtes américaines. Ne reculant devant rien, Agatha note que l'œuvre de la chimiste «a éclipsé celle de Mme Curie»!

Un autre des possibles protagonistes est un Chinois plus cliché que nature, et l'on accède à son laboratoire souterrain par une sorte de dédale où les ruelles tortueuses débouchent sur des salles des *Mille et une Nuits*! «Je me sentis, déclare Hastings, plongé dans l'atmosphère de l'Orient, sinueuse, fourbe, sinistre...» Passons sur le rayon qui tue mis au point par le «Grand Quatuor»; le groupe des quatre auquel manque le mystérieux quatrième représente déjà pour Poirot, dès le chapitre 7 du livre, «l'intelligence de l'Orient, la science de l'Occident, la richesse de l'Amérique...» Agatha Christie, décidément, n'a peur de rien...

Quant au *Mystère du train bleu*, dont l'auteur écrit sans ambages qu'elle l'a «toujours détesté» et dont elle s'étonnait qu'il puisse avoir trouvé des lecteurs, il pourrait avoir mérité ce jugement, dans le souvenir d'Agatha, davantage en fonction de l'époque et des circonstances de son écriture qu'en raison même de son contenu.

Qui s'intéresse au cheminement de la romancière y relèvera la rancune sourde, quelquefois même le ton rageur à l'égard de plusieurs catégories d'individus. Lisons l'accroche du premier chapitre : «Un petit homme à face de rat, incapable sans doute d'occuper des fonctions importantes au sein de la société. Pourtant il ne fallait pas s'y fier. Car cet homme, aussi insignifiant qu'il parût, jouait un rôle considérable dans la destinée du monde. Dans un empire dirigé par des rats, il était le roi des rats.»

Hercule Poirot y délivre quelques messages lourds de misogynie sur l'attirance des femmes pour les «mauvais sujets». Ainsi lance-t-il à l'un de ces hommes :

«Vous avez mauvaise réputation, certes, mais les femmes… cela ne les décourage jamais. Si vous étiez un homme honorable, à la moralité irréprochable (…) je douterais fort de votre réussite. Les qualités morales, voyez-vous, ne sont guère romanesques. Seules les veuves les apprécient.» Enfin, quelques passages semblent avoir échappé, comme autant de confidences, à la romancière en détresse; comme cette conversation entre une jeune femme et son père qui l'encourage à divorcer, où le second, excédé des atermoiements de la première, finit par s'écrier : «Divorcer. Tu répètes ce mot comme si tu l'entendais pour la première fois. Pourtant, tous les jours, tes amies divorcent.»

A la fin de l'ouvrage Hercule Poirot discute du train bleu qui circule entre Londres et la Riviera, avec une jeune Américaine délaissée qui observe combien un train est un monstre implacable : «des gens sont assassinés et meurent, mais les trains continuent leur route exactement de la même manière.» La réponse paternelle et réfléchie de Poirot est que la vie, comme un train, arrivera toujours au bout du voyage :

«Faites confiance au train Mademoiselle, c'est le Bon Dieu qui le conduit.» Raté ou non, l'intérêt du *Mystère du train bleu* dans le parcours d'Agatha Christie est pourtant bien réel, et elle le signale elle-même dans son *Autobiographie* : quand elle remet le manuscrit à son éditeur, elle peut se dire, sans doute, qu'elle ne l'a écrit que pour honorer un contrat et pour gagner sa vie. Mais cette tâche accomplie sans plaisir confère à son auteur un nouveau statut : «Ce fut le moment où je cessai d'être un amateur pour devenir une professionnelle. J'assumai la charge d'une profession qui est d'écrire, même lorsque vous n'en n'avez pas envie et que vous n'aimez pas ce que vous écrivez.»

**Rapport de police**

**1929** : *Les Sept Cadrans — Le crime est notre affaire*
**1930** : deuxième voyage au Moyen-Orient. Rencontre de l'archéologue Max Mallowan — *L'Affaire Protheroe* — (*Giant's Bread* sous le pseudonyme de Mary Westmacott, livre traduit en français sous le titre de *Musique barbare)* — *Café noir*, première pièce de théâtre — *Le Mystérieux Mr Quinn*

**Résidences** : 22, Creswell Place, Londres — «Winterbrook House» (entre Londres et Oxford)

# VI
# Renaissance

«Beaucoup d'amis m'ont dit : — Je ne sais jamais quand vous écrivez un livre, parce que je ne vous ai jamais vue écrire ou même vous retirer pour écrire. Je dois me conduire à la façon des chiens, quand ils vont se cacher avec un os; ils disparaissent pendant une demi-heure et reviennent avec de la boue sur le nez. Je fais la même chose.»

A. Christie, *Autobiographie*

**22, Creswell Place, Londres**

Ce sera la nouvelle maison, une maison plus petite qu'elle a décidé d'habiter comme une célibataire, en tentant d'oublier ses années de bonheur avec Archie. «Au cœur de la ville, écrit François Rivière, dans une de ces ruelles tranquilles bordées d'anciennes écuries joliment aménagées pour le confort des artistes (...) une petite maison au toit de tuiles oranges». L'évocation faite par Janet Morgan de cette maison est moins poétique : «Au rez-de-chaussée, il y avait un garage et une chambre de bonne. Au premier étage, deux chambres, une élégante salle de bains, une salle à manger, mais la cuisine était minuscule et l'escalier étroit et sombre. Tous ceux qui séjournèrent à Creswell Place (...) se demandaient comment elle pouvait circuler, étant de grande taille et devenue assez corpulente.» Elle ajoutait que la maison était très humide, et qu'un mur bouchait la vue... Comme Agatha était plus enthousiaste, et quel amour de ses demeures quand elle évoque le cottage de Creswell Place! «C'était une délicieuse maison (...) Sur les murs, j'avais fait poser un papier à frise, qui était alors à la mode, avec une bordure représentant des herbes, de sorte qu'en entrant dans la pièce, on avait l'impression d'entrer dans un petit jardin (...) La salle de bains était splendide, avec des dauphins caracolant sur les murs.» Dans cette maison aménagée à son goût, Agatha était décidée à jouir de son indépendance toute neuve : elle allait jouer là à composer des dînettes pour les visites impromptues, et, si les grands horizons lui manquaient, elle en profiterait, dit-elle, pour imaginer ce qui se passait derrière les murs!

Rosalind est en pension. Sa mère n'a pas hésité à lui choisir une école coûteuse, et il semble qu'elle ait délibérément opté pour déléguer son rôle d'éducatrice. Bien plus tard, en 1959, dans *Le Chat et les pigeons*, elle décrira une pension semblable à celle de Rosalind, et la mère d'une élève, Mrs Upjohn, incarnera peut-être ce qu'elle avait été elle-même pour sa fille à ce moment-là : une voyageuse souvent absente dont un personnage dit avec humeur : «Qu'est-ce qu'on peut faire avec une femme comme ça? Elle n'est pas passée par Cook, ni par aucune autre agence de voyage. Elle se promène au gré de sa fantaisie, toute seule.» Une femme très tendre, pourtant, Mrs Upjohn, «une mère, corps et âme», lorsqu'elle apprend qu'il est arrivé quelque chose à sa fille et sans doute «une des personnes les plus sensées que l'on puisse croiser dans son existence» dit encore le roman. Les romans tardifs d'Agatha comporteront d'ailleurs souvent des notations sur les établissements d'éducation, comme l'allusion à «ces lycées modernes tout en verre (qui) ne m'inspirent rien qui vaille. On jurerait des serres conçues pour y faire pousser concombres et tomates. Je suis sûre qu'au cours des mois d'été, c'est très mauvais pour les enfants.» Pour l'instant, Agatha va vivre pour elle-même et pour son travail, avec l'aide, toujours, de la secrétaire Carlo. Puisque son mari la quitte, elle a décidé de se désencombrer de tout ce qui ressemble à la panoplie de la femme mariée : grande demeure, grand jardin, régularité des horaires. Et, parce qu'elle aime toujours autant les voyages, et qu'Archie ne l'accompagnera plus, c'est entendu, elle partira seule.

**Premier voyage à Bagdad**

Agatha avait décidé, l'automne 1928, d'accomplir une sorte de «voyage de convalescence» après son divorce. Destination prévue, les Antilles. Tout était prêt : réservations, garde de Rosalind assurée par Madge et Carlo, tout… jusqu'à l'avant-veille du départ. Là, Agatha se rend à un dîner où elle rencontre un officier de marine et sa femme qui rentraient d'un voyage à Bagdad. Leur enthousiasme est communicatif et la romancière est tentée. Son désir de visiter les pays du Moyen-Orient est d'autant plus fort qu'elle pourrait se rendre là-bas par le train de rêve qu'est le Simplon-Orient-Express. On «embarque» dans le fog de Londres, et l'on «débarque» trois ou quatre jours plus tard dans des paysages de minarets et de palmiers, après avoir entendu les haut-parleurs des gares faire résonner les noms de villes mythiques, après avoir vécu dans l'atmosphère délicieusement cloisonnée et feutrée des cabines, des voitures salons et restaurants. Cinq jours après cette conversation, Agatha a fait changer ses billets chez Cook : elle part vers le mystère…

Elle a raconté dans son *Autobiographie* les péripéties de ce voyage, multipliant les notations jubilatoires sur le plaisir des découvertes qu'elle accomplissait, pour la première fois, toute seule. A propos de problèmes de santé, elle écrit par exemple : «Tant qu'on n'a pas voyagé seule, on ne peut se rendre compte à quel point le monde extérieur peut vous protéger de façon amicale.» Elle s'émerveille d'être encore prise pour une femme en mal de protection, alors qu'elle se sent un tel désir d'indépendance : «Il faut faire attention – lui dit un ingénieur hollandais, voyageur lui aussi du Simplon-Orient-Express – vous êtes une dame bien élevée qui vit en Angleterre, sous la protection, sans doute, d'un mari ou de sa famille. Ne croyez pas ce que les gens vous raconteront et n'acceptez pas de sortir sans savoir où vous allez.» Agatha redécouvre aussi qu'elle peut être courtisée. Elle apprend à admirer seule des paysages inconnus, elle savoure avec malice des quiproquos au travers desquels elle se voit attribuer un mari inattendu, puis, devant ses dénégations, se fait conseiller par un clergyman de «ne plus vivre dans le péché»! Les pages de l'*Autobiographie* sur ce premier voyage au Moyen-Orient racontent, avec une fraîcheur un peu bavarde, une renaissance.

**Le Simplon-Orient-Express**

Agatha a toujours aimé les trains. Dans *Dis-moi comment tu vis*, elle écrira : «Je hume avec extase cette senteur de soufre – si différente de celle un peu huileuse, légère, lointaine du bateau, odeur qui me déprime toujours, car elle annonce des jours de mal de mer. Mais un train – un grand train pressé, ronflant, amical, avec sa grosse machine haletante qui jette vers le ciel des nuages de vapeur et semble me dire, impatient : "Je dois partir, je dois, je dois partir!..." Le train est un ami.» Le célèbre Orient-Express, inspiré des convois inventés par Georges Pullman pour traverser les Etats-Unis avec tout le confort d'hôtels roulants, avait été mis en service en 1883 à l'initiative d'un banquier belge, Georges Nagelmackers. Sans doute la fascination qu'il exerçait était-elle renforcée par le luxe des cabines de première classe, des salons-fumoirs et des restaurants. Mais sa magie venait plus encore des villes du Moyen-Orient où il conduisait.

Dans son *Autobiographie* elle raconte comment sa décision de voyage fut prise comme dans une illumination : «Toute ma vie, j'avais désiré prendre ce train prestigieux. En me rendant en France ou en Espagne, j'avais souvent admiré l'Orient-Express à Calais et j'avais eu envie de monter dedans.» Et Agatha de souligner en italique l'enchaînement merveilleux des destinations promises : *«Simplon-Orient-Express-Milan, Belgrade, Istanbul»*. C'est cinq ans plus tard, en 1933, qu'elle rédigera son fameux *Crime de l'Orient-Express* où la structure du train, on le sait, permet à l'auteur d'imaginer l'une de ses énigmes les plus réussies. Espace clos par excellence – comme les îles ou les maisons d'autres romans – le train est lui-même un personnage du livre. «Ah! il me faudrait la plume de Balzac (...) Voilà un tableau que j'aimerais peindre!» «Quelle matière romanesque nous avons-là! Regardez tout autour de nous, ces gens de toutes les classes sociales, de toutes les nationalités, de tous les âges... Et, pendant trois jours, ces gens qui ne se connaissent pas le moins du monde se trouvent rassemblés. Ils dorment et mangent sous le même toit, et ils ne peuvent échapper les uns aux autres. Et, au bout de ces trois jours, chacun va reprendre sa propre route, et il est probable qu'ils ne se reverront jamais plus» s'écrie l'un des passagers, devant le wagon-restaurant.

Ces enfermements de personnages en colloques forcés, Agatha en est coutumière, et *Le Crime de l'Orient-Express*, sur ce point, sera peu différent des intrigues nouées dans les longs couloirs et les chambres de quelque demeure victorienne, ou sur l'étroit parcours d'une île coupée du continent.

Mais le roman fourmille aussi de ces détails d'atmosphère qui donnent au lecteur l'impression d'avoir été là, privilégié parmi les privilégiés. Ainsi voit-il les voyageurs penchés à la fenêtre «regardant le quai interminable dont les lumières paraissaient glisser lentement devant eux»; il observe «le serveur muni de sa caissette» qui passe «de table en table recueillir le montant des additions»; il entend, de cabine à cabine, «le déclic d'ouverture du couvercle du lavabo, puis un robinet tourné à fond, puis encore quelque chose comme un éclaboussement, et enfin un second déclic qui signalait que le couvercle du lavabo était cette fois refermé.» Rarement roman d'Agatha aura été mis en scène avec autant de minutie, sans doute parce que le décor théâtral offrait à ses capacités d'observation et d'imagination le cadre de choix qui l'avait émerveillée comme passagère avant de l'inspirer en tant qu'écrivain.

Dans *Dis-moi comment tu vis*, sur le ton de la confidence puisque l'ouvrage est délibérément autobiographique, elle ne pourra s'empêcher de redire son affection pour son «train préféré» : «Me voilà dans la voiture bleue qui porte sur le flanc cette simple légende : "CALAIS-ISTANBUL" (...) J'aime son rythme qui démarre *allegro con fuore*, vous balance dans un bruit de ferraille d'un bout à l'autre du compartiment, tant il a hâte de quitter Calais et l'Occident pour ralentir graduellement, *rallantando*, tandis qu'il s'achemine vers l'est jusqu'à devenir définitivement *legato*.»

**Découverte des fouilles**

Arrivée à Bagdad, Agatha qui a entendu parler, comme tout le monde à l'époque, des fouilles et des découvertes de Leonard Wooley sur le site d'Ur, décide de rencontrer l'équipe du fameux archéologue. On sait que la cité sumérienne, située près de l'ancienne embouchure de l'Euphrate avant l'ensablement du delta, avait réservé aux équipes de chercheurs de belles surprises : dans les tombes les plus anciennes de l'époque pré-sumérienne, des poteries et des figurines peintes, de la vaisselle de pierre; le «cimetière royal» contenait de vrais trésors : vaisselle d'or et d'argent, mobilier sculpté. Plus de vingt siècles avant Jésus-Christ, la cité avait étalé ainsi une civilisation raffinée dont l'héritage devait se retrouver plus tard, après les destructions des Elamites et des Babyloniens, dans la splendeur du règne de Nabuchodonosor, six cents ans avant Jésus-Christ. Léonard Wooley était accompagné de son épouse, Katharine, tombée sous le charme des romans d'Agatha Christie depuis sa lecture du *Meurtre de Roger Ackroyd.* Janet Morgan, écrivant l'histoire du voyage, note que ce fut une heureuse coïncidence, car Katharine était un personnage assez ombrageux, une femme fort belle, jalouse de son autorité et de la séduction qu'elle exerçait. En Agatha Christie, elle vit l'écrivain plus que la femme, et l'accueillit donc avec bonheur dans le camp de fouilles. Ce devaient être les premiers pas d'Agatha en archéologie. Mais ceci est une autre affaire.

### Comme un ton d'allégresse

Les deux romans publiés en 1929, *Les Sept cadrans* et *Le crime est notre affaire* semblent avoir été délivrés sur un ton de jubilation qui renoue avec les premiers ouvrages de l'auteur. *Les Quatre*, *Le Train bleu*, avaient été écrits en période morose. Leur auteur ne les avait produits que pour s'acquitter d'un contrat. Quelques mois plus tard, alors que s'atténuent le choc de la séparation et la dépression qui l'avait suivie, la gaieté revient sous la plume d'Agatha.

Dans *Les Sept cadrans*, elle amorce l'intrigue – ce qu'elle fera souvent – en attirant l'attention du lecteur sur la simple disparition d'un objet (un des huit réveils achetés – *a joke!* – par ses camarades à un jeune homme qui a beaucoup de mal à sortir du lit le matin), et sur le nombre des pendules restantes, le magique chiffre 7.

Quand on se souvient des lignes sinistres qui ouvraient son précédent livre (l'homme «à face de rat» qui traverse de nuit la place de la Concorde, «chétif et misérable», mais d'une puissance malsaine dans son empire souterrain) on ne peut que sourire à ces évocations de jeunes gens farceurs, de bonne famille, déjà lancés dans la diplomatie, les affaires et les relations mondaines, même si la disparition tragique de l'un d'eux constitue – avec celle de la fameuse pendule – le mystère à résoudre.

Agatha retrouve donc ici les personnages qu'elle affectionne : Bundle (sobriquet ironico-affectueux que les traducteurs transforment en «La Boulotte») est lady Eileen, la fille de Lord Caterham déjà apparue dans *Le Secret de Chimneys*. Nous sommes en pays de connaissance, d'autant plus que l'Angleterre de ces aristocrates est comme un minuscule village où chacun connaît son voisin. Lorsque Bundle demande à son père s'il connaît un certain Jimmy Thesiger, celui-ci répond qu'il existe une famille de ce nom-là dans le Yorkshire, ajoutant presque aussitôt qu'il y a peut-être aussi des Thésiger dans le Devonshire, et même que la grand-tante Celina, se souvient-il, a épousé un Thesiger! Les répliques drolatiques fusent, comme cette seule appréciation qui clôt le livre, lorsque Bundle annonce à son père le nom du fiancé qu'elle s'est choisi : «Parfait! Il n'est pas complètement nul au golf. Nous pourrons faire équipe pour le tournois d'automne.»

Quant à l'ouvrage suivant, *Le crime est notre affaire*, il est aussi plein d'allégresse. Plus encore, en bonne joueuse, Agatha s'y essaye au pastiche!

### Le roman-policier au second degré

Dans de nombreux ouvrages, en particulier dans ses premiers romans, Agatha Christie traite du genre qu'elle cultive, le roman policier, avec un certain humour. Ce sont des clins d'œil entendus à ses prédécesseurs célèbres, des références en particulier au célèbre couple Sherlock-Watson, des questions que lancent ses personnages : les choses se passent-elles dans la réalité comme dans les romans policiers? Dans *La Mystérieuse affaire de Styles*, Miss Howard déclarait : «j'aime bien une bonne histoire de détective. Mais on écrit tant de bêtises. Le criminel est découvert dans le dernier chapitre. Tout le monde est stupéfait. Dans un crime véritable, on devinerait tout de suite de qui il s'agit.»

Plus tard, comme dans *A.B.C. contre Poirot*, Agatha délivrera en deux pages un véritable morceau de bravoure sur «le crime à la carte» et l'art de bâtir un roman policier sur des recettes éprouvées : «il nous faut une bonne brochette de suspects : une femme mûre – brune et inquiétante –, un ami ou un rival du défunt, un secrétaire effacé – le suspect numéro un, un type jovial aux manières carrées et, pour finir, un couple de domestiques congédiés ou un garde-chasse. Vous couronnez le tout d'un inspecteur borné». Sur quoi, Poirot ajoutera : «Vous venez de me faire une très jolie compilation de la quasi-totalité des romans-policiers écrits à ce jour.» Et, raillant les facilités du roman d'énigme devant un Hastings ébahi et imperméable à la plaisanterie, il fera mine, dès le début, d'avoir découvert en un éclair la solution du problème : «Le crime, commença Poirot, a été commis par un homme aux cheveux roux, de taille moyenne, qui louche de l'œil gauche, claudique de la jambe droite et qui a un grain de beauté juste sous l'omoplate»!

Dans *Le crime est notre affaire*, la romancière se livre à un véritable exercice de style. L'ouvrage est composé de treize nouvelles «à la manière de» spécialistes célèbres du roman policier. Le cadre même de ces nouvelles est une petite merveille d'humour et de dérision, à l'égard du genre dont elle est dorénavant reconnue comme un maître. Le couple de détectives créé dès son deuxième livre, Tuppence et Tommy Berensford, deviennent les occupants d'une agence de détective telle que l'ont décrite tous les amateurs de «polars» : un misérable deux pièces, où la compagne du «patron» joue le rôle de la parfaite secrétaire, tandis qu'un comparse fait mine d'accueillir des clients trop rares. Un trou percé dans la cloison entre le bureau et l'entrée permet aux fins limiers de reconnaître à l'avance la nature des visiteurs et de leur préparer un numéro. Tommy et Tuppence bluffent à outrance, passent, devant ceux qu'ils espèrent transformer en clients, des coups de fil impressionnants : leurs interlocuteurs ne sont jamais moins que les pontes de Scotland Yard, les chefs de police de pays étrangers, ou, quand le gogo est porté sur les vanités, les grands noms du Gotha et ceux du Bottin mondain. Et, tour à tour, chaque nouvelle met en scène les personnages préférés d'un maître du mystère, et les méthodes de son détective d'élection.

Agatha Christie, d'ailleurs, sait qu'elle fait partie de l'honorable corporation des maîtres en question puisque, dans la dernière nouvelle du volume, Agatha pastiche... Agatha! L'auteur pousse si loin le jeu de l'ironie qu'elle n'hésite pas à s'appliquer à elle-même une critique assez féroce. Alors que, dans *Le Craqueur*, le couple de détectives s'apprête à imiter les méthodes du célèbre Edgar Wallace, qui passait – à juste titre sans doute – pour le maître du thriller, et mettait en scène l'organisation compliquée de véritables gangs internationaux, Tommy déclare à l'inspecteur qui veut justement le mettre sur la piste d'un de ces gangs : «Je ne pense pas avoir les qualités requises pour m'attaquer à un gang. (...) Le crime d'amateur, le bon petit crime perpétré en famille, voilà où je me flatte de briller. Les tragédies intimes, voilà mon affaire.»

### Miss Marple, an armchair detective

Cependant, sans perdre de temps, Agatha aborde une nouvelle création : avec *L'Affaire Protheroe*, Miss Marple devient le deuxième détective de la romancière, une détective pour laquelle elle semblera toujours avoir une affection particulière, et qu'elle se gardera de ridiculiser comme son confrère Poirot. Miss Marple avait été précédée par un personnage qui, selon Agatha elle-même, allait préfigurer la vieille demoiselle : Caroline, la sœur du médecin-meurtrier du *Meurtre de Roger Ackroyd*, curieuse, bavarde, et tellement intelligente sans presque jamais sortir de chez elle! Une sœur terrible, dont son frère disait que «l'inventeur du questionnaire des passeports devait avoir un caractère» semblable au sien, et qu'elle pourrait porter la devise de la mangouste : «Va, cherche et trouve.» Et même «le dernier mot suffirait. Caroline n'a jamais besoin d'aller nulle part : elle trouve. Sans bouger de chez elle ni faire le moindre effort.» C'est à son propos qu'Hercule Poirot s'exclamait en français «Ah, les femmes!», ajoutant «Elles inventent, au hasard, et comme par miracle elles ont raison.» Mais il se reprenait bien vite : «Non, pas vraiment par miracle. Elles observent, sans même en avoir conscience, une infinité de détails. Leur subconscient les rapproche, en tire des conclusions qu'elles appellent intuition.»

Sans doute Miss Marple était-elle apparue dans la première des six nouvelles publiées dans *The Sketch* en 1928; mais elle n'était qu'une narratrice parmi les autres. Et elle était si typée et si caricaturale : «Miss Marple? Qui ne la connaît pas? La vieille fille typique que l'on trouve dans tous les romans. Adorable mais désespérément vieux jeu!» Ici, au contraire, dans une intrigue la plus villageoise qui puisse être, autour de l'église, du presbytère, d'un cénacle de vieilles dames qui toutes surveillent le voisinage et font courir les rumeurs, Agatha campe la reine du drame villageois, celle dont la principale méthode, dans les romans à venir, sera de professer que le monde n'est qu'un vaste village reproduisant, à échelle supérieure, le microcosme de Saint Mary Mead. Agatha ne sera pas avare de détails. Rien moins que trois plans dessinent les lieux du drame : celui du village lui-même, avec l'emplacement des rues et des maisons, celui du presbytère où le meurtre aura lieu, celui de la pièce où le cadavre sera découvert. Excellent cadre pour un roman policier, puisque tout détail est connu de tous – l'auteur n'a plus qu'à tendre la loupe – et que chacun se transforme si facilement en commentateur ou en détective : «A Saint Mary Mead, tout le monde sait tout de votre vie privée. Il n'est pas, en Angleterre, de fin limier capable de rivaliser avec une vieille fille désœuvrée» constate amèrement le pasteur.

Déjà, dans *Le Meurtre de Roger Ackroyd*, le modèle de Miss Marple, Caroline, vivait dans un de ces villages d'où «tous les hommes valides s'empressent de partir dès qu'ils sont en âge de le faire, mais (où) nous ne manquons ni de vieilles filles ni d'officiers à la retraite. Quant à nos passetemps et distractions favorites, un verbe suffit pour les décrire : cancaner.» Le cadre ainsi dessiné, Miss Marple entre en scène. Une fois de plus (alors que la romancière avait pourtant regretté d'avoir peint en Poirot un homme d'un trop grand âge qu'il serait difficile de faire vieillir) il s'agit d'une personne âgée : «Miss Marple est une vieille demoiselle aux cheveux blancs et aux manières affables et distinguées». Comme elle a beaucoup d'expérience, elle est un peu blasée quant à la nature humaine : «Nous avons trop tendance à faire confiance aux gens et à prendre pour argent comptant tout ce qu'ils nous disent».

Qu'on ne s'étonne donc pas que ses commentaires sur le drame de Saint Mary Mead soient souvent amers : «A force d'observer la nature humaine, je finis par me demander s'il y a grand-chose à en attendre. Je reconnais que les commérages sont parfois peu charitables et bien cruels, mais hélas! ils révèlent bien souvent la réalité.» Timide, la vieille demoiselle se gardera bien d'organiser les réunions théâtrales dont raffole Poirot : elle tient à éclairer les énigmes comme dans un jeu d'ombres chinoises, en restant à l'arrière du rideau éclairé. Sans doute est-elle ainsi un excellent prête-nom pour Agatha elle-même, avec sa terreur de l'exhibition sous toutes ses formes, avec son goût de tirer les ficelles sans en avoir l'air : bref, ce pourrait être un symbole de l'écrivain Agatha, ou, peut-être, de l'écrivain tout court. Miss Marple est avant tout curieuse, comme, et peut-être plus encore que, les autres habitants du village. Le pasteur s'étonne de cette curiosité toujours en éveil : «Je me demande quand les gens d'ici trouvent le temps de manger. A croire qu'ils prennent leurs repas debout derrière les rideaux, pour ne rien perdre de ce qui se passe dans la rue.» La vieille demoiselle sait que la curiosité est un défaut, mais «on ne peut pas s'empêcher de voir ce qui se passe à côté»! Et comme le policier chargé de l'enquête s'étonne qu'elle n'ait pas été surprise à faire le guet derrière une haie, elle répond en rougissant : «voyez-vous, à cet instant, j'étais accroupie m'évertuant à arracher ces maudits pissenlits»! Quand le même policier lui fera remarquer qu'elle possède une excellente vue pour avoir noté tellement de détails, elle avouera que… justement… elle observait à ce moment-là, «un roitelet huppé, un bien gentil petit oiseau»… avec ses jumelles!

D'ailleurs, lorsqu'on l'interrogera sur la naissance de Miss Marple, Agatha précisera sans doute que c'est en référence au nom des occupants d'une vieille demeure du XVIe siècle visitée un jour avec Madge. Mais elle ajoutera que l'idée de se doter de ce détective féminin lui vint du désir de prolonger le personnage de Miss Caroline Sheppard, la sœur du fameux criminel du *Meurtre de Roger Ackroyd*. Et la sœur du docteur Sheppard était sans doute intelligente et perspicace, mais elle était surtout dévorée par la curiosité.

Agatha Christie profite, au passage, des remarques peu amènes que font les policiers sur son héroïne («Elle n'est jamais sortie de son trou! Que peut-elle connaître de la vie?») pour exposer la supériorité d'une connaissance précise d'un sujet sur les vagues notions qui s'apparentent aux préjugés. «Je crus bon de faire remarquer à mon compagnon que Miss Marple ne connaissait sans doute rien de la Vie avec un grand V, mais qu'en revanche elle n'ignorait rien de ce qui se passait à Saint Mary Mead.» Cette connaissance-là est, répète Agatha, toute à l'inverse des fulgurances spontanées que l'on nomme d'ordinaire l'intuition. Miss Marple (porte-parole ici de son auteur, n'en doutons pas!) s'en explique pour distinguer sa méthode des obscures références à quelques qualités supposées féminines.

Cette méthode tient en deux mots, analogie et expérience. L'analogie s'exerce à travers l'art de l'observation et du classement. «Vous commencez par classer votre monde comme si vous aviez affaire à des oiseaux ou à des fleurs, par groupes, par genres et par espèces.» Ensuite, il ne reste plus qu'à faire marcher «le raisonnement logique» en en vérifiant sans cesse «la justesse».

Alors que Poirot, en continental cartésien, ne jure que par la déduction, la toute anglaise Miss Marple, nourrie d'empirisme, insiste sur le rassemblement des faits. Mais, pour l'un comme pour l'autre des deux héros d'Agatha, l'occasion est toujours bonne pour brocarder la fameuse «intuition». «Ne parlez pas d'intuition, mon bon ami. Intuition est un vilain mot. C'est mon savoir, mon expérience, qui me disent que quelque chose ne va pas dans cette lettre.» déclarera Poirot à son ami Hastings dans *A.B.C. contre Hercule Poirot.* Et il ajoutera : «ce qui se présente souvent comme une intuition est en réalité une impression résultant de la déduction logique ou de l'expérience».

Sans doute les fameuses ressemblances évoquées à chaque instant par Miss Marple entre les protagonistes d'un drame et les menus événements de son village sont-elle toujours volontairement caricaturées par la romancière. On ne peut s'empêcher de penser, en voyant raisonner Miss Marple, qu'elle tombe dans le travers de tous les vieillards, fascinés par les évocations du passé qui ternissent la naïveté et la jeunesse du regard. Comme s'ils ne pouvaient plus lire dans le monde que leur ancienne histoire, rebelles qu'ils sont devenus à toute nouveauté. Relève aussi de ce grand âge la manie des digressions hors de propos dont Jane Marple est friande. «Je crains d'avoir tendance à m'égarer. On s'écarte de son sujet sans s'en rendre compte.» Mais les digressions font partie de ces détours analogiques si nécessaires aux réflexions de Miss Marple. Quant aux outrances de ces égarements, sans doute faut-il voir là la distance obligée qu'introduit toujours Agatha entre elle-même et son lecteur d'une part, et ses diverses créatures, si sympathiques soient-elles, d'autre part. Face à la si pertinente Miss Marple il faut garder, comme face à Hercule Poirot, l'ironie suffisante pour dépister les signes risibles de la sénilité.

Il n'en reste pas moins que l'expérience acquise, le raisonnement par analogie, seront les sources des trouvailles. Comme Hercule Poirot s'insurgeant contre l'instinct («L'instinct! Vous savez que je déteste ce mot. *Quelque chose me dit*... Jamais de la vie! Je raisonne.» *Témoin muet*), Miss Marple part en guerre contre l'intuition : «L'intuition! Cette fameuse intuition dont on nous rebat les oreilles! C'est comme de lire un mot sans avoir besoin de l'épeler; un enfant n'a pas assez d'expérience pour le déchiffrer mais un adulte le reconnaît aussitôt pour l'avoir vu souvent dans le passé.»

A la fin du roman, Miss Marple résume ses convictions sur l'importance de l'expérience en un aphorisme (qu'elle prend bien soin de rapporter à une vieille tante et dont elle dit, avec ce sens du second degré dont raffole Agatha, qu'elle le trouva longtemps idiot) : «Les jeunes croient par principe que les vieux sont des imbéciles, mais les vieux savent par expérience que les imbéciles, ce sont les jeunes.» L'arrivée de Miss Marple dans l'œuvre d'Agatha a quelque chose d'étrange et de familier à la fois : l'univers dans lequel elle se meut est aussi lointain par son carctère désuet et intemporel que les univers futuristes de la science-fiction, simplement cet univers disparu a des parfums d'autrefois et d'enfance. Plus encore, la vieille demoiselle permet à une Agatha meurtrie par la vie de délivrer, à l'égard de ses contemporains, les jugements lucides, mais trop noirs, que l'auteur porte sur eux.

Le personnage de Miss Marple permettra à l'écrivain, tout au long de sa carrière, de dessiner un tableau de l'Angleterre à la dimension des campagnes et des villages, puisque, comme elle le dit à son neveu Raymond West : «La nature humaine est partout, mais, dans un village, on a l'occasion de l'observer de plus près.» C'est l'Angleterre, toute resserrée, où chacun connaît son voisin et les parents de son voisin jusqu'à trois générations au moins, c'est un pays où, à chaque tournant de chemin, on peut rencontrer quelque connaissance, un ami d'ami, un cousin oublié.

Dans *Un meurtre est-il facile?*, où l'action se passe dans un village (Wyschwood-under-Ashe) aussi éloigné de tout que St Mary Mead, l'un des personnages déclare, à la stupéfaction de tous, qu'il possède de la parenté même dans ce bourg reculé, tout simplement parce qu'il est pourvu d'une kyrielle de frères et sœurs, et que, de liens d'amitiés en mariages, l'Angleterre est ce pays villageois où chacun connaît chacun. Et, comme est posée la question : «A quoi ressemblent-ils donc les gens qui vivent à Wychwood» une réponse fuse : «A des reliques. On ne rencontre que des filles, des sœurs ou des épouses de clergymen ou de médecins. On peut compter six femmes pour un homme.»

En 1942, le village de *La Plume empoisonnée* sera Lymstock, où débarquent un pilote londonien et sa sœur, le jeune homme ayant besoin de se refaire une santé loin de la ville. D'emblée l'auteur oppose la vie dans la capitale, avec ses théâtres, ses cinémas, le canotage sur le lac de Kensington Gardens, le patinage à roulette sur les «rinks», à l'existence retirée du village. La jeune femme, Joanna, devra comprendre qu'elle doit éviter les tenues élégantes : «rien de ce que tu as sur toi n'est dans la note. Tu devrais avoir une vieille jupe de tweed, d'un vert sale ou bien d'un brun un peu passé, une veste pas trop neuve, de gros bas de laine et de solides chaussures bien brisées.» Et à propos d'habitants de Lymstock, évoquant sans doute ces cloches de verre sous lesquelles on enfermait les bouquets de mariées et autres souvenirs du passé, Agatha écrit joliment : «la famille tout entière a été mise sous globe».

En 1950, *Un meurtre sera commis le...* aura pour cadre le bourg de Chipping Cleghorn, avec l'étude savoureuse de la presse locale et du rôle joué par les petites annonces. En 1964, le club de retraités s'est mis au goût du jour : le «troisième âge» voyage dans les Caraïbes! (*Le major parlait trop*) Mais c'est encore le village anglais qui se déplace de l'autre côté de l'Atlantique, dans un univers si rétréci que chacun a déjà rencontré chacun. Et Miss Marple a beau jeu de songer à la réplique qu'elle avait lancé à son neveu, l'auteur de romans policiers qui comparait «la vie à St Mary Mead à de l'écume sur la surface d'un étang». «Elle avait protesté avec indignation qu'une parcelle de cette écume, observée au microscope, pourrait révéler bien des secrets.»

Agatha se jouera, à chaque rencontre de la vieille demoiselle, des travers d'une existence si bien ordonnée qu'elle en est étriquée. Miss Marple reçoit-elle un coup de fil à huit heures du matin? C'est l'émotion : «Les appels téléphoniques se faisaient généralement de neuf heures à neuf heures et demie entre amis et voisins au village. On discutait de projets pour la journée et d'invitations pour l'après-midi. Si par hasard le boucher éprouvait des difficultés à livrer ses commandes, il vous en prévenait un peu avant neuf heures. Au cours de la journée, on pouvait, à la rigueur, téléphoner à ses amis, mais il était malséant de les déranger le soir (...) aucune des connaissances de Miss Marple ne se fût permis de lui téléphoner avant huit heures du matin.» *Un cadavre dans la bibliothèque.*

Les treize nouvelles de *Miss Marple au Club du Mardi* – six nouvelles parues dans *The Sketch*, augmentées de sept autres à la demande de l'éditeur pour la publication d'un livre, en 1932 – développent jusqu'au ressassement toutes ces caractéristiques. Le portrait physique de Miss Marple nous est imposé, coiffure et vêtements compris. Elle est presque toujours assise, «très droite, dans un fauteuil de grand-père» dans un salon, près d'une cheminée. Elle porte «une robe de brocart noir très cintrée, avec de la dentelle de Malines tombant en cascade sur sa poitrine». Elle ne se sépare guère de ses «mitaines de dentelle noire», et «une mantille de dentelle noire» recouvre «ses cheveux blancs comme neige relevés en chignon.» Rigueur, droiture, un brin de sévérité... elle n'est pas drôle Miss Marple! Pourtant, l'affection de l'auteur prête à sa créature des marques de douceur : quand elle tricote, c'est toujours «quelque chose de blanc, de doux et de floconneux», et «ses yeux bleu très pâle» observent avec intensité sans doute, mais aussi avec «une aimable bienveillance», avec un «gentil sourire» qui lui permet souvent d'économiser des jugements trop précipités.

Sous ce dehors de distinction et de réserve, Miss Marple est toute simplicité : elle se veut une femme ordinaire, avec un rien d'ironie dans le ton pour vanter les hommes de son entourage plus épris qu'elle d'intellectualité. En particulier ce cher neveu Raymond, «écrivain de profession» et auteur déjà célèbre de romans policiers. Quand celui-ci déclare : «l'exercice littéraire vous amène à sonder la nature humaine... Voire à dévoiler des mobiles qui échappent peut-être au commun des mortels», elle réplique gentiment : «je sais bien que tes ouvrages sont très intelligents. Mais crois-tu vraiment que les gens sont aussi déplaisants que tu les dépeints?»

Ailleurs, elle affirmera ne rien connaître aux médicaments : «j'ignore tout des médicaments – ces choses que je considère comme nuisibles et dangereuses. Je tiens de ma grand-mère une tisane vermifuge qui vaut largement tous les médicaments vendus dans le commerce». Mais elle se montrera la plus perspicace pour résoudre une affaire de poison et d'antidote où, bien sûr, son savant auteur lui tient la main! Et quand elle est invitée à participer au petit jeu du club du mardi, où chaque invité à son tour doit proposer une énigme, elle insiste : «Je crois que cela peut être très intéressant, surtout avec tant d'hommes intelligents. Je crains de ne pas être très intelligente moi-même, mais à vivre pendant tant d'années à St Mary Mead, j'ai fini par avoir une idée de la nature humaine.»

Cette phrase aurait sans doute pu se passer – chez un autre auteur – de la référence à St Mary Mead : mais il importe à Agatha Christie de montrer que son détective-femme peut avoir autant de références, autant de pistes de compréhension, que les policiers les plus intelligents et les plus cultivés, parce que la culture de sa petite bonne femme de Miss Marple est parfaitement intégrée : chaque individu y possède ses repères et sa place. Ainsi a-t-elle pu reconnaître, tout de suite, qu'un prétendu jardinier avait trompé son brillant neveu. Et quand celui-ci s'étonne de cette découverte : «Pourquoi dites-vous le "soi-disant" jardinier, tante Jane?» «Eh bien, ce ne pouvait pas être un vrai jardinier… Les jardiniers ne travaillent pas le lundi de Pentecôte. Tout le monde sait ça.(…) Quand tu seras propriétaire et que tu auras ton propre jardin, tu n'ignoreras plus ces petites choses-là.» Avoir son propre jardin… ou de la culture à la base du savoir!

Les textes d'Agatha sur Miss Marple pourraient donner d'ailleurs de vrais bonheurs de lecture à des féministes! Voici une vieille demoiselle qui remet gentiment à leur place les discoureurs masculins, en leur rappelant la bonne réalité concrète des travaux d'aiguille qu'elle assume. Les nouvelles du club du mardi sont émaillées de formules qui opposent ainsi l'oisiveté des conteurs mâles et ses occupations manuelles à elle : «Mon Dieu! mon Dieu! J'ai encore laissé tomber une maille. Cette histoire était si intéressante.» Quand Raymond West la presse de répondre à son tour aux questions, elle s'amuse à le faire patienter : «Un instant... Je crains de m'être trompée. Deux mailles à l'envers, trois mailles à l'endroit, une maille sautée, deux mailles à l'envers...voilà, c'est juste. Tu disais?» Il faut bien que ces messieurs s'inclinent devant la hiérarchie des urgences! Quand vient son tour de raconter une histoire – *L'Empreinte de saint Pierre* – elle prend son temps, laissant l'auditoire en suspens : «Je dois juste compter ce rang. Les diminutions sont un peu délicates. Un, deux, trois, quatre, cinq, et trois mailles à l'envers : c'est ça.» Les tricoteuses auront compris que Miss Marple est en train de réaliser une emmanchure raglan; mais que ce doit être agaçant pour un homme! Elle ne se prive pas d'ailleurs de rappeler quelques éléments bien précis de la culture féminine : «étant une femme, j'accorde de la valeur aux vêtements. Mais ce n'est pas un problème qu'on peut honnêtement poser à un homme.»

Dans *Les Quatre suspects*, elle reprend avec fermeté sir Henry : «Les hommes ne voient jamais ces choses (...) Et, à cause de cette façon de voir les choses, justement, je crains qu'ils ne tiennent les vieilles femmes comme nous pour des... euh, pour des têtes de linotte.» Quant aux femmes privées d'occupation professionnelle – à l'opposé des hommes de métiers, savants ou techniciens qui passent leur vie à «manipuler» des choses – elles ont au moins le privilège du temps passé à observer les êtres humains : «Celles que mon neveu appelle "les femmes superflues" disposent de beaucoup de temps et leur principal intérêt dans la vie c'est *les gens*.»

Mais l'essentiel est dans la capacité de raisonner en se méfiant des pièges de l'imagination. Il faut, suggère Miss Marple, déshabiller un crime de tout ce qui crée autour de lui une aura artificielle, pour ne retrouver que l'enchaînement nu des faits eux-mêmes, comme dans *Le Sanctuaire d'Astarté*, où l'assassin avait mis à profit le trouble engendré par un cadre mythique, «une atmosphère de déesses païennes» pour imputer le meurtre à quelque puissance maléfique. L'important est encore de mettre un peu d'humanité dans la résolution d'une énigme où les hommes verraient plutôt pur plaisir de calcul. Ainsi Miss Marple proclame-t-elle toujours que le plus important, pour elle, n'est pas de démasquer et de faire punir le coupable, mais d'éviter qu'un innocent soit injustement inculpé : «on ne doit pas perdre son temps avec le coupable, c'est l'innocent qui compte.» Enfin, peut-être plus encore qu'Hercule Poirot et ses vantardises sur les «petites cellules grises», Miss Marple démontre à chaque page que c'est par l'observation et le raisonnement logique que se résolvent les énigmes les plus compliquées. Au propre comme au figuré, elle est une «armchair detective», ce détective dans un fauteuil dont un personnage du *Crime de l'Orient-Express* donne la définition au petit Belge : «pour résoudre une énigme, il suffit de s'allonger dans un fauteuil et de réfléchir».

### De la place pour le rêve : Mr Quinn

De 1930 date aussi l'entrée en scène de Mr Quinn. Dans son *Autobiographie*, Agatha précisera que les nouvelles où elle met en scène ce mystérieux personnage sont ses préférées. «J'en écrivais une de temps en temps, dit-elle, à intervalles de trois ou quatre mois, parfois plus.» Mais elle se refuse à en faire des séries, et confie que Mr Quinn est pour elle «une sorte de transfert de (ses) anciens poèmes sur Arlequin et Colombine.» Nous traduirions volontiers : comme une échappée vers l'adolescence, l'univers presque mystique qui avait donné naissance à des contes à mi-chemin entre psychologie et fantastique.

Mr Quinn, comme son compagnon Mr Satterthwaite, n'en sont pas moins, dans la tradition des détectives d'Agatha, de parfaits observateurs de la nature humaine. Mais au lieu de calculer, comme Hercule Poirot, de fouiner et de comparer, comme Miss Marple, ils se laissent aller à une contemplation méditative des êtres qui les entourent. Est-ce – comme le suggère Agatha Christie – parce qu'ils sont doués d'une sensibilité féminine? En tout cas : «Vous poussez les persiennes et regardez dans la vie des gens, qu'ils le veuillent ou non» écrit Agatha dans *Le Mystérieux Mr Quinn*.

Les deux personnages jouent d'ailleurs leurs rôles de manière symétrique, comme un couple, au sens mécanique du terme. «La vie n'était pour Mr Satterthwaite qu'un spectacle sans cesse renouvelé. C'était seulement en présence de Mr Quinn que les rôles se renversaient. Celui-ci devenait un auditeur attentif et Mr Satterthwaite entrait en scène comme acteur.» Ainsi le second «s'intéresse d'une manière anormale aux comédies et aux tragédies que vivent ses semblables». Mais, lorsque Mr Quinn apparaît dans une histoire, c'est, pour son ami, comme un signe du destin : quelque chose se passe, ou va se passer, qui requiert observation et enquête. Ces deux «créatures» d'Agatha, peu typées physiquement à l'inverse des autres détectives de la romancière, sont presque des entités abstraites : comme des miroirs, comme des degrés du regard censés représenter les lectures rêveuses que fait l'écrivain du monde qui l'entoure. Ecoutons Agatha parler de Mr Quinn : «Il est doué du pouvoir presque surnaturel de vous éclairer sur ce que vous avez vous-même vu et entendu.» Et Mr Satterthwaite, tout à son admiration de déclarer : «J'ai toujours cette impression devant vous. Un presditigitateur, un magicien, c'est ainsi que je vous vois.»

Cette distance à l'égard de la réalité toute plate va faire que la solution des énigmes proposées à la sagacité des deux amis peut intervenir à de grandes distances, dans le temps et dans l'espace; les indices sont encore moins importants que dans les découvertes de Poirot et de Miss Marple, comme si nous assistions là à la solution de problèmes d'ordre immatériel : «Plus il y a de temps passé, plus les faits prennent leurs véritables proportions. On voit mieux les rapports qu'ils ont les uns avec les autres.» En témoigne ce dialogue entre Mr Quinn et Mr Satterthwaite :

«Vous êtes un homme étrange, vous ne croyez que dans le passé, pourquoi?

— Il n'y a pas assez d'atmosphère dans le présent.

— C'est peut-être vrai, le présent n'a pas de perspective, il est borné.»

Pourtant, dans cet ordre très intellectualisé, Mr Quinn est le seul vrai philosophe. Mr Satterthwaite, lui – l'homme de toutes les réunions mondaines, toujours là dans les dîners où il faut être vu, dans les villégiatures à la mode, au match d'Eton et sur le champ de courses d'Ascot – est bien, comme son ami, un observateur sagace et réfléchi, mais dans le cadre privilégié d'une Angleterre aristocratique :

«Mr Satterthwaite était un grand observateur de ce drame que l'on appelle la vie, mais il aimait que ses sujets d'observation fussent mondains!» Le lecteur se prend alors à penser au redoutable pouvoir de dédoublement de la romancière, s'auto-administrant au passage des piqûres d'épingle, par créatures interposées!

Peu après *Le Mystérieux Mr Quinn*, Agatha publiera, en 1931, un roman policier dans sa veine ordinaire, *Cinq heures vingt-cinq*, où le surnaturel tient cependant une certaine place; l'action se situe dans un paysage dénudé de la lande de Dartmoor, le cadre même où elle était venue terminer son premier livre et l'intrigue se noue, par une nuit d'hiver et de tempête, autour d'une séance de table tournante. Intrusion d'esprits frappeurs, atmosphère sinistre, tout est là : mais, cette fois, le spiritisme devient un objet observé à bonne distance ironique, fruit de mystification plus que de mysticisme. L'irrationalité de l'appel au royaume des morts, cependant, ne sera jamais complètement dénoncé dans le roman; le lecteur devra conclure lui-même sur la part de surnaturel, tandis que la charge d'angoisse délivrée par son évocation permettra à l'auteur de créer le climat de suspense recherché.

A la formule prêtée à Mme du Deffand : «Je ne crois pas aux fantômes, mais j'en ai peur», Agatha pourrait faire correspondre, chaque fois qu'elle fait appel à des phénomènes de ce genre : «Je ne crois pas aux fantômes, mais ils font peur.» Enfin, la romancière ne manquera pas de se moquer de l'usage que font certains de ses personnages du mysticisme et de la croyance aux phénomènes surnaturels. Ainsi caricature-t-elle dans *Le Miroir du mort*, avec le personnage de Lady Chevenix-Gore, les idées de réincarnation, de forces immatérielles, de karma, etc. Pour la rationaliste qu'est Agatha il faut toujours faire la différence entre le monde du rêve, de l'imagination, qui permettait à la petite fille qu'elle fut de s'évader du monde des adultes, à la romancière d'inventer toujours de nouveaux personnages et de leur prêter vie, et l'exigeante réalité qu'essaient de contourner criminels, escrocs et charlatans en tout genre.

Agatha est une rêveuse; une seule fois dans sa vie elle a tenté de céder aux conduites magiques pour transformer un monde devenu trop dur, et l'expérience de cette folie lui fut plus dure encore. La magie n'est bonne que pour les esprits faibles.

## Mary Westmacott

Le premier des romans signés de ce nom, *Giant's Bread* (titre français *Musique barbare*), est écrit à la fin de 1928, remis à son éditeur en janvier 1929 et publié en 1930. C'est un texte étrange : surencombré de réminiscences autobiographiques, il n'entre certainement pas dans la liste des chefs-d'œuvre de l'auteur. Mais comme il est intéressant pour apprécier la personnalité d'Agatha, et suivre, au fil du texte, quelques éléments de son histoire.

En très bref, le roman raconte l'histoire de Devon Deyres, inventeur génial de musique, qui n'aboutira à la création que dans le désastre de sa vie personnelle. Chaque fois que, dans son existence, il connaîtra vraiment l'amour et la paix, l'inspiration le quittera et chaque fois que le malheur fondra sur lui, il deviendra capable d'accéder au sommet de son art. Cette image de l'artiste maudit se fond pourtant dans une intrigue compliquée, où Agatha réussit à mettre un peu d'ordre en séparant l'ouvrage en cinq grandes parties, précédées d'un prologue.

Ce prologue ne détonne pas, d'ailleurs, à l'égard des autres ouvrages et l'auteur de romans policiers réussit en quelques paragraphes à ménager le suspense qui soutiendra le livre. Mais que de confidences au fil des pages! Ce sont les passages sur l'enfance, avec une attention très subtile à la manière dont les enfants comprennent les adultes, à la pénétration dont ils peuvent faire preuve, au sérieux de cet âge, même si les frontières entre imaginaire et réel sont imperceptibles.

Ce sont les réminiscences des maisons qui tiennent tant au cœur des personnages : «Abbots Puissants» en particulier, où l'on retrouvera sans doute le charme exercé sur Agatha par la maison des Watts, la famille par alliance de Madge. Ce sont les chapitres entiers consacrés, dans la partie intitulée «La guerre», au travail dans les hôpitaux pendant le premier conflit mondial.

Ces pages, à mi-chemin entre documentaires et souvenirs personnels, évoquent si bien les expériences des années 1914-1916 pour l'auteur, qu'elle se laisse aller à reprendre textuellement à propos du service d'une infirmière volontaire, un passage qui figure dans *La Mystérieuse affaire de Styles* : «"Vous ne travaillez pas le dimanche, j'espère? Ce n'est pas normal. Le dimanche devrait être un jour de repos". Nell leur faisait gentiment remarquer que les soldats avaient besoin d'être lavés et nourris le dimanche comme les autres jours.»

Ce sont enfin les réflexions sur la musique, les connaissances très précises acquises par Agatha au moment où elle pensa devenir concertiste. Pourtant, bien que le roman présente, comme ses autres ouvrages, une étude fouillée des personnages qui les fait vraiment exister dans leurs différences les uns par rapport aux autres, son prix paraît être ailleurs : dans une réflexion qui se développe tout au long, sur la vocation artistique, son caractère impérieux, la manière dont elle peut construire et détruire les êtres.

Peut-être le livre nous intéresse-t-il aussi par la mise en scène de la force et de la faiblesse des protagonistes du drame : chacun des êtres forts trouvant son complément et son bonheur auprès d'un être faible, son égal auprès d'un autre être fort qui ne peut que lui être affronté et le détruire. Réfléchissant peut-être à l'échec de sa vie amoureuse, Agatha paraît dire : on ne peut tout tenir à la fois, bonheur et réalisation personnelle, réussite et sécurité. Et les individus qui sont faits pour se comprendre le mieux ne peuvent véritablement s'aimer. Nous sommes loin, on le voit, des énigmes joliment troussées qui apportent pourtant à leur auteur, au même moment, un succès proche de la gloire.

### Le théâtre

C'est en 1929 qu'Agatha Christie travaille à sa première pièce de théâtre, *Café noir*. La romancière a noté dans son *Autobiographie* combien elle avait été insatisfaite des adaptations de ses ouvrages pour la scène ou pour l'écran. Elle emploie même à ce sujet des termes fort sévères, évoquant «la souffrance intolérable que l'on peut éprouver aux altérations qui sont pratiquées dans les adaptations scéniques ou cinématographiques». Sans doute le théâtre était-il un genre auquel elle n'avait jamais touché, mais elle l'avait toujours beaucoup apprécié en tant que spectatrice et sa découverte avait fait partie de ses grandes joies d'adolescence et de jeunesse. Quelques années avant elle, sa sœur Madge avait écrit une pièce, *Le Revendicateur*, compliquée comme les intrigues dont elle effrayait sa cadette autrefois, et dont le personnage central ressemblait étrangement à leur frère, Monty. Non contente d'en être l'auteur, Madge avait participé à la mise en scène, s'installant à Londres tout près d'Agatha et Archie pendant les répétitions. La pièce avait été donnée dans un théâtre du très chic West End, le théâtre Saint-Martin. Et la brillante et affectueuse Madge, dont les succès en tant que nouvelliste avaient si fort encouragé Agatha à écrire, avait été heureuse de constater que les rapports entre elles deux s'étaient inversés, et qu'elle suscitait d'autant plus fortement l'intérêt des critiques qu'elle s'annonçait comme étant «la sœur d'Agatha Christie».

Avec *Café noir*, Agatha avoue qu'elle a écrit une pièce d'espionnage très «conventionnelle» et «remplie de clichés», mais ajoute-t-elle «pas mauvaise du tout»... Histoire de gang international un peu à la manière des *Quatre*, elle note à son propos avec une belle désinvolture : «C'est un gang international "à la Moriarty" fourni à l'origine par les Allemands – les Huns de la première guerre – puis les communistes, auxquels succédèrent les fascistes. Nous avons eu les Russes et les Chinois, nous retournons aux gangs internationaux et maîtres ès crimes qui veulent la suprématie sur le monde entier.»

D'anciennes connaissances vont permettre que la pièce soit montée, puis représentée dans le West End, quelques mois après les premières adaptations de ses livres pour le cinéma. *Mr Brown* était devenu en Allemagne un film (muet!) réalisé par Fred Sauer sous le titre *Die Abenteuer G.M.B.H.*, et *The Passing of Mr Quinn* fut réalisé par Leslie Hiscott à partir d'une adaptation du *Mystérieux Mr Quinn* par Julius Hagen. La romancière tentait ainsi de surmonter l'insatisfaction que lui donnaient les transpositions pour l'écran. Choix des acteurs, transformations diverses de l'intrigue la choquèrent souvent. S'ajouterait à ces insatisfactions, au fil du temps, le peu de cas dans lequel elle tiendrait de plus en plus le monde des médias, la télévision en particulier, avec laquelle elle ne fit jamais bon ménage. Mais, en 1930, on n'en n'était pas encore là…

**Rapport de police**

**1930** : 11 septembre : Agatha Christie épouse Max Mallowan.
**1931** : Voyage en Egypte avec Max Mallowan — Automne : Voyage seule à Rhodes, puis rejoint Max sur son chantier à Ninive. Retour pour Noël en Angleterre par l'Orient-Express — *Cinq heures vingt-cinq*
**1932** : *La Maison du péril — Miss Marple au club du Mardi*
**1933** : chantier de fouilles avec Max Mallowan à Arpachiyah (près de Ninive) — *Le Couteau sur la nuque — Le Flambeau*
**1934** : *Portrait inachevé*, (pseudo. Mary Westmacott) — *Le Crime de l'Orient-Express — Le Mystère de Listerdale — Pourquoi pas Evans? — Mr Parker Pyne* — séjour à Beyrouth, puis chantier en Syrie.
**1935** : *Drame en trois actes — La Mort dans les nuages*
**1935-1936** : Deux saisons de fouilles à Chagar Bazar
**1936** : (31 mars) Première de *Love From a Stranger* au New Theatre de Londres — *ABC contre Poirot — Cartes sur table — Meurtre en Mésopotamie*
**1937** : écriture d'*Akhenaton* (pièce de théâtre) — *Mort sur le Nil — Le Miroir du mort*
**1938** : *Rendez-vous avec la mort — Le Noël d'Hercule Poirot*

**Résidences** : (en dehors des expéditions archéologiques) — Ashfield —Campden Hill,48, Sheffield Terrasse — Winterbrook, Wallingford.

## VII

# Crimes et archéologie

«Son regard était doux, sa voix traînante,
Son esprit était loin, loin dans le temps,
Ses poches encombrées de tessons de poterie,
Il parlait lentement avec des mots savants,
Des mots très longs qui m'étaient inconnus.
Ses yeux, tout brûlants d'ardeur,
Etaient fixés au sol.
Il a su me convaincre
Qu'il est des mystères que je devrais connaître
Et qu'avec lui il me faudrait partir
Pour explorer un tell.»

A. Christie, *Dis-moi comment tu vis.*

Le mariage d'Agatha Christie avec Max Mallowan fut un mariage heureux. Il permit aussi à la romancière de puiser abondamment dans une mine de documents à peu près nouvelle pour elle : la connaissance du Moyen-Orient. «A peu près nouvelle» seulement, car, nous l'avons vu, Agatha Christie avait toujours été passionnée par les voyages, et c'est en Egypte, l'année de ses dix-sept ans, qu'elle avait connu son premier grand dépaysement. Mais, avec Max, elle découvrit l'Orient des historiens et des savants au lieu de l'exotisme un peu mondain sur les terres du Commonwealth qui avait servi de cadre à ses pérégrinations de jeunesse. Elle serait d'ailleurs passionnée tout autant par la méthode des équipes auxquelles elle allait bientôt se joindre avec efficacité, que par les paysages et les ruines. Elle ne sera jamais une spécialiste – ce qu'elle reconnaîtra toujours avec une grande modestie – mais elle s'intéressera aux minutieuses reconstitutions du passé à travers les indices livrés par les fouilles, sans manquer d'établir la comparaison entre le travail archéologique et l'élaboration de l'enquête policière. Un regard rapide sur cet aspect de la vie d'Agatha nous amènera à distinguer nettement trois attitudes, comme trois périodes, dans ses contacts avec l'Antiquité. De touriste cultivée découvrant quelques sites en visiteuse en 1928, elle deviendra, en 1930, une presque archéologue, associée aux travaux de son mari dans l'équipe du professeur Wooley, puis, à partir de 1933, elle prendra une grande part à l'organisation des fouilles quand Max Mallowan conduira lui-même ses propres chantiers.

**Agatha touriste**

Le premier voyage d'Agatha au Moyen-Orient, nous l'avons dit, tint de l'improvisation complète; les voyages suivants correspondirent à un projet bien réfléchi, celui de faire du tourisme intelligent en participant, au moins en amateur, aux fouilles du couple Wooley. Elle était pourtant encore, comme elle l'écrit dans une dédicace à son amie Sybil Burnett rencontrée lors d'un voyage à Beyrouth, quelqu'un «qui adore vagabonder de par le monde». L'été 1928, alors que les Wooley désiraient revenir en Angleterre pendant la saison chaude, Agatha leur avait loué sa maison de Creswell Place. Bonnes manières pour bonnes manières, le couple avait proposé à la romancière de les retrouver sur le terrain de leur prochaine expédition. En février 1929, Agatha rejoignit donc l'équipe à Ur. Cette équipe s'était augmentée d'un jeune archéologue – «mince, brun, très tranquille», écrit-elle – Max Mallowan. Katharine Woolley, impériale et capricieuse dans son rôle de maîtresse de maison de l'expédition, tenait alors Max en grande estime. Elle le présenta à Agatha comme «l'assistant parfait».

Outre sa participation aux fouilles elles-mêmes, Max avait appris l'arabe et il accomplissait différentes tâches : soins infirmiers auprès des travailleurs indigènes, surveillance de l'emballage et des expéditions, tenue des livres de paye et calcul des salaires dans les différentes monnaies des deux cents à deux cent cinquante ouvriers... Parmi des occupations aussi diverses, Mallowan se voyait confier par Katharine le rôle d'accompagnateur et de guide, lorsque des visiteurs étaient accueillis à la mission (un jour, par exemple, le roi des Belges...). La femme de l'archéologue voulut qu'Agatha fût traitée comme une personnalité qui méritait ce genre de guide pour une visite des sites archéologiques de la région. Max Mallowan, qui devait alors rentrer en Angleterre pour une période de repos, reçut donc l'injonction de changer le parcours qu'il avait prévu, pour accompagner Agatha dans son périple. La romancière, gênée de retarder les congés du jeune homme, essaya bien de dissuader Katharine Wooley, mais celle-ci n'était pas femme à se laisser dissuader, et Max dut jouer les accompagnateurs.

Cette «excursion» les conduisit d'abord à la ziggourat de Nippur. Une ziggourat est une tour à étages de l'époque mésopotamienne, sorte de sanctuaire qui ne servait pas de tombeau comme les pyramides égyptiennes, mais de réceptacle pour la divinité qui était censée siéger dans la chapelle supérieure. La cité de Nippur avait été bâtie sur les deux rives d'un bras asséché de l'Euphrate, au nord du pays de Sumer, non loin de l'antique Babylone. Leonard

Woolley avait mis au jour dans cette région de nombreux vestiges, et ses travaux avaient permis de reconstituer l'histoire de la civilisation sumérienne (de 4000 à 400 avant J.-C.). Max Mallowan accompagna ensuite l'écrivain à Nejeid (ou Nejef) dont Agatha écrivit plus tard : «(c'était) une ville merveilleuse, une véritable nécropole avec les silhouettes sombres des femmes musulmanes voilées». Ils visitèrent aussi Kerbala, où la romancière vit de près, pour la première fois, une mosquée «avec un dôme doré et turquoise». C'est là qu'elle entendit, une nuit, un policier irakien – après un long moment de silence entre eux («ces silences si reposants qui sont une des formes de contact et qui s'accordent si harmonieusement avec vos sentiments» notera la peu bavarde Agatha) – déclamer en anglais *L'Ode à l'alouette* de Shelley :

*Salut à toi, brillant esprit.*
*Jamais tu ne seras un oiseau...*

Max entraîna ensuite sa cliente vers une cité arabe en plein désert, Ukhaidir. Leur voiture s'enlisa dans le sable, avant de regagner Bagdad et de retrouver une Katharine Wooley assez mécontente de leur retard de vingt-quatre heures.

Max se souviendrait avec émotion de ce voyage en commun, confiant à Agatha que, dès la première journée, il s'était dit que la romancière ferait «une excellente épouse». Quand il la vit affronter sans plaintes et sans manières les inconforts de la situation : voiture embourbée, bivouac sommaire, il la trouva même «merveilleuse»! Elle se souvint, pour sa part, de «l'expression amusée d'un professeur pour une élève dissipée» que manifesta Max quand, de retour à Bagdad, elle disposa, éblouie, sur son imperméable étalé sur son lit, les morceaux de poterie collectés lors du périple; occasion pour Agatha de se reconnaître le goût permanent pour les collections d'objets, même sans valeur : «J'avais toujours aimé les coquillages ou les fragments de rochers que l'on ramasse, quand on est enfant.

Une jolie plume d'oiseau, une feuille bigarrée, toutes ces choses me semblaient autant de trésors et je prenais plus de plaisirs à les regarder que des topazes, des émeraudes ou de coûteuses petites boîtes de Fabergé.» La fille de Frederick Miller retrouvait ainsi, avant la passion de l'archéologie, le virus de la collection. Les suites de cette «excursion» allaient être capitales pour Agatha et Max : ce dernier devait quitter la romancière et les Wooley à Athènes d'où il désirait partir vers le temple de Bassae. Agatha devait visiter Delphes avec ses hôtes. Or, à Athènes, une pile de télégrammes attendaient Agatha; ils annonçaient que Rosalind avait contracté une pneumonie et avait été ramenée par Madge, d'Ashfield où elle passait ses vacances, dans la propriété des Watt à Abney. Le dernier télégramme envoyé faisait état d'une amélioration, mais Agatha s'alarma. Dans la hâte des préparatifs pour avancer son départ pour l'Angleterre, elle se foula la cheville. Max, abandonnant son propre projet, lui proposa alors de l'accompagner à Londres. Dans les semaines qui suivirent, le jeune archéologue et l'écrivain se rencontrèrent à Creswell Place, puis à Ashfield. C'est là qu'un soir, selon l'*Autobiographie*, «j'entendis frapper à la porte de ma chambre. Max entra. Il tenait à la main un livre que je lui avais prêté.

— Je vous remercie pour ce livre, dit-il, je l'ai beaucoup aimé.

Il le posa près de moi, s'assit au pied du lit en me regardant pensivement. Puis il déclara qu'il voulait m'épouser.»

Agatha confie longuement, dans le même texte ce que fut sa stupéfaction, puis par quelle période de doute elle passa : Max avait quinze ans de moins qu'elle, il était catholique alors qu'elle était de religion anglicane. Madge et son mari lui répétèrent ces arguments. Mais il semble bien que Max et Agatha, malgré toutes ces différences (auxquelles s'ajoutaient celles de la naissance : Max était presque un «étranger» puisque né de père autrichien et de mère d'origine française, ses ressources étaient modestes comparées à celles d'Agatha devenue un auteur à gros tirages) étaient vraiment amoureux l'un de l'autre. La «demande en mariage» avait eu lieu en avril 1930, ils se marièrent le 11 septembre de la même année à l'église St Colomba, à Edimbourg. Leur voyage de noces – durant lequel ils écrivirent, tour à tour sur le même cahier, un journal à quatre mains – ressembla un peu, lui aussi, à une excursion archéologique. Venise d'abord, de manière très classique, puis les grands sites de la côte dalmate : Split, Dubrovnik, trajet vers la Grèce sur un cargo qui leur permettait de nombreuses escales dans les petits ports de la côte, le voyage devait se terminer par une visite des grands sites de la Grèce que la maladie de Rosalind, l'année précédente, avait interrompue.

Max, malgré l'état d'inconfort du pays, fit découvrir à Agatha Olympie, Bassae, Epidaure etc. mais un mauvais repas à Athènes rendit Agatha très malade. Max devait rejoindre Bagdad et le terrain de fouilles où, impérieuse, Katharine Wooley le réclamait. Agatha avait bien décidé qu'elle regagnerait seule l'Angleterre, mais son état physique était inquiétant. Elle insista pourtant pour que Max rejoignît son équipe, et se résolut à accomplir seule le voyage de retour (un voyage qui, à l'époque, ne pouvait s'effectuer que par le train, et en quatre jours!)

En 1935, dans *La Mort dans les nuages*, elle eut un mot d'ironie, non pour les archéologues en particulier mais pour les Anglais qui plaçaient leur travail au-dessus de tout : «Figurez-vous qu'en Syrie, dans un petit hôtel, j'ai rencontré un Anglais dont la femme venait de tomber malade. Il devait se rendre en Irak à une date précise. Eh bien, le croirez-vous? Il a abandonné sa femme pour assumer ses fonctions en temps voulu.» Mais Agatha prend bien garde d'ajouter, dans le roman lui-même : «Le pire, c'est qu'ils ont trouvé cela normal, l'un comme l'autre. Pour eux, c'était faire preuve de noblesse, d'altruisme.» Et l'accord d'Agatha avec Max était si profond que la romancière écrivit à son jeune mari, dès son retour en Angleterre : «Sais-tu, Max chéri, que c'est la première fois depuis des années que je reviens en Angleterre sans un sentiment de profonde détresse?» La seule ombre au tableau, cette année-là, fut la perte du bébé qu'elle attendait; cette fausse couche, chez une femme de quarante ans, lui interdisait d'espérer une autre naissance. Le choc fut douloureux. Mais la pudique Agatha n'en dit mot dans son autobiographie; elle n'en parla qu'à son très proche entourage et à de jeunes femmes d'archéologues à qui elle conseillait d'éviter, dans de telles circonstances, de partager les conditions climatiques et l'inconfort des saisons de fouilles.

Au printemps 1931, la romancière rejoignit Max pour les derniers jours de l'expédition. Et ils transformèrent tous deux leur voyage de retour en périple de découverte : visite de la Perse, où Agatha s'enthousiasma pour Chiraz et Téhéran, passage par l'Union soviétique où elle découvrit avec délice la consommation du caviar presque aussi immodérée, dans l'ancienne Russie, que celle de la crème dans son cher Devon.

A l'automne 1931, Agatha partit retrouver Max, qui travaillait alors sur un terrain de fouilles à Ninive avec Campbell Thompson. L'amateur de voyages qu'elle restait, malgré la répétition des déplacements, s'arrêta un moment à Rhodes où elle mit sur pied, nous dit-elle, l'intrigue du *Couteau sur la nuque*. Elle profita bien sûr de ce séjour de retrouvailles pour découvrir les ruines de l'ancienne capitale de l'Assyrie, du palais et de la bibliothèque d'Assurbanipal, dont les milliers de tablettes cunéiformes avaient été transférées au British Museum. Un autre voyage, en Egypte cette fois, toujours en compagnie de Max, permit à Agatha de découvrir, en 1931, la tombe de Tout Ankh Amon et de rencontrer son découvreur, le célèbre égyptologue Howard Carter : beaucoup plus que dans son premier voyage de jeunesse au pays des Pyramides, elle devait s'intéresser là, en apprentie archéologue, à une civilisation qui inspirerait en particulier son seul roman situé hors de l'époque contemporaine, dans l'Egypte ancienne : *La mort n'est pas une fin.*

**Agatha, co-équipière**

Les séjours de fouilles en 1931 furent les derniers sur le chantier des Wooley. A partir de 1933, Max Mallowan prendra son autonomie à l'égard de son ancienne équipe et ouvrira son propre chantier. Ce travail le conduira en Irak dans la vallée du Balikhe. Puis, devant l'hostilité aux étrangers du mouvement nationaliste irakien, Max cherchera de nouveaux terrains d'étude en Syrie, à Chagar Bazar d'abord, au tell Brak ensuite, dans la vallée du Balokh enfin. Après l'interruption de la guerre de 39-45, quand il sera nommé en 1947 à la chaire d'archéologie sur l'Asie Mineure à l'Université de Londres, il ira passer cinq mois à Bagdad, et ce seront ensuite les voyages répétés sur le site de Nimrud, où Agatha accompagnera son mari jusqu'en 1960, alors qu'elle atteint soixante-dix ans!

Toute cette saison dans la vie d'Agatha se déroule suivant le même rythme : départ au printemps pour le chantier de fouilles, retour en Angleterre durant les mois les plus chauds de l'été, et résidence alors dans la maison de campagne, à Ashfield jusqu'en 1938, à Winterbrook et à Greenway House ensuite, retour sur les fouilles pour l'automne et une partie de l'hiver, avec le respect de la tradition du Christmas, passé dans la propriété de Madge, à Abney, ou dans l'une des maisons anglaises.

Le centre d'intérêt des Wooley d'abord, de Max plus tard, est l'étude des civilisations qui se succédèrent en Mésopotamie deux mille ans avant notre ère. Elle l'explique plaisamment dans *Dis-moi comment tu vis* :

l'Antiquité gréco-romaine est beaucoup trop proche pour ces équipes de chercheurs : «A notre point de vue, les Romains sont terriblement modernes – les enfants du siècle dernier. Notre intérêt s'éveille au second millénaire avant Jésus-Christ, avec les différentes fortunes des Hittites.» Civilisations mal connues alors, si on les compare à celles de l'Egypte, de la Grèce ou de Rome. L'écrivain aura beaucoup de mal à exposer à ses interlocuteurs la situation géographique des terrains de fouilles. Quand elle parle de la Syrie, aux confins de la Turquie et de l'Irak, elle ne peut citer qu'Alep comme ville moderne «proche», et celle-ci se situe à trois cents kilomètres des «tells» explorés!

De l'attitude de touriste invitée, dans la première période avec les Wooley, Agatha est passée à une participation très active à l'organisation et à la vie quotidienne des chantiers. Et, comme elle a pris soin de conter quelques épisodes de cette vie dans son livre *Dis-moi comment tu vis*, il nous est aisé de reconstituer ce que fut la moitié de son existence pendant près de trente ans. Il nous sera facile aussi d'apprécier l'apport de ses observations sur le Moyen-Orient à travers ses romans policiers qui le prendront pour cadre : *Meurtre en Mésopotamie, Mort sur le Nil, Rendez-vous à Bagdad, Rendez-vous avec la mort, La mort n'est pas une fin*, et une pièce de théâtre : *Akhénaton. Dis-moi comment tu vis* n'est sans doute pas un grand livre de littérature; mais, dans sa simplicité, il nous fait entrer de plain pied dans la vie quotidienne des équipes d'archéologues. Le livre permet aussi à Agatha de livrer, elle toujours si avare sur les confidences, quelques aspects de son caractère. Ainsi de ses réflexions sur sa timidité presque maladive, quand elle se retrouve en face d'un jeune architecte peu loquace, qu'elle désigne sous l'abréviation de Mac, en réalité Robin Macartney : «La certitude gênante me gagne que notre jeune architecte va s'avérer de ces gens qui réussissent de temps à autre à me rendre parfaitement stupide à force de timidité. L'époque est loin, grâce à Dieu, où tout le monde m'intimidait. J'ai acquis, l'âge aidant, une dose convenable d'assurance et de savoir-faire. Je me félicite parfois que cette époque soit finie et bien finie! "Je m'en suis sortie", me dis-je, tout heureuse. Et voilà qu'au même instant un individu, surgi d'on ne sait où, me réduit une fois de plus à une totale imbécillité.»

Malgré ses difficultés à se lier, Agatha participe à la vie des chercheurs et à leur travail. Comme eux, écrit-elle joliment, elle finit par «oublier de regarder l'horizon ou le paysage. Je marche en regardant mes pieds comme si c'était l'unique objet digne d'intérêt». «Les archéologues ne s'intéressent qu'à ce qui se trouve sous leurs pieds, confiera Mrs Leidner, dans *Meurtre en Mésopotamie*. Le ciel et la voûte céleste n'existent pas pour eux.» Souvent, dans ses livres, elle se moquera gentiment de ces hommes qui ne vivent plus que pour le passé. Dans *La Mort dans les nuages*, elle fait dire à Poirot : «Vous n'avez sans doute pas l'habitude des archéologues? Si ces deux-là étaient engagés dans une discussion sur un point délicat, eh bien, mon bon ami, ils étaient sourds et aveugles au monde extérieur. Ils vivaient, comprenez-vous, cinq mille ans avant Jésus-Christ.»

Quant à elle, comme Max lui a reconnu des talents de photographe, elle se voit rapidement chargée d'immortaliser les étapes et les résultats des découvertes. Elle prend les photos, et s'occupe aussi de les développer dans un laboratoire de fortune. Elle ne répugne pas aux tâches les plus matérielles, qui demandent soin et doigté : ainsi se voit-elle confier le nettoyage délicat de certaines pièces d'ivoire, pour lesquelles elle emploie des méthodes efficaces et inédites : «J'avais mes outils favoris, comme tout authentique professionnel : un quartier d'orange, parfois une aiguille à tricoter très fine. Durant une saison, j'utilisai l'instrument d'un dentiste (...) et un pot de cosmétique pour le visage que je trouvais beaucoup plus efficace que tout autre chose pour détacher doucement la saleté des anfractuosités, sans abîmer l'ivoire friable.(...) Ma crème de beauté eut un tel succès qu'en quelques semaines il ne m'en resta plus pour m'appliquer sur le visage.» Elle parlera elle-même longuement de l'aspect «humain» passionnant de l'archéologie. Sans doute répète-t-elle avec modestie qu'elle manque sérieusement de bases pour devenir un véritable chercheur («Je n'aurai jamais une attitude professionnelle et je ne me souviendrai jamais des dates exactes des rois assyriens»), mais elle apporte à cette discipline la même curiosité, la même spontanéité dans l'étonnement et – faut-il le dire? – la même intelligence que celle qui lui permet de décrire avec réalisme et finesse les particularités de ses personnages, de nouer et dénouer les intrigues les plus complexes. «Je prends un intérêt considérable dans l'aspect humain de ce que révèle l'archéologie. J'aime trouver un petit chien enterré sous le seuil d'une maison où il est écrit : "Ne t'arrête pas pour réfléchir, mords-le!" Quelle noble devise pour un chien de garde! On peut imaginer celui qui l'a gravée dans l'argile et entendre son rire.»

Agatha, d'ailleurs, n'était pas seulement la préposée au nettoyage des ivoires et la photographe qu'elle se plaît à évoquer. Elle joue un rôle social important pour l'équipe de Max Mallowan. L'ouvrage est plein d'anecdotes concernant le recrutement des ouvriers sur les terrains de fouilles, les difficultés dans l'acheminement du courrier, les traversées improbables de gué où s'embourbent les camions rudimentaires, la recherche d'hôtels à la limite du confort et de l'hygiène, le montage de tentes qui s'affaissent sous l'orage... Les considérations savantes sur la recherche du tell le plus riche en sédiments de l'époque étudiée se mêlent ainsi sans cesse aux péripéties de la vie quotidienne, ces dernières – modestie et humour obligent – ressemblant à s'y méprendre aux épisodes burlesques d'un camp de vacances pour adolescents prolongés. Tout au long du livre domine la volonté de rendre compréhensibles des comportements qui pourraient sembler étranges au commun des mortels : la passion pour les siècles les plus éloignés, la patience à supporter des conditions de vie difficiles au nom du plaisir de la découverte, l'acharnement à trouver de la beauté là où le regard habituel ne lit que des mœurs barbares. Agatha avait sans doute constaté maintes fois l'étonnement que suscitait l'archéologie. Lorsqu'elle rédige l'introduction à *Meurtre en Mésopotamie*, introduction qu'elle nomme joliment «frontispice», elle fait écrire à une jeune infirmière en voyage à Bagdad : «Je suis ravie d'avoir vu du pays – mais, pour moi, l'Angleterre, il n'y a que ça de vrai. La crasse et la pagaille de Bagdad, c'est inimaginable (...) la ville elle-même est affreuse, et on n'y trouve pas une boutique digne de ce nom.» Voilà pour la ville. Quant à l'archéologue avec lequel elle va être mise en rapport, quelques mots suffisent pour le caractériser : «Son Pr Leidner est archéologue et dirige des fouilles sur un tumulus, quelque part dans le désert, pour le compte de Dieu sait quel musée américain.»

Après avoir tenté de convaincre les non-initiés, *Dis-moi comment tu vis* livrera quelques remarques enthousiastes sur les paysages découverts. Sur l'ancienne cité de Palmyre par exemple : «cette beauté délicate et crémeuse, surgie comme par magie au milieu des sables brûlants. Une vision ravissante, merveilleuse, incroyable, parée de toute l'irréalité spectaculaire du rêve. Des cours, des temples en ruine... Je n'ai jamais réussi à savoir ce que je pensais de Palmyre. Elle a toujours gardé pour moi l'aspect fiévreux de cette première vision. Ma tête et mes yeux douloureux ne font qu'accentuer cette impression de mirage né de la fièvre! Elle n'est pas, elle ne saurait être – réelle.» Ailleurs elle s'émerveillera de voir fleurir le désert, dans l'éclosion printanière de ce que chacun appelle là-bas «la steppe fertile» : «Il fait plus chaud. Toutes sortes de fleurs nouvelles apparaissent. N'étant pas botaniste, j'ignore leur nom et, franchement, je m'en moque (quel plaisir vous procure le fait de connaître le nom des choses?). Il y en a des bleues et des mauves, semblables à de minuscules lupins et de petites tulipes sauvages; des jaunes d'or qui ressemblent à nos soucis et de délicats épis couleur puce. Tous les tertres offrent une véritable débauche de couleurs.»

Le livre exposera aussi, à plusieurs reprises, l'étonnante alternance de lassitude et de joie à l'égard du dépaysement forcé. Avec Max, elle a apprivoisé le terrain de fouilles, les équipes recrutées pour la saison, les assistants et spécialistes qui les entourent. A Chagar Bazar, les Mallowan ont construit un bâtiment : au centre «un immense dôme blanc» qui donne espace et fraîcheur et quatre chambres, dont deux transformées en ateliers. Ce bâtiment n'est pas seulement l'abri de l'équipe, mais son lieu de travail et, pour Agatha surtout, une de ces demeures – si nombreuses – où elle laisse une partie de son cœur : «l'an prochain nous reviendrons... à la maison – car cette construction voûtée au cœur du désert est déjà ma maison. (...) Il fera bon revoir l'Angleterre, les amis, l'herbe verte et les grands arbres. Cependant je suis tout aussi contente de revenir ici l'année prochaine.» Et pourtant, «je commence à rêver au Devon, aux rochers rouges, à la mer bleue... C'est merveilleux de rentrer chez soi : ma fille, le chien, les jattes de crème du Devonshire, les pommes, les baignades...»

De façon étonnante, tout encombré qu'il soit d'anecdotes drolatiques sur l'organisation des expéditions, les comportements étranges des indigènes, leur culture et leurs mœurs, l'ouvrage reste obstinément silencieux sur l'activité littéraire d'Agatha durant ces séjours au Moyen-Orient. A peine écrit-elle, à propos d'un intarissable bavard, qu'elle doit le renvoyer de la pièce où elle cherche, dans le silence, à nouer les fils d'une intrigue compliquée.

Pourtant Agatha n'interrompait guère, durant ses séjours sur les terrains de fouilles, son travail d'écriture. C'est sur le lieu même de l'expédition qu'elle commença à écrire le roman sans doute le plus inspiré par sa découverte de l'archéologie : *Meurtre en Mésopotamie*. Janet Morgan, qui a pu consulter les notes préparatoires au manuscrit, témoigne que le projet de l'ouvrage fut esquissé en 1935, sur une idée de l'architecte des Wooley, Algy Whitburn, qui aurait suggéré à l'écrivain d'introduire dans l'un de ses livres le personnage tellement étonnant de Katharine Wooley. Le roman est d'ailleurs dédié «à mes nombreux amis archéologues d'Irak et de Syrie». Et tout est là de l'expérience d'Agatha en matière d'archéologie, à travers de multiples petites notations sans doute largement aussi parlantes que les confidences appuyées de *Dis-moi comment tu vis*. La jeune infirmière, qui joue le rôle de la récitante, dit combien un sentiment contradictoire fait de répulsion et d'amour l'attache à ce pays : «Je n'ai jamais remis les pieds en Orient. C'est drôle... parfois je voudrais y retourner. Je pense au grincement de la roue à eau, aux femmes au lavoir, au regard hautain que les chameaux posent sur vous... et j'ai comme le mal du pays. Après tout, la crasse, ce n'est peut-être pas aussi malsain qu'on veut bien nous le faire croire!»

Au moment où Hercule Poirot, pour impressionner les membres de la mission parmi lesquels il devra révéler le suspect, commence son discours par une formule rituelle en arabe, la même miss Leatheran, comme troublée par une incantation, découvre ce que l'Orient recèle pour elle de rêve et de magie : «Une drôle de vision prit forme peu à peu devant mes yeux. Je me mis à rêver de mots comme Samarkande et Ispahan, de marchands à longue barbe, de chameaux agenouillés, de porteurs titubant sous le poids des lourds ballots retenus par une corde passée autour de leur front... de femmes aux cheveux teints au henné et aux visages tatoués, agenouillées au bord du Tigre pour laver le linge, et j'entendis s'élever leur bizarre mélopée… et le grincement régulier de la noria…» Un peu plus tard, ce sera Hercule Poirot lui-même qui s'éblouira d'un lever de soleil, et l'infirmière notera : «Le fleuve serpentait à notre gauche, et le Tell détachait sa silhouette brodée d'or. Au sud, on voyait les arbres en fleurs et les cultures paisibles (…) Et au nord, par-dessus les toits d'une blancheur féerique, se dressaient les frêles minarets d'Hassanieh.»

Ainsi passent en quelques lignes, sous la plume d'un «rapport» qui ne doit pas s'attarder à décrire des sentiments (et d'ailleurs l'auteur de ce rapport a pris bien soin d'indiquer – n'est-ce pas Agatha? – qu'elle n'a rien d'un écrivain) toute la tendresse retenue de la romancière pour ce pays qu'elle a appris à connaître par le menu de ses bruits quotidiens, et qui continue de la combler, malgré son inconfort, parce qu'il satisfait en elle la part du rêve.

Agatha écrira, dans son *Autobiographie* une page d'une grande beauté sur les paysages qu'elle a aimés, et ce sera encore à propos du Moyen-Orient. «Quand je me penche sur ma vie, il semble que ce qui reste le plus clair dans ma mémoire, ce sont les endroits où je suis allée. Un soudain plaisir m'envahit au souvenir d'un arbre, d'une maison blanche nichée au bord d'un canal, de la forme d'une colline (…)» A voir combien la romancière s'efforçait de ne point trop encombrer ses romans policiers par la description de ces paysages qu'elle aimait tant, on ne peut qu'admirer la maîtrise à séparer les intrigues efficaces et les affleurements de la sensibilité.

Au-delà de cette impression d'ensemble, c'est tout l'univers d'un camp de fouilles qui est décrit dans le moindre détail. Le plan même des lieux, comme il se doit dans un bon roman policier, est dessiné au début de l'ouvrage. Une fois de plus, il s'agira d'un univers clos, et Hercule Poirot pourra donc diagnostiquer d'emblée que le crime a été commis par l'un des membres de l'expédition! Agatha, ici encore, a été fascinée par le phénomène d'«île» que constitue une équipe archéologique en pays étranger. «Une mission de ce genre, c'est un condensé de notre civilisation (...). Ça comporte ses clans, ses jalousies et ses rivalités.» Et cette équipe se meut dans un champ clos à tous les sens du terme : le camp est constitué en forme de quadrilatère, où l'auteur a pris soin de définir des espaces tous ouverts sur une cour intérieure, tous barricadés contre la campagne extérieure par des fenêtres à barreaux. Le détail même des pièces constitue à lui seul un documentaire : en plus des chambres, cuisine et salle à manger, on trouve en effet un laboratoire, un atelier de photographie accolé à une chambre noire, une «salle des antiquités» et une salle de dessin. A peu près exactement ce qu'Agatha décrit de «sa maison» à Chagar Bazar.

On y voit aussi s'agiter, autour des archéologues eux-mêmes, tout le petit peuple des serviteurs et des aides recrutés chez les gens du pays. L'infirmière, toujours dans son rôle de Candide, est d'abord prise de fou-rire à la vue des ouvriers transportant les paniers de matériaux recueillis dans le tell : «Nulle part ailleurs vous n'auriez vu pareille troupe d'épouvantails avec leurs longues robes déguenillées et leurs têtes emmaillotées comme s'ils avaient une rage de dents.» Puis elle les écoute chanter leur mélopée bizarre, elle aperçoit leurs yeux «suppurants et collés». Elle croque «les porteurs de paniers montant et descendant sans répit, tels un envol de chauve-souris aveugles, sans jamais céder le passage». Et, quand elle commence à les prendre en pitié, c'est pour entendre le Pr Leidner, qui dirige les fouilles, lui déclarer : «Ils ont fière allure, n'est-ce pas?»

Elle comprend alors qu'il faut observer les autres civilisations (anciennes et nouvelles) d'un œil neuf : «Quand c'était lui qui expliquait, c'était tout différent. Je pouvais pour ainsi dire tout voir – comment étaient leurs rues, leurs maisons – et il me montra des fours où ils cuisaient le pain, en me disant que les Arabes utilisaient quasiment les mêmes aujourd'hui.» Elle regarde travailler les archéologues qui nettoient les poteries : «la guangue de boue séchée qui aurait résisté à tous les lavages disparaissait dans le bouillonnement de l'acide» (...) «Un vase vira vers une ravissante couleur prune, tandis qu'un autre laissait apparaître un motif de cornes de taureau.» Elle avoue ne pas bien saisir par quel mystère les hommes armés de pioche reconnaissent si bien, dès le premier coup, la présence d'un ancien mur de pisé dans les strates de terre accumulées, et note le mot qu'ils emploient pour annoncer leur découverte : «Libn» (pisé). Elle se prend à aimer les deux chants dominants l'ambiance de la mission, et qu'elle évoque sans cesse, à la limite de la répétition : la mélopée des ouvriers au travail, le grincement de la noria, la roue qui remonte l'eau des puits. Dans le patio autour duquel s'ordonne le camp archéologique, elle note la présence de petits Arabes qui s'affairent à des nettoyages, et, devant le porche, de travailleurs plus âgés qui discutent interminablement, en observant les mouvements de qui entre et qui sort, comme sur les places ombreuses de tous les pays de Méditerranée.

Le personnage de Mrs Leidner, la femme du chef de mission, qui devait représenter Katharine Wooley, passe un peu au second plan derrière l'intérêt de cette étude de mœurs. Sans doute Agatha en a-t-elle souligné les caractères contradictoires : belle aux yeux de tous, elle est encensée par les uns, abhorrée des autres. Mais son égoïsme, ses sautes d'humeur, ses exigences, sa manière impérieuse de régner sur la petite cour sont comme les attributs normaux de la reine, dans l'institution bien fermée où son époux joue le rôle du chef suprême. Elle est détestée, parce qu'elle se joint à une équipe où, par métier, elle n'a rien à faire. Elle est jalousée, car elle détourne son mari de la mission éminente pour laquelle il est là. Elle incarne l'organisme étranger inassimilable. Elle est une femme d'archéologue qui a refusé de se plier aux buts communs d'une mission archéologique!

*Mort sur le Nil* n'évoquera pas le Proche-Orient des archéologues, mais celui des touristes. Le Dr Bessner arpente les sites célèbres, son Baedeker à la main, lisant ostensiblement pendant qu'un malheureux guide débite des phrases convenues. La romancière insiste sur les impressions banales des Occidentaux aisés au contact des foules miséreuses. Hercule Poirot, sortant d'un hôtel, est environné de ce qu'il nomme «une nuée de mouches humaines» et il décrit : «Cinq marchands de colliers, deux vendeurs de cartes postales, trois vendeurs de scarabées en plâtre, deux jeunes âniers et un détachement de marmaille famélique et glapissante…» Une Anglaise en excursion se voit entourée, elle aussi «d'une affreuse marmaille» mains tendues réclamant des «backchich», et elle dit bien l'angoisse du touriste ordinaire devant ces attroupements enfantins : «Cela fait plus de deux heures qu'ils m'observent et le cercle se resserre de plus en plus. De temps à autre je crie "Imchi", je brandis mon ombrelle, et ils se dispersent un instant. Et puis ils reviennent, et ils me regardent, et ils m'épient… et ils ont les yeux crottés, comme le nez, et au fond, je crois que je n'aime pas vraiment les enfants… à moins qu'ils soient plus ou moins lavés et qu'ils aient des rudiments de bonne manière.»

**Ecrivain à succès**

Agatha se pliait sans doute aux nécessités de la vie presque communautaire durant les expéditions. Elle n'en gardait pas moins son quant-à-soi, et se ménageait le temps nécessaire pour écrire. Ainsi rédigea-t-elle en grande partie durant une étape à Rhodes puis sur le site de Ninive *Le Couteau sur la nuque*, après avoir déclenché un incident diplomatique avec le chef de mission Reginald

Campbell Thompson pour l'achat d'une table à écrire (estimée bien trop chère par ce dernier!) dans un bazar de Mossoul. Cet ouvrage-là, pourtant, comme la plupart de ceux qu'elle écrivit dans les mêmes conditions, n'avait aucun rapport avec l'activité bourdonnante des équipes archéologiques. La scène qui l'ouvre se situe au *Savoy*, son action se déroule dans les milieux aristocratiques chers à la romancière, et son personnage principal lui est inspiré par une comédienne de one-woman show, Ruth Draper, dont Agatha avait vu une représentation à Londres dans laquelle l'actrice jouait de multiples personnages, incarnant tour à tour des rôles très divers.

Etonnant contraste entre le cadre des fouilles où fut écrit le livre et l'allure mondaine, teintée d'ironie, de la plupart des pages. Ainsi cette précision concernant la mode des chapeaux en 1931 : «Je dois insérer ici quelques mots d'explication car j'ignore à quelle époque on lira ces lignes. De mon temps, j'ai vu se succéder de nombreuses modes en matière de chapeaux féminins : la cloche qui masquait si complètement le visage qu'on désespérait de reconnaître ses amies; le chapeau incliné vers l'avant, le bibi délicatement posé sur la nuque, le béret et bien d'autres. En ce mois de juin-là, le chapeau ressemblait à une assiette à soupe renversée, que l'on portait attaché (comme par succion) sur une oreille, laissant l'autre partie du visage et des cheveux libres à l'examen.»

Agatha, pour le moins, savait se dépayser! Qu'on lise aussi, pour se persuader qu'Agatha ne perdait rien de son talent à décrire les mondanités londoniennes, la première phrase de la nouvelle intitulée *L'Invraisemblable vol*, dans le recueil *Le Miroir du mort* : «Comme le maître d'hôtel passait le soufflé, lord Mayfield se pencha en confidence vers sa voisine de droite, lady Julia Carrington.»… Dans le même texte, elle se risque à glisser quelques remarques sur la politique : «Tout homme d'Etat doit assumer de nos jours une tâche difficile. Il lui faut mener la politique qui lui paraît la meilleure pour son pays, mais il doit en même temps tenir compte de la force du sentiment populaire. Le sentiment populaire est le plus souvent irrationnel, confus et éminemment discutable. Ce qui n'est pas une raison pour ne pas le prendre en considération.» Et cette formule de Poirot : «Si vous ne saviez pas concilier le salut de votre âme avec l'intérêt immédiat, vous ne seriez pas un homme d'Etat.» D'ailleurs, pendant qu'elle voyage ainsi la moitié de l'année, les ouvrages de la romancière connaissent un succès redoublé. *Drame en trois actes*, paru en 1935, atteint dès sa première année de publication les dix mille exemplaires. *La Mystérieuse affaire de Styles*, son premier roman, quinze ans auparavant, ne s'était vendu qu'à deux mille exemplaires.

Le Moyen-Orient sera le cadre de plusieurs romans et nouvelles, comme celles de la deuxième partie de *Mr Parker Pyne*. L'écrivain ne dédaigne pas, au passage, le détail érudit : «Mr Parker Pyne scruta le sol dans l'espoir d'apercevoir le rocher de Behistun, site pittoresque où Darius expose en trois langues : babylonien, médique et persan, l'étendue de son empire et de ses conquêtes.» Dans *La Perle de prix*, elle décrit «un sceau cylindrique en hématite brune, sur lequel est gravée une scène de présentation : un dieu conduisant un suppliant devant un dieu plus puissant. Le suppliant apporte un chevreau en offrande tandis qu'un valet écarte les mouches du trône de l'auguste dieu en agitant une palme.» Agatha prend la peine de dater l'inscription de quatre mille ans puisque l'homme «est un serviteur d'Hammurabi», puis d'indiquer les gestes du métier : «Il sortit un pain de pâte à modeler de sa poche et en étala une partie sur la table, puis il passa un peu de vaseline dessus et y fit rouler le sceau en appuyant légèrement. Ensuite, avec un canif, il détacha le carré de pâte à modeler et le souleva doucement.» Plus loin, elle insiste sur la préoccupation constante des chercheurs en quête de financement pour leurs expéditions : «Savez-vous à quel point il est difficile, aujourd'hui, de réunir des fonds pour entreprendre des fouilles?» déclare un archéologue, qui pense pouvoir justifier ainsi quelques pratiques délictueuses. Dans *L'Oracle de Delphes*, Agatha nous livre les réflexions d'une riche touriste entraînée en Grèce par son fils amateur d'antiquités : «Ses lieux d'élection? Ils s'appelaient Paris, Londres, et la Riviera. C'était une femme qui aimait la vie d'hôtel, mais son idée d'une chambre d'hôtel comportait des tapis de laine mœlleuse, une literie luxueuse» etc. «A l'hôtel de Delphes, il n'y avait rien de tout cela. La vue était magnifique, le lit était propre, de même que la chambre, blanchie à la chaux. Et il y avait une chaise, un lavabo et une commode. Les bains devaient se négocier et se révélaient, à l'occasion, décevants en ce qui concernait l'eau chaude.»

Mais si les paysages découverts sont, pour Agatha, d'excellentes occasions de situer de nouvelles intrigues, ils transforment peu les intrigues elles-mêmes. Dans ce recueil de nouvelles, en particulier, l'intérêt vient d'abord de cet étrange petit homme rond qu'est Mr Parker Pyne. Rassurant les clients par la double vertu de son âge et de son embonpoint («assez enveloppé – pour ne pas dire corpulent – il possédait un profil de médaille sous un crâne dégarni, et cachait derrière d'épaisses lunettes de petits yeux pétillants»), il les a d'abord attirés par une «petite annonce» dans le *Times* assez inattendue : «Heureux(se)? Sinon, venez consulter Mr Parker Pyne». Comme Poirot, Parker Pyne se dit «spécialiste des problèmes humains». Comme lui, il pense pouvoir étudier avec rigueur les divers conflits entre les hommes et, passionné de statistiques, il reconnaît toujours des relations identiques là où les malheureuses victimes n'aperçoivent que drame exceptionnel. Ainsi a-t-il classé les causes du «manque de bonheur» en cinq catégories, avec, pour chacune d'entre elles, le remède approprié. Ce qui permet à l'allègre Agatha de mettre en scène, avec toute la distance et l'ironie voulues, des situations qui, il y a peu, l'avaient conduite près de la dépression, en particulier tous les cas de figure de l'infidélité conjugale. L'affable Mr Parker Pyne ne cherche d'ailleurs pas le raffinement en matière sentimentale, et le lecteur a droit à sa dose de clichés mysogines : «Il y a un axiome fondamental dans la vie conjugale : il *faut* mentir aux femmes. Elles aiment ça!»

C'est l'époque aussi, la maturité venue, où Agatha paraît pouvoir exposer quelques-unes de ses idées sur le genre qu'elle cultive. *Cartes sur table* – où intervient à côté de Poirot l'auteur de romans policiers Ariane Oliver dans laquelle on a vu un autoportrait de l'écrivain – comporte ainsi une préface d'Agatha Christie. Une préface modeste, certes, baptisée simplement «avant-propos», où elle s'excuse presque de ne mettre en scène que quatre personnages et où elle annonce que la solution de l'énigme sera «purement psychologique», «car la mentalité du meurtrier importe avant tout».

Le choix du personnage d'Ariane Oliver lui permet d'ailleurs de développer quelques vues pénétrantes et de lancer quelques pointes ironiques. Quand le chef de police Battle lui fait remarquer : «La vie réelle diffère un peu des romans», elle répond : «Je le sais. C'est mal construit.» Et elle s'insurge quand on lui suggère que le crime commis lui fournira de la bonne copie : «De la copie, de la copie! Que les gens sont donc bêtes! Quand bon me semble, dans mon imagination, je peux forger un meurtre cent fois plus passionnant. Je ne suis jamais à court d'intrigues.»

Ariane-Agatha tient aussi à démystifier le travail de composition et d'écriture; quand Rhoda déclare : «cela doit être très intéressant de composer un roman d'un bout à l'autre» Ariane réplique : «Ce n'est pas aussi facile que vous le croyez. Il faut d'abord réfléchir, inventer une intrigue. De temps à autre, on s'embrouille et on ne sait comment en sortir, mais on finit toujours par s'en tirer.

C'est une tâche ardue, comme tout autre travail.» Et comme son interlocutrice s'offusque : «Je n'appellerais pas cela du travail» elle livre ce qui fut l'un des thèmes préférés d'Agatha : «Parce que vous n'êtes pas obligée de le faire! Pour moi, c'est autre chose. Certains jours, je n'ai d'autre stimulant que l'espoir de vendre mon roman en feuilleton. Surtout quand mon compte en banque touche le fond.» Et malgré la déception de Rhoda, Ariane insiste : «il s'agit de coucher (les situations imaginées) sur le papier. Il me semble toujours être arrivée au bout, mais quand je compte les pages, il m'en manque toujours la moitié. Force m'est d'ajouter un nouveau crime ou un nouvel enlèvement. Que tout cela est donc fastidieux!» D'ailleurs, quand la romancière offrira un de ses romans à la même Rhoda, elle lancera : «Lequel désirez-vous? Moi j'ai un faible pour *L'Affaire du second poisson rouge*. C'est peut-être moins vulgaire que le reste.» Rhoda acceptera le cadeau, mais elle sera, bien sûr, «scandalisée d'entendre un auteur qualifier ainsi un enfant de sa plume».

Ariane Oliver développe aussi, dans *Cartes sur table*, un principe cher à Agatha : la différence entre roman et documentaire! Dans *Mort dans les nuages*, l'année précédente, la romancière avait déjà lancé cette réplique : «on ne demande pas à un roman policier d'imiter la vie. Regardez les faits divers, c'est ennuyeux comme la pluie.» Ici, Ariane se lance dans une longue tirade sur le même thème, revendiquant pour l'écrivain la liberté d'interprétation et d'imagination surtout : «Quel inconvénient voyez-vous à ce que je mêle les grades des officiers de police, que j'appelle un revolver un automatique, un dictaphone un phonographe, et que j'emploie un poison qui vous laisse juste le temps de prononcer une phrase avant de tourner de l'œil? L'essentiel, c'est une abondance de cadavres.» Et elle ajoute, cynique : «Mes lecteurs raffolent de poisons qui ne laissent aucune trace, des inspecteurs de police stupides, des jeunes filles ficelées dans les caves.» Sur les trente-deux romans qu'elle dit avoir écrit (ce qui était à peine plus qu'Agatha à la même époque) elle reconnaît n'avoir jamais brodé que sur un seul et unique scénario. Elle n'a qu'un regret : avoir fait de son détective préféré un Finlandais, ce qui lui vaut des courriers sans nombre de ce pays où elle compte, à son goût, beaucoup trop de lecteurs (cela est dû sans doute, dit-elle «aux longs hivers sans soleil») qui lui reprochent des invraisemblances. «En Bulgarie et en Roumanie, je crois que personne ne lit. J'aurais été mieux inspirée d'en faire un Bulgare.»

Enfin, il faut noter que c'est dans ces années fructueuses de l'immédiat avant-guerre qu'Agatha Christie produira l'un de ses livres les plus célèbres, *Dix petits nègres*, qui sera publié en 1939. Avec cet ouvrage, Agatha signe sans doute le plus connu de ce qu'on pourrait appeler «le roman policier par énumération», genre dans lequel elle s'était montrée souveraine en 1935 avec *ABC contre Poirot*, genre qu'elle cultivera avec le roman suivant : *Un, deux, trois*.

Chaque fois, il s'agit d'entretenir le suspense en obligeant le lecteur à attendre meurtre après meurtre, soit dans une série déterminée et close comme l'île qui sert de théâtre aux *Dix petits nègres*, soit dans une succession qui ne paraît obéir qu'à un ordre à la fois rigoureux et absurde : l'ordre alphabétique de l'annuaire téléphonique. Le destin apparaît alors aussi implacable que celui des grandes tragédies, mais il semble n'obéir qu'à des règles mécaniques, parce que, sadique à souhait, l'auteur attendra le dernier chapitre pour nous en révéler le sens. Plus tard, avec *Cinq petits cochons*, Agatha tentera de renouer – par le titre – avec ce genre à succès. Mais les qualités de ce roman-là seront ailleurs, et le titre (encore une fois tiré d'une comptine, encore une fois énumératif) desservira plutôt l'un des meilleurs ouvrages de la romancière.

### L'autobiographie en marche : «Portrait inachevé»

Le deuxième Mary Westmacott qu'écrit Agatha, au début de cette période qu'il conviendrait d'appeler sa «saison des fouilles», est un livre étrange. *Musique barbare*, empli de réminiscences personnelles, mettait en scène des héros bien dessinés, et composait avec eux des drames successifs. *Portrait inachevé* invente bien, en une dizaine de pages de préface et une première partie, un personnage de peintre dont on nous annonce qu'il va être le narrateur. Mais, très vite, la narration lui échappe et Celia, la femme dont il devait raconter l'histoire, prend elle-même la parole, parole qui ne reviendra au peintre que dans les dernières lignes du livre.

Le lecteur qui rapprocherait l'*Autobiographie* du roman, s'apercevrait alors avec stupeur, que non seulement Celia est Agatha – tous les romans ne sont-ils pas un peu autobiographiques? – mais que des fragments entiers de *Portrait inachevé* se retrouveront dans l'*Autobiographie*. Les anecdotes d'enfance d'Agatha sont racontées ici dans les mêmes termes que dans le livre à venir, les mots prêtés aux domestiques, au père, à la mère et à la grand-mère de la petite Celia sont ceux que nous retrouverons dans le même ouvrage, la scène du papillon piqué sur le chapeau lors d'une excursion dans les Pyrénées, la perte momentanée du canari Goldie, etc., tout est là, dès 1934, avec les phrases mêmes du document autobiographique écrit entre 1950 et 1965.

La tentation est grande de chercher alors entre les lignes la vérité des épisodes vécus par l'auteur et prêtés à Celia pour la période ténébreuse qui comprend les années du mariage avec Archie, la disparition et le divorce. Pourtant, rien n'autorise à attribuer au texte de *Portrait inachevé* la vérité qui serait absente des confidences «autorisées» (comme on dit pour les biographies) de l'auteur elle-même. La disparition d'Agatha devient la tentative de suicide de Celia, mais qu'en déduire? Les longues tractations d'Archie pour obtenir le divorce sont-elles bien les mêmes que celles que mène Dermot, le mari insensible, égoïste et infidèle de Celia? Rosalind – dont Judy paraît être le calque absolu – fut-elle, comme dans le roman, l'enjeu de ces douloureuses négociations? Pourquoi Cyril, frère aîné de Celia, ressemble-t-il trait pour trait à Monty, alors que la place de Madge est laissée singulièrement vacante? Le passage où elle rapporte les mots qu'elle eut, enfant, à propos de la naissance du bébé de Madge, se rapporte à une «cousine Lottie». Est-ce parce que Madge, la seule personne vivante de la famille qui comptait vraiment aux yeux d'Agatha, n'aurait pu supporter de se voir mise en scène dans un roman? La sœur aînée d'Agatha était-elle trop sacrée, trop précieuse à ses yeux, pour être portraiturée à son tour? En tout cas, Agatha insiste, dans sa description de Celia, sur l'impression qu'elle prête à son héroïne de «jouer des rôles» successifs. Celia est vraiment elle-même pendant l'enfance où, justement, elle incarne sans cesse des personnages imaginaires. Plus tard, quand elle devra, cette fois sérieusement, «jouer des rôles», elle n'aura plus que des personnalités empruntées.

Ainsi du mariage avec Dermot : «Le mariage leur était un jeu qu'ils jouaient avec enthousiasme.» Ainsi de la maternité : «Comme si souvent dans sa vie, Celia se sentit irréelle. Elle jouait maintenant le rôle de la "jeune mère". En fait, elle ne se sentait pas plus épouse que mère. Elle avait l'impression d'être une petite fille qui revient à la maison après une réception passionnante, et qui est très fatiguée.» Ainsi de la maîtresse de maison : «Celia trouva la vie domestique plutôt amusante parce qu'elle ne la prit pas au sérieux.» Ainsi de la femme qui devient romancière : «Maintenant, je prétends être un écrivain, pensa-t-elle. C'est encore plus étrange que de prétendre être une épouse et une mère.»

On n'en finit pas, à la lecture de ce curieux ouvrage, de se poser des questions : Agatha livre-t-elle ici des secrets sur ce que furent des épisodes heureux (l'enfance) et malheureux (le divorce) de sa vie? Reconstitue-t-elle pour elle-même une histoire dont elle ne sait pas encore qu'elle l'écrira à la première personne? Entre Celia qui avoue, Agatha qui dénie, laquelle croire? Sans doute faut-il admettre que le plus important tient dans la description de cette Celia petite fille intuitive, renfermée, rêveuse, dont «le monde extérieur n'excitait guère la curiosité» alors que «la plus grande partie de son monde était dans sa tête». Une adolescente bloquée par sa timidité : «Ce n'était pas son apparence qui paralysait Celia, c'était la conscience de sa stupidité.» Et la romancière à venir, dont on a tant vanté l'art de nouer des énigmes complexes et de confier à la seule intelligence le soin de les résoudre, de décréter ici que le réel importe fort peu : «Je ne vois pas pourquoi il faut dessiner des choses (…) elles sont déjà là.

— Que voulez-vous dire?

— Je ne sais comment expliquer ce que je ressens, mais à quoi bon représenter des objets? C'est une telle perte de temps. On ne devrait dessiner que des fleurs qui n'existent pas, en imaginer de nouvelles. Voilà qui vaudrait la peine…»

On ne peut s'empêcher de voir, dans ce roman aussi inachevé que le propose son titre, une sorte de brouillon pour la grande explication d'elle-même que tentera la romancière lorsque, trente et un ans plus tard, elle signera la dernière page de l'*Autobiographie*. En 1935, déjà, elle décidait de dessiner un portrait selon son cœur, enfance comblée, adolescence frivole, maturité difficilement atteinte, grand amour trahi : c'était, brossé à traits fermes, le croquis que devraient suivre tous les biographes de l'avenir! Dermot-Archie serait accablé sous les accusations, mais on redirait son charme irrésistible. Celia-Agatha ne se priverait pas d'autocritiques : elle avait été une «femme-lierre», s'accrochant trop fort à son époux, le privant de toute respiration; elle n'aurait jamais su comprendre la petite Judy-Rosalind, tellement incapable d'imagination, «de jouer à faire semblant», tellement semblable à son père! Au passage, Agatha livrait quelques réflexions sur sa propre écriture, à sa manière modeste et sans se payer de mots : «Vous n'êtes pas un génie. Vous n'avez pas écrit un chef-d'œuvre, mais vous êtes une conteuse-née. (…) Vous n'écrirez jamais rien de valable sur un sujet que vous connaissez réellement, parce que vous possédez un esprit honnête. Vous pouvez inventer, mais non être malhonnête dans le sens pratique. Vous ne pourrez écrire des mensonges sur un sujet que vous connaissez. Il vous faut écrire des histoires fabuleuses – ou qui le sont pour vous – et non des histoires réalistes. (…) terminez votre livre en utilisant votre seule imagination.» Peut-être la clé du livre nous est-elle fournie d'ailleurs par la fin de la préface; après avoir écrit que ce n'était pas son histoire qui l'intéressait, mais Celia elle-même, le narrateur ajoutait : «J'aurais aimé être Dieu et connaître la vérité. Mais un romancier peut être Dieu pour les créatures qu'il crée. Il les a en son pouvoir pour en faire ce qu'il veut, ou du moins, il le pense, car celles-ci lui réservent des surprises. Je me demande si Dieu connaît aussi cette étrange impression… Oui, je me le demande.»

## Le théâtre

Agatha continue de s'intéresser au théâtre. *Drame en trois actes* est un roman policier sur un comédien qui organise sa vie, et un meurtre en particulier, à la manière d'un metteur en scène de théâtre. Le livre s'ouvre par une page de garde présentant une «distribution»; à la suite de ce générique, les trois parties sont intitulées premier, deuxième et troisième acte et l'ouvrage est nourri tout entier d'images et de références empruntées au monde théâtral : rideau qui se lève ou qui tombe, personnages jouant leur «grande scène», etc. Tout est traité là, fut-ce à petites touches. Le monde du théâtre cultive le «faux» sous toutes ses formes.

Agatha redoute plus que tout l'exhibitionnisme qui caractérise les êtres habitués à vivre sous les projecteurs. Elle sait combien le fait de théâtraliser sa vie dans le souci d'apparaître finit par tuer toute authenticité. Elle note ainsi la distance qui s'introduit entre la personnalité et l'œuvre, non seulement chez les acteurs mais même chez les auteurs de théâtre; Miss Wills, dont la pièce *Sens unique* est un grand succès à Londres, est caricaturée : «Grande et maigre, miss Wills avait un menton fuyant et des cheveux blonds à l'ondulation ratée. Elle portait pince-nez. Sa robe de mousseline verte évoquait un sac informe. Elle avait la voix perchée et vulgaire.» Et Mr Satterthwaite, grand amateur de psychologie féminine, note à son propos «l'abîme qui sépare les auteurs de leur œuvre». Même Hercule Poirot, dans ce milieu de théâtreux, exagère plus qu'à l'ordinaire son rôle d'étranger : «ses yeux pétillants semblaient dire : vous voulez que je fasse le clown? Que je joue la comédie? Eh bien, soit... Comme il vous plaira!»

*Love From a Stranger*, pièce adaptée pour le théâtre par Frank Vosper à partir de la nouvelle *Philomel cottage*, connut 149 représentations à Londres avant d'être portée à l'écran, d'après un scénario de Frances Marion tiré de la pièce elle-même, par un réalisateur américain Rowland V. Lee. Agatha écrit aussi, en 1937, la pièce *Akhenaton*, qui ne sera publiée qu'en 1973. Comme *La mort n'est pas une fin,* celle-ci se situe dans l'Egypte ancienne. Mais, tandis que le roman transpose dans le passé ce qui reste un drame «familier», Akhenaton met en scène les grands personnages et les théories philosophiques et religieuses de l'Egypte pharaonique : Akhenaton lui-même, son épouse Nefertiti, les discussions autour du polythéisme et de l'adoption du monothéisme.

Mais un séisme nouveau allait priver pendant plusieurs années le couple Mallowan de ses saisons de fouilles : la guerre qui éclate en 1939. Il est étonnant de voir que c'est l'éloignement du conflit mondial qui paraît à l'écrivain caractériser le mieux les pays où elle a connu ses premières expériences de recherches archéologiques. Comme si, à la barbarie du conflit qui s'annonce, elle ne pouvait qu'opposer ce qu'elle a appris des populations rencontrées sur le terrain des fouilles : «il est bon, je crois, de se dire que cette époque, que ces lieux ont existé, et qu'à cette minute même ma petite colline est couverte de soucis en fleurs, que des vieillards à la barbe blanche trottinent derrière leurs ânes, ignorant peut-être qu'il existe une guerre : "La guerre ne nous touche pas ici…"» Et elle ajoute : «J'aime ce doux pays fertile ainsi que son peuple simple qui sait rire et jouir de la vie; ce peuple paresseux et gai qui possède de la dignité, du savoir-vivre, un grand sens de l'humour, et pour qui la mort n'a rien de terrible.» (*Dis-moi comment tu vis*)

**Rapport de police**

**1939** : *Un meurtre est-il facile? — Dix petits nègres*
**1940** : (avril). Présentation au Vaudeville Theatre de Londres de l'adaptation de *La Maison du péril* — (été) mariage de Rosalind avec Hubert Pritchard — *Un, deux, trois — Je ne suis pas coupable*
**1941** : *Les Vacances d'Hercule Poirot — N ou M?*
**1942** : *Un cadavre dans la bibliothèque — La Plume empoisonnée — Cinq petits cochons*
**1943** : 21 septembre : Naissance de Mathew Prichard, fils de Rosalind.
**1944** : Mort d'Hubert Prichard — *L'Heure zéro — La mort n'est pas une fin — Loin de vous ce printemps* (pseudonyme Mary Westmacott)

**Résidences** : «Greenway House», Torquay, Devonshire — Sheffield Terrace, Londres — Lawn Road Flats, Londres

# VIII

# Une autre guerre

«On reste confondu par l'horrible sentiment qu'une guerre ne résoud rien, que gagner une guerre est aussi désastreux que la perdre (...). Je suis moi-même une personne pleine de confiance. La seule vertu qui ne me sera jamais contestée est bien l'espérance.»

A. Christie, *Autobiographie*

**La déclaration de guerre**

En août 1939, Agatha Christie se trouve à Greenway. Elle a entamé l'écriture de son roman annuel *Je ne suis pas coupable*, et des nouvelles qui seront publiées sous le titre *Les Travaux d'Hercule*. Max, quant à lui, prépare un livre sur les résultats de ses fouilles. Chacun sent que le conflit est proche et le nazisme menaçant. En raison de cette menace, Max refuse d'assister à un congrès d'archéologie qui doit se dérouler à Berlin fin août 1939. Quand, le 3 septembre, l'Angleterre décidera, en même temps que la France, l'Australie et la Nouvelle-Zélande, d'entrer en guerre contre l'Allemagne, Max et Agatha vont se retrouver aux prises avec les problèmes qui seront ceux de leur génération : le bouleversement de la vie quotidienne sans doute (réquisition de Greenway, insécurité sous les bombardements de Londres), mais la difficulté à prendre part en raison de leur âge (si Max n'avait que trente-cinq ans, Agatha en avait cinquante), aux évènements qui s'annoncent. C'est surtout à travers sa fille et son gendre qu'Agatha en sera touchée. La volonté qu'aura Max Mallowan de participer à la lutte sur le terrain qu'il connaît bien, celui des pays arabes, les longues séparations du couple qui s'ensuivront, permettront à la romancière – heureux revers de la solitude – d'écrire durant les années du conflit, à rythme redoublé, quelques-uns de ses meilleurs romans. Si *Dix petits nègres* a été écrit juste avant la guerre, une dizaine de romans (dont un Mary Westmacott) paraissent entre 1940 et 1945. L'énergie d'Agatha fait merveille dans l'adversité…

## Quitter Greenway

A la veille de la guerre, la romancière avait cru trouver, avec l'achat de Greenway, la demeure qui pourrait remplacer son cher Ashfield. On se souvient de l'atmosphère de deuil et de dépression qui avait présidé au rangement de la maison familiale du Devon après la mort de Clara, alors qu'Archie annonçait à Agatha son désir de divorcer.

Pourtant la maison d'enfance était restée chère au cœur de l'écrivain, et ce ne furent que la transformation et les dégradations du voisinage qui entraînèrent sa décision de vendre Ashfield. Surtout, ce fut Greenway qui chassa Ashfield : Greenway House était à vendre, et Clara avait déclaré autrefois à son propos qu'elle était «la plus parfaite des propriétés» en bordure de la rivière, la Dart. C'était «une maison georgienne blanche, datant de 1780 ou 1790, avec des bois qui descendaient jusqu'à la Dart en contrebas et beaucoup de bosquets et de beaux arbres. La maison idéale, une maison de rêve.»

Max, qu'aucun passé idéalisé ne rattachait à Ashfield conseilla vivement à Agatha de vendre la vieille demeure familiale pour acquérir cette merveille; merveille qui devait s'avérer, d'ailleurs, moins coûteuse que le couple ne le pensait. Guilford Bell, un jeune architecte (membre de cette famille Bell qu'Agatha avait tellement aimée lors de son voyage de jeunesse en Australie), avait visité la maison en compagnie des Mallowan. Il leur conseilla de l'alléger d'une aile, ajoutée à l'époque victorienne, qui alourdissait sa structure. Greenway retrouva alors «toute sa beauté première». Les Mallowan venaient de s'installer («dans la plus grande allégresse» notera plus tard Agatha) quand la guerre éclata. Pendant la guerre Agatha écrira un jour à Max :

«Tous mes souvenirs heureux sont dans le jardin, quand tu as planté les magnolias et que j'ai dessiné le nouveau sentier vers la rivière. Et cependant cette maison n'est pas une maison malheureuse et je l'aime. Elle n'est pas touchée par les gens qui y vivent. Elle se contente d'être belle. Je considère que je lui ai rendu sa beauté. Greenway a toujours été une maîtresse plutôt qu'une épouse. Trop chère pour nos possibilités, mais quelle excitation qu'elle soit à nous! Assise là, ce soir, j'ai pensé que c'était le plus joli endroit du monde. J'en avais presque le souffle coupé.»

Peggy MacLeod, une amie médecin qu'Agatha avait rencontrée à Mossoul, lors de ses campagnes de fouilles, résidait au moment de la déclaration de guerre sur la côte est de l'Angleterre avec ses deux enfants de cinq et trois ans. Elle était persuadée, comme la plupart des Britanniques, que cette partie du Royaume-Uni serait la plus vulnérable. Elle demanda donc à Agatha de lui permettre de venir vivre à Greenway, et la romancière, plus hospitalière encore que de coutume, l'accueillit les bras ouverts. Mais, à l'encontre de tous les pronostics, la guerre aérienne toucha le Devon avant Londres et la côte est. Effrayés, les MacLeod quittèrent Greenway où s'installa une nursery pour des enfants évacués de régions dangereuses : une dizaine d'entre eux, avec deux nurses, investirent donc la maison et «annexèrent» aussi (c'est Agatha qui parle!) le valet de chambre de la romancière et sa femme.

Peu de temps après, l'Amirauté réquisitionnait Greenway pour y loger des officiers de la Marine américaine. Agatha dut déménager tous ses meubles dans un salon et abandonner les lieux… Elle les retrouverait à la fin de la guerre – le jour de la Noël 1945 – dans un état convenable, dit-elle, hormis quelques transformations malencontreuses des cuisines qui avaient dû servir pour plus de quarante hommes, et l'installation de «quatorze cabinets» qu'Agatha eut bien du mal à faire démolir! Mais la belle maison était restée à peu près en l'état, et elle accueillerait dans les années d'après-guerre, outre les amis d'Agatha et de Max, de nombreux Américains, officiers qui avaient été cantonnés là ou leur famille, désireux de voir ou de revoir la maison d'Agatha Christie! Les visiteurs, d'ailleurs, pourraient découvrir le seul témoignage du passage des «Marines» qu'ait conservé Agatha : une fresque peinte par l'un des soldats en haut des murs de la bibliothèque. «Je considérais cette fresque comme un souvenir de guerre, et je désirais la garder.»

Quand elle écrira *Poirot joue le jeu*, Agatha choisira pour cadre de la *murder party* qui sert de toile de fond au roman, une propriété fictive nommée Nasse House qui sera l'exacte réplique de Greenway : proximité de la rivière Helm et de Dartmoor, situation du hangar à bateau, existence d'une auberge de jeunesse en bordure de la propriété, etc. Mais, pour corser l'énigme et fournir à son détective un crime bel et bon, la course aux trésors qu'elle aimait organiser pour les enfants qui venaient en visite à Greenway se transformera en chasse à l'assassin.

## Des Anglais mobilisés

Agatha écrira, en 1940, un livre tout entier inspiré par l'actualité de la guerre : *N ou M?* Cette histoire est liée si fort à celle d'Agatha que la romancière proposera, en 1941, une nouvelle rédaction inspirée de ce qui vient de lui arriver : le bombardement et la destruction complète de sa maison de Sheffield Terrasse. Le récit présente les tentatives des époux Beresford pour se faire «réembaucher» au service du pays.

Sans doute Agatha poursuit-elle ici l'histoire de deux de ses héros – Tommy et Tuppence Berensford – entreprise dès son deuxième ouvrage, *Mr Brown*. Mais les deux jeunes gens ont vieilli avec elle. Comme elle, ils sont les parents d'enfants devenus adultes. Comme elle, ils se retrouvent en ce début de guerre, soucieux de se rendre utile à leur patrie. Pour les besoins de l'intrigue, elle les dote d'un beau passé d'espions : mais ces espions-là ne trouvent plus de service secret qui veuille bien les engager. Tuppence se résigne alors à tricoter des passe-montagnes de laine kaki, tandis que Tommy accepte un vague travail de bureaucrate.

Heureusement pour eux, comme pour Max qui sera reclassé dans les transmissions au Moyen-Orient grâce à la recommandation d'un de ses confrères archéologues, un ancien supérieur des deux agents secrets se souvenant de leurs qualités les engage pour une mission. Tommy et Tuppence vont bien avoir à compter avec une énigme, comme ils ont pu en résoudre dans le recueil de nouvelles-pastiches *Le crime est notre affaire*, mais ici l'intrigue se déroule sur fond de guerre. Des pages entières du roman sont consacrées à l'état d'esprit qui régnait alors en

Angleterre : rumeurs, conversations, terreurs secrètes. L'envoyé chargé de les recruter, Mr Grant, fait d'abord le point avec eux sur les réactions des Anglais à l'égard de l'ennemi : «le peuple s'imaginait que l'Allemagne s'effondrerait dès les premiers coups, qu'elle était à deux doigts de la révolution, que ses tanks étaient en carton-pâte et ses soldats si mal nourris qu'ils tomberaient le long du chemin quand on leur donnerait l'ordre d'avancer...» Heureusement, si le peuple a péché par optimisme, les dirigeants, eux, savaient. Ils savaient surtout que le pire danger vient d'une infiltration possible des combattants par cet ennemi présent dans les murs qu'on a surnommé la «cinquième colonne». Même si l'un des héros en plaisante : «Il s'agit, à ce qu'il paraît, de la "cinquième colonne". Je ne sais pas ce que sont devenues les quatre autres, mais, puisque c'est la cinquième, va pour la cinquième!», les autres personnages redoutent l'ennemi masqué :

«Elle existe et elle est puissante. Qui la compose? Des hommes, des femmes, certains occupant des postes en vue, d'autres qui sont obscurs, mais qui, tous et toutes, croient à la grandeur et à la noblesse de l'idéal nazi et se figurent que le moment est venu de substituer à notre crasseuse démocratie l'admirable régime national-socialiste.»

Plus loin, au cours d'un repas qui réunit les réfugiés de l'hôtel où Tuppence est censée se reposer, les convives discutent à perte de vue sur cette puissance de l'ombre : «On devait tout naturellement en venir à parler de la "cinquième colonne". On n'y manqua pas. Les fascistes anglais, les pacifistes à tout prix, les objecteurs de conscience furent qualifiés selon leurs mérites.»

La romancière tient là, bien sûr, un sujet merveilleux de roman policier, puisque les suspects sont partout, qui ne se distinguent pas forcément par leur origine nationale mais qui ont pu s'imprégner, quelle que soit leur classe, du poison idéologique. Les conversations montrent aussi combien est grande l'inquiétude : on évoque l'utilisation possible des gaz qui avaient causé tant de lésions irréversibles à la fin du conflit précédent, celle de nouveaux explosifs, de bombes incendiaires. Et chacun, même dans le calme de la résidence bien nommée «Sans souci», de se piquer de stratégie : «De quoi demain serait-il fait? La France pourrait-elle rétablir la situation? Weygand réussirait-il à créer une ligne de résistance? L'invasion de l'Angleterre était-elle possible? Paris serait-il défendu? Toutes ces questions, et bien d'autres, touchant à la politique et à l'art militaire, firent l'objet de copieux échanges de vues et de commentaires».

Au dénouement de l'intrigue, Agatha insistera sur la nature nouvelle des guerres de ce siècle : le traître est bien l'un des hommes de l'ombre convertis aux thèses nazies. Ce traître-là veut «en finir avec le désordre et la gabegie, avec la corruption et les pots-de-vin». «Demain, déclare-t-il, tous ensemble nous construirons l'Europe nouvelle, une Europe pacifique et heureuse.» Et Grant de conclure :

«Vous n'imaginez pas l'habileté des services allemands de propagande. Ils ont su exploiter le goût de l'autorité qui est au cœur de la plupart des hommes. Il y a des quantités de gens qui sont prêts à trahir leur pays, non pas pour de l'argent, mais parce qu'ils estiment qu'on ne rend pas justice à leurs mérites, parce qu'ils ont besoin d'être "quelque chose". Il faut qu'on les voie, qu'ils soient au premier plan.» La romancière ne s'est pas privée de montrer combien le comportement de prétendus experts de la politique – ce qu'elle ne nomme pas leur «langue de bois» mais «leur pesant discours» – a conforté les réactions des enfants perdus de la démocratie : Mr Cayley développe comme une «mélopée» de «longs exposés», il «débite des chiffres et des statistiques», mais, lorsque on l'interroge clairement sur sa position face à la guerre, il bafouille des réponses incompréhensibles.

Le bien réel Max Mallowan, lui, – comme l'imaginaire Tommy – cherche donc à s'engager : «comme tout le monde, il brûlait du désir d'être envoyé sur le continent, d'avoir enfin quelque chose à faire», raconte Agatha dans son *Autobiographie*; «on lui répondit : on n'a pas besoin de vous». Max, en effet, se trouve face à deux obstacles bien réels : d'une part, âgé de plus de trente-cinq ans, il n'a pas reçu de véritable formation militaire, d'autre part il est d'origine autrichienne par son père, et donc suspect d'amitiés allemandes (là encore certains personnages et certaines conversations de *N ou M?* semblent avoir été inspirés directement par l'expérience du couple Mallowan). Il s'engage pourtant dans la défense civile. Mais les hommes qui en font partie ne sont guère pris au sérieux. Ils restent sans armes et, comme on l'avait fait pour les jeunes femmes de la bourgeoisie hâtivement transformées en infirmières pendant la guerre de 14-18, on cherche plutôt à les occuper qu'à exiger d'eux de l'efficacité. Désespérant de se rendre utile, Max va juqu'à écrire de façon très insolente au ministère de l'Information, chargé sans doute de déceler les sujets de Sa Majesté susceptibles d'intelligence avec l'ennemi, et qui venait de lui faire refuser une mission en Turquie :

«Il est grand temps, je pense, que les bureaucrates aient une vue plus réaliste des services qui peuvent être rendus par un sujet né britannique.» Il fait même référence à Agatha dans les questionnaires qui lui sont adressés («Epouse, sujet britannique, plus connue sous le nom d'Agatha Christie») et cite, comme une référence concluante, le dernier livre écrit (*N ou M?*) : «vient juste d'écrire un livre anti-nazi». Grâce à son ami, l'archéologue Stephen Glanville, Max, après dix-huit mois d'inaction pesante ou d'occupations sans portée, est enfin admis dans un service du ministère de l'Air «la Direction de la liaison entre les Alliés et les étrangers». Il revendique et obtient la responsabilité de contacts dans les pays arabes dont il connaît la langue. Il est nommé commandant, affecté en Egypte où il rejoint son poste au Caire en février

1941. Il sera ensuite nommé en Tripolitaine, province anglaise de l'actuelle Lybie, où, après diverses affectations, il devint «secrétaire aux Affaires arabes» à Tripoli. Rosalind, plus jeune, et sans soupçon de sang allemand dans les veines, réussit rapidement de son côté à se faire incorporer dans les forces féminines des auxiliaires de l'air. Carlo se fit embaucher dans l'industrie de guerre.

Agatha, quant à elle, allait retrouver, après vingt-cinq ans, les activités dont elle s'était acquittées avec tellement d'énergie pendant la Première Guerre mondiale. Malgré la cinquantaine arrivée, malgré le travail d'écriture qu'elle n'interrompt à aucun instant, elle remet à jour ses connaissances acquises au dispensaire d'autrefois et prend des cours de défense anti-aérienne. Elle «s'occupe» ainsi, à raison de deux jours entiers et de trois demi-journées par semaine, plus un samedi matin sur deux, à l'hôpital du collège universitaire.

Elle fait preuve aussi d'une belle crânerie, pendant que les bombes s'abattent sur Londres, en demeurant plus longtemps peut-être qu'il n'était raisonnable dans une maison préservée au milieu d'un quartier complètement détruit. Terrorisée à l'idée d'être enterrée dans une cave par un bombardement, elle refuse en effet de se rendre aux abris pendant les alertes, se contentant de déclarer avec humour, quand les sirènes retentissent : «Oh! Mon Dieu! les voilà encore.» Ainsi va la famille d'Agatha la première année de la guerre, adoptant d'emblée les attitudes de la majorité des Britanniques durant le conflit : calme, civisme, volonté de jouer un rôle actif dans la résistance du pays à l'ennemi allemand et aux idées nazies.

### Loin de vous ce printemps

Max au Moyen-Orient, Agatha à Londres, vont rester séparés de longs mois, dans le climat d'incertitudes qu'entretient la guerre. C'est dans un livre signé Mary Westmacott que l'écrivain livrera le mieux l'état d'esprit qui fut le sien pendant ces années de solitude troublée et studieuse. Le roman repose sur un scénario très simple : une femme proche de la cinquantaine se retrouve bloquée trois jours en plein désert, dans une gare où elle attend un train retardé pour cause de dégâts sur la voie, sans autre occupation que de réfléchir à sa vie. D'ordinaire confiante en elle-même, très organisée, elle est persuadée qu'elle a toujours agi pour le mieux à l'égard des siens, mari et enfants.

Le cadre inconfortable, l'absence de contacts avec son entourage habituel, la solitude, le paysage désolé, tout va concourir à lui faire perdre cette belle assurance. Elle reconstitue son histoire, dans un halo de doutes qu'elle n'avait jamais connus, et sent s'écrouler ses certitudes : l'amour de son mari et les liens qu'il a pu entretenir avec d'autres femmes, la manière dont elle l'a influencé dans le choix de sa carrière, la nature de ses relations avec ses enfants, plus rien n'est clair.

La romancière ne peut s'empêcher, au passage, d'introduire dans ce drame psychologique sans action véritable la qualité de suspense qu'elle sait ménager dans ses énigmes policières. Mais le remue-ménage de cœur et d'esprit subi par la très élégante, très sage, très réservée, très anglaise Joan Scudamore, se verra balayé dès qu'elle retrouvera son chez-soi et le confort de ses habitudes. Comme si, dans ce roman de guerre, Agatha avait voulu décrire les bouleversements de sentiments, les interrogations inquiètes que le grand trouble du monde extérieur pouvait entraîner chez les individus les plus rangés.

Agatha s'est expliquée, dans son *Autobiographie*, sur la genèse du «seul livre qui (l') ait complètement satisfaite». Elle l'écrivit en trois jours, dit-elle, mais après y avoir pensé très longtemps.

«C'est un curieux sentiment de sentir un livre grandir en soi, pendant peut-être six ou sept ans, en sachant qu'un jour vous l'écrirez, qu'il est déjà là. Il doit seulement sortir un peu plus clairement du brouillard. Tous les personnages sont là, ils attendent en coulisse, prêts à entrer en scène quand leur nom sera prononcé et soudain, un beau jour, on sent que le moment est venu et que c'est *maintenant.*»

Ce jour-là, un samedi, Agatha s'installa à sa table et écrivit sans interruption. Le lundi, elle devait aller travailler à l'hôpital, et elle envoya des excuses : elle ne pouvait laisser le fil s'interrompre. Elle écrivit même le dernier chapitre immédiatement après le premier, pour tenir le livre entre ses mains comme un bloc qu'elle ne pourrait pas casser. Quand l'écriture fut achevée, dit-elle, elle était si lasse qu'elle dormit durant vingt-quatre heures.

Une telle description, lourde de confidences, est rare sous la plume d'Agatha; d'ordinaire, l'auteur se garde de bien de sacraliser le métier d'écriture, dans lequel elle se veut bonne artisane, technicienne confirmée, sans jamais évoquer l'inspiration. Ici, l'attitude est tout autre, sans doute parce que «sur un ton léger, familier», il fut écrit dans «une tension grandissante» avec «le malaise que chacun ressent parfois, en se posant ces questions : *Qui suis-je? Qu'est-ce que les gens que j'aime pensent de moi? Me voient-ils comme je le crois?»*

«Loin de vous ce printemps» est une phrase empruntée à un sonnet de Shakespeare «From you have I been absent in the spring», mais la même formule, à peu de chose près, se retrouve dans une lettre envoyée à son mari, à la fin de l'été où elle dut surveiller le déménagement de Greenway. Cette lettre, dans le ton même du roman, est toute de nostalgie à l'égard de Max parti si loin, de rêverie sur la maison qu'ils ont acquise ensemble :

«Je suis allée m'asseoir sur le banc d'où l'on voit la rivière, en rêvant que tu étais à côté de moi. Toute blanche et charmante, la maison se dressait devant moi, sereine et distante, comme toujours. Une fois de plus, j'ai été frappée par sa beauté. J'ai découvert aujourd'hui que je n'éprouvais pas de véritable chagrin à la quitter, peut-être parceque assez bizarrement, je ne peux pas me souvenir d'avoir été heureuse là. Quand j'y pense, j'ai le sentiment d'avoir toujours été si fatiguée, puis la guerre est arrivée, puis ton travail avec la Turquie, de sorte que tu n'as pu être là, ce printemps.»

**Ennuis d'argent**

Au début de la guerre, l'argent aussi fera problème. Spécialement celui que doivent à Agatha ses éditeurs américains, Dodd, Mead and Co. *Collier's*, le magazine dans lequel *N ou M?* devait paraître en feuilleton refusa le livre en 1940. «Je suppose, écrivit alors Agatha, que les éditeurs redoutent qu'une histoire de guerre aussi positivement antinazie ne trouble une partie importante de leurs lecteurs.»

Les Etats-Unis pratiquèrent, on le sait, durant les premiers mois de la guerre, un certain isolationnisme, proclamant leur neutralité le 5 septembre 1939, et ne déclarant la guerre au Japon – le 8 décembre 1941 – qu'après de longs pourparlers entre Roosevelt et Churchill et l'attaque japonaise sur la flotte américaine à Pearl Harbor. Le livre «anti-nazi» d'Agatha ne fut publié aux Etats-Unis qu'en septembre 1941.

En attendant, Agatha s'inquiétait de l'arrivée des fonds qui lui étaient dus. «Vais-je toucher de l'argent de l'Amérique?» écrivait-elle à Cork en juillet 1940. Dodd, Mead and Co profitaient aussi de la tension internationale pour mettre sur le compte du blocage des fonds à l'exportation les discussions à la baisse qu'ils envisageaient sur les contrats en cours avec l'écrivain : ses derniers livres se seraient moins vendus qu'ils ne le prévoyaient, la maison d'édition exigeait des délais de règlement…

Bref, Agatha se débattait dans des difficultés financières dont témoignent les courriers entretenus avec son agent américain, Harrold Ober, et son agent anglais, Edmund Cork. S'ajoutaient à ces rentrées difficiles les démêlés avec le fisc des deux pays. En août 1940, le service des impôts des Etats-Unis avait décidé de bloquer tous les fonds dus à l'auteur, en attendant que sa situation au regard des contributions américaines soit assainie. De report d'audience en procès à répétitions, la situation devenait grave pour la romancière qui ne tirait plus beaucoup de revenus de maisons réquisitionnées ou rendues inhabitables par les bombardements. Et quand, au début de 1941, la situation s'éclaircit de l'autre côté de l'Atlantique, ce fut le fisc anglais qui prit le relais. Agatha songea un moment à vendre Greenway pour se tirer d'affaire, mais l'époque n'était guère aux transactions immobilières. Il lui fallait faire face une fois de plus, et, même si c'était pour régler des dettes à l'égard de l'Etat, se remettre à travailler. Agatha redoubla donc la tâche. Sous la contrainte, la période de guerre devint pour elle l'une des plus fructueuses de sa carrière. Elle devait écrire, entre 1940 et 1945, dix livres, dont huit parurent ces années-là, deux restant en réserve pour des temps à venir, comme si, en ces années où l'on tentait de faire provision de tout, Agatha avait voulu se préparer des conserves de manuscrits…

**Comme des testaments**

Ces deux livres sont les dernières enquêtes d'Hercule Poirot et de Miss Marple : *Hercule Poirot quitte la scène* et *La Dernière énigme*. Ils ont cependant un statut bien différent sur lequel nous reviendrons : le premier signe l'arrêt de mort du détective belge, alors que le second est une enquête dont Miss Marple sort… bien vivante. Après les avoir écrits, Agatha Christie les confia à un coffre de banque, d'où le premier ne sortirait qu'en 1975, le second ne devant voir le jour qu'après le décès même de son auteur. Harassée par les problèmes d'argent qui lui faisaient douter de la nécessité de publier plus d'un livre par an, et soucieuse de léguer quelques droits nouveaux à ses héritiers s'il lui arrivait malheur, la romancière pensa à assurer des revenus posthumes à son jeune mari et à sa fille. *Hercule Poirot quitte la scène* viendrait donc grossir l'escarcelle de Rosalind, et *La Dernière énigme* celle de Max. Ainsi Agatha veillait-elle, en bon démiurge, à ne pas laisser au hasard le sort des personnages qu'elle avait mis en scène.

**Rosalind, Hubert et Mathew**

Cette part de testament en faveur de Rosalind s'explique sans doute en raison des liens entre mère et fille que la guerre avait resserrés. Il y eut d'abord le mariage de Rosalind avec Hubert Prichard, que la romancière tenait en grande sympathie.

L'été 1940, en quelques jours, les deux jeunes gens décidèrent de la cérémonie sur le lieu même de la garnison – celle des Fusiliers gallois, à Denbigh – où Hubert était capitaine. Même si elle raconte avec humour la façon cavalière qu'eut Rosalind d'annoncer son intention à sa mère («Je vais épouser Hubert Pritchard mardi prochain (…) Je suppose que tu désires assister au mariage, Maman? (…) C'est vraiment beaucoup de bruit pour rien. Ne crois-tu pas qu'il serait plus simple et moins fatigant pour toi de ne pas venir?» Réponse d'Agatha : «Je suis surprise que tu m'annonces que tu vas te marier, au lieu de me faire part de ton mariage après la cérémonie…») La romancière – sans trop pouvoir évoquer son mariage avec le père de Rosalind, puisque, conclu par un divorce, il constituait un précédent fâcheux – reconnut là la peur de l'avenir, l'angoisse de la séparation, le besoin de pérenniser un lien solide dans la tourmente qui avaient marqué son engagement avec Archie. Mathew naîtra en septembre 1943. «Un délicieux petit garçon», écrit Agatha.

C'est seulement quelques mois après cette naissance, que Rosalind apprit que son mari était porté disparu sur le front français des hostilités. Quelques mois encore, et la triste nouvelle fut confirmée : Hubert Pritchard était tombé au champ d'honneur. Agatha avait rejoint sa fille dès la première annonce; elle partagea avec elle les affres de l'attente et la soutint dans son deuil. Dans son *Autobiographie*, elle note comme avec regret la difficulté qu'elles eurent toutes deux, trop pudiques, trop retenues dans leurs émotions, à partager autrement que dans la simplicité des occupations quotidiennes la souffrance de cette mort. Elle joint à cette confidence des réflexions sensibles et amères sur les guerres : «on reste confondu par l'horrible sentiment qu'une guerre ne résoud rien, que gagner une guerre est aussi désastreux que de la perdre». Et, relevant tout ce que les guerres ont d'archaïque, elle se plaît à imaginer que les générations futures ne pourront plus comprendre ce genre de conflits, affirmant, dans une belle envolée, qu'à l'heure actuelle, «l'espérance est la vertu que nous devrions le plus cultiver».

**«L'incroyable quantité de livres»**

«Ce n'est que maintenant, en considérant ma production du temps de guerre, que je prends conscience de l'incroyable quantité de livres ou de nouvelles que j'ai écrits durant cette période. Je suppose que c'était dû à ce qu'il n'y avait pas d'autres distractions. On ne sortait pratiquement jamais le soir…» a écrit Agatha dans son *Autobiographie*.

Récapitulons : dix romans policiers paraissent entre 1940 et 1945, plus un Mary Westmacott. Deux romans policiers sont écrits et «mis au frais». Soit un minimum de treize ouvrages en cinq ans! Qui plus est, la qualité de ces ouvrages n'a fait que progresser, et la production de ce temps de guerre livre sans doute plusieurs des meilleurs romans d'Agatha : en dehors de *Loin de vous ce printemps* – qui est digne des meilleures collections de littérature – du très particulier *La mort n'est pas une fin*, dont l'intrigue se situe dans l'Antiquité, de *N ou M?*, dont nous avons dit qu'il présente un tableau «à vif» de la guerre, on ne peut nier que *La Plume empoisonnée, Cinq petits cochons, L'Heure zéro*, soient parmi les ouvrages les plus réussis d'Agatha Christie. La romancière explique l'abondance et la qualité de production durant le conflit en termes d'évasion, ou plutôt en évoquant une manière de fonctionner «à tiroirs» : «Je n'ai jamais éprouvé de difficulté à écrire pendant la guerre. Je suppose que j'arrivais à me couper du monde en me retirant dans divers compartiments de mon esprit. Je pouvais vivre dans le livre avec les personnages que je créais, me mêler à leur conversation et les voir évoluer dans un décor que je créais pour eux.» Et, dans plus d'un roman de cette époque, l'écrivain semble bien se jouer comme à plaisir de la tâche d'écrire.

L'avant-propos qu'elle rédige pour *Un cadavre dans la bibliothèque* (1942) en porte témoignage : l'ouvrage est présenté comme des «Variations sur un thème donné», à partir de ce qu'elle nomme un cliché du roman policier : le cadavre dans la bibliothèque. Et elle livre tout à trac ce qu'elle estime être les recettes du genre : la bibliothèque doit être «archibanale et conventionnelle», le cadavre, au contraire, doit être «extravagant», et l'exécution du livre suit en tout point la recette annoncée. Le cadavre sera vraiment du plus mauvais goût (maquillage outrancier, rimmel dégoulinant, ongles peints d'un émail rouge sang, robe du soir très – trop! – décolletée en satin blanc pailleté...) et les propriétaires de la belle demeure, le Colonel et Mrs Bantry, ne cesseront de répéter : qu'est venu faire un cadavre dans leur bibliothèque?

*Cinq petits cochons* fut considéré par les critiques comme l'un des romans les plus réussis d'Agatha. Il l'est sans doute par sa construction autour de cinq suspects, avec deux séries de cinq récits chacune : une série de récits oraux, interview de chacun des personnages par Hercule Poirot, l'autre de récits écrits, relation demandée à chacun d'eux par le détective. Ce détour des récits écrits par les protagonistes se justifie : le meurtre a été commis très longtemps avant que Poirot reprenne l'enquête (seize ans). Il s'agit là, pour la première fois chez la romancière, d'une formule que les Anglo-Saxons désignent par «*murder in retrospect mysteries*», ou, si l'on peut traduire ainsi : enquête par reconstitution tardive. L'important, semble-t-il, est que la construction autour du chiffre «cinq» fonctionne comme un principe d'organisation qui entretient le suspense d'énumération, sans pourtant disperser l'attention du lecteur. Habileté de construction, donc. Cependant l'essentiel nous paraît être ailleurs : ce roman est particulièrement remarquable par la densité des analyses psychologiques qu'il conduit. Une formule du début semble annoncer l'intention de l'auteur :

« – Sauf erreur, monsieur Poirot, on dirait que vous vous intéressez, disons… au caractère des gens?

— C'est même mon principal intérêt dans les affaires que je traite, répondit Poirot.»

Et ce Poirot au mieux de sa forme, s'enlisant «dans un baragouinage qui n'avait plus d'anglais que le nom», forçant sur la note de «l'étranger typique», afin d'inspirer à son interlocuteur «un mépris condescendant», nous entraîne à des découvertes; il explore par exemple avec la gouvernante anglaise, pleine d'une telle autorité naturelle qu'elle n'a jamais à répéter un ordre, les différents points de vue sur l'éducation.

On voit alors Agatha plaider pour que l'enfant soit «sainement négligé» par les parents qui risquent toujours de l'étouffer de leur affection possessive. Elle note que cette «négligence» n'est pas forcément le fruit d'un oubli de ses rejetons par un couple trop exclusivement occupé de lui-même, et l'on sent poindre là quelques souvenirs du couple Frederick-Clara, quelques irritations aussi, peut-être, à l'égard de la trop demandeuse Rosalind. Le détective analyse avec finesse la manière dont une femme a pu se faire une cuirasse protectrice de son éducation victorienne : «Elle avait accompli sa tâche au sein du rang social qu'il avait plu à Dieu de lui attribuer, et cette certitude la protégeait comme une armure impénétrable des traits de l'envie, de l'insatisfaction et des regrets.» Il observe les personnages agressifs : «Bien sûr qu'ils se lançaient des choses abominables à la figure. Ce que les gens ne comprenaient pas, c'est qu'ils *aimaient* ça.» Les différents personnages parlent d'eux-mêmes avec maturité et finesse à la fois. Angela se souvient de l'âge où adolescence et enfance se mêlaient : «J'ai commencé à découvrir le plaisir enivrant des mots. Des passages que j'avais lus, des poèmes – de Shakespeare avant tout – résonnaient dans ma tête. Je me revois (...) arpenter l'allée du potager en me répétant, avec une sorte de ravissement extatique "sous le frais miroir de l'onde diaphane..." Je trouvais ce vers tellement beau que je le redisais à l'infini.

Parallèlement à ces nouveaux émois, je m'adonnais à tout ce que j'aimais depuis aussi longtemps que je me souvienne : nager, grimper aux arbres, m'empiffrer de pommes vertes, faire des niches aux garçons d'écurie, donner à manger aux chevaux.» Le peintre qui achève le portrait de sa maîtresse a cette formule superbe : «J'ai hâte de reprendre mes pinceaux, maintenant, de te revoir dans ce décor tellement conventionnel du rempart, de la mer bleue et des beaux arbres bien peignés, toi le cri triomphant de la dissonance.» Bref, un beau livre, même pour qui n'adulerait pas le roman policier.

*La Plume empoisonnée* fut un de ces romans réussis qu'Agatha disait relire encore avec plaisir «dix-sept ou dix-huit ans» après les avoir écrits. Si l'ouvrage vaut par la description des caractères de femmes et de jeunes filles qui en sont les principaux personnages, si son originalité lui est conférée par la plume alerte que tient le narrateur, un jeune citadin brillant condamné à une convalescence inactive dans le village endormi, c'est sans doute le passage à la loupe, sans indulgence, des réalités et des mœurs villageoises qui en fait le sel. Le livre – une énigme dénouée par Miss Marple – reprend le cadre clos d'un petit village, Lymstock, qui ressemble comme deux gouttes d'eau à St Mary Mead. Lymstock où les voisins se déplacent pour laisser leur carte chez un nouvel arrivant, Lymstock où l'on porte du vieux tweed et des couleurs passées, Lymstock où une jeune fille ne doit se maquiller qu'à peine si elle ne veut pas avoir mauvaise réputation, bref! un vrai village de la campagne anglaise comme Agatha aime à en épuiser les clichés. L'écrivain a même quelques morceaux de bravoure pour indiquer les traits caractéristiques de ces bourgades : «un passé qui compte», une abbaye florissante au temps de la conquête normande, un château dominant la ville à partir du règne de Henry VIII, puis l'assoupissement quand passent loin du village, au XVII$^{e}$ siècle, les voies de l'industrie naissante et du commerce. Ignoré des grandes artères de communication (rail et route), Lymstock subsiste et vivote comme un vestige, et le croquis tracé par Agatha est un modèle du genre, froid comme une leçon de socio-géographie, sans nostalgie ni goût pour la poésie des paysages surannés : «Lymstock ne fut bientôt plus qu'une petite bourgade de province, un trou perdu adossé à la lande, ceinturé de fermes tranquilles et de champs à perte de vue que seule une foire rurale venait périodiquement animer.

La foire en question se tenait une fois la semaine, et ce jour-là on croisait du bétail sur tous les chemins alentour. De six mois en six mois avait lieu une course à laquelle ne participaient que les plus obscurs chevaux de retour.

«Avec ses maisons fort dignes alignées en retrait, auxquelles les vitrines de gâteaux, de légumes et de fruits intallées au rez-de-chaussée donnaient une note incongrue, High Street ne manquait pas de charme. Il y avait un magasin de nouveautés qui s'étirait en longueur, une immense quincaillerie remplie de merveilles, un bureau de poste prétentieux, quelques boutiques éparses à vocation incertaine, deux bouchers concurrents et un libre-service. Il y avait un médecin, une étude de notaire, Galbraith, Galbraith & Symmington, une belle église aux dimensions surprenantes datant de 1420 où reposaient les restes d'un quelconque Saxon, une école neuve et hideuse, et deux pubs.

Tel était Lymstock.»

Pour caractériser de façon plus lapidaire la vie au village, Agatha écrira plus loin : «L'Angleterre est un pays magnifique, mais qui a des poches… et Lymstock est une de ces poches!» Rien d'étonnant si, dans cet univers clos, une femme peut maintenir toute sa famille à l'écart de la vie, une famille, comme écrit Agatha Christie «mise sous globe».

*L'Heure zéro* est encore une réussite, même si figure sur sa page de garde une requête d'indulgence adressée à un critique littéraire de réputation sévère : Robert Graves. La modeste (et ironique) Agatha se défend d'emblée de circuler dans le champ de la grande littérature : «Puisque vous êtes assez gentil pour prétendre aimer mes histoires, je me hasarde à vous dédier celle-ci. (…) Ce roman n'est destiné qu'à vous distraire. Il n'a pas vocation à être cloué au pilori littéraire de Mr Graves!»

Pourtant, le roman est une série de variations sur le thème du destin, cette «heure zéro» vers laquelle convergent causes et circonstances, meurtriers et victimes, quand il est écrit qu'un crime sera commis. Croyance en un déterminisme inexorable? Peut-être. Atmosphère tendue, surtout, qui prépare et entretient le suspense, et place, comme toujours chez l'écrivain les sources de l'événement dramatique dans la personnalité même des acteurs. «C'était écrit», sans doute, puisque tout était «inscrit» dans le caractère des protagonistes.

Aussi, la moitié du livre prépare-t-elle le crime, au lieu que le meurtre soit annoncé dès le départ. Le détective est le superintendant Battle, au visage taillé dans le bois comme une statue du Commandeur : «un visage mastoc, à l'épreuve du temps et, à sa manière, impressionnant», absolument inexpressif. Cet homme impassible regarde venir les faits, et cherche leur raison d'être au-delà des apparences, car «la mécanique criminelle est en marche depuis longtemps» et encore :

«Le meurtre n'est jamais que la *fin*. L'histoire débute bien avant ça – des années plus tôt parfois – avec les mille et une causes et la longue suite d'événements qui font que des individus donnés sont présents un jour donné, à une heure donnée, dans un endroit donné.» *L'Heure zéro*, celle du crime, c'est aussi, comme dans le dicton ce fameux «minuit», ou la totalité des expériences écoulées pendant les vingt-quatre heures du jour de veille vient se confondre avec le commencement du jour qui vient; quand le jour bascule sur un autre jour; quand le destin a mis de côté assez de grains de sable pour que, tout à coup, le tas s'écroule et que s'accomplisse l'œuvre de mort.

Un grand roman sans doute, même si aucun des détectives habituels n'apparaît, même si, au détour d'une conversation, Agatha ne peut s'empêcher de citer Poirot, comme si elle s'excusait de l'avoir laissé au placard. «Je donnerais cher pour savoir ce qui n'arrête pas de me faire penser à Hercule Poirot» déclare le superintendant Battle. Et comme son assistant lui répond : «Ce vieux débris? Le Belge? Ce petit moustachu ridicule?», Battle réplique : «Je t'en ficherais du ridicule! Aussi dangereux qu'un serpent mamba ou qu'une panthère, voilà ce qu'il est chaque fois qu'il se met à exécuter son grand numéro de charlatan! Je serais prêt à l'accueillir ici à bras ouverts. Une affaire comme celle-ci serait tout à fait dans ses cordes.»

## Le théâtre

Agatha Christie sera amenée à fréquenter beaucoup d'acteurs à partir de 1940. Cette année-là voit l'adaptation de *La Maison du péril*, par Arnold Ridley, au Vaudeville Theatre de Londres. Francis Sullivan interprète le rôle de Poirot et Agatha se plaît si bien en sa compagnie qu'elle va passer plusieurs jours avec l'acteur et sa femme dans leur maison de campagne à Haslemere («au milieu d'un bois de chênes» précise-t-elle). Elle trouve, chez les gens de théâtre, la même faculté d'adaptation par l'absence que la sienne : «J'ai toujours trouvé reposant de fréquenter des acteurs pendant la guerre, parce que pour eux, le monde du théâtre était le monde réel. Jouer la comédie était leur seconde nature. A leur point de vue, la guerre était un long cauchemar qui les empêchait de mener une vie normale, aussi leur conversation roulait-elle uniquement sur les gens de théâtre. C'était merveilleusement rafraîchissant.» De cette époque date aussi un travail redoublé d'écriture pour le théâtre.

En 1941, elle travaille à une adaptation des *Dix petits nègres*. Adaptation qui présentait, bien sûr, quelques difficultés : si l'on se souvient de la fin particulièrement (trop?) ingénieuse du roman, on conçoit que le producteur pressenti (Charles Cochran), et même le cher Francis Sullivan aient eu quelques réticences envers la conclusion imaginée par la romancière. La pièce sera donc montée, à partir de 1943, par un autre producteur, mais Agatha aura dû travailler à une nouvelle version et, comme pour *Café noir*, suivre les répétitions, modifier le texte en fonction de la mise en scène, etc.

La dernière année de la guerre, la romancière travaillera aussi à une adaptation pour le théâtre de *Mort sur le Nil*, qui ne sera représentée à Londres qu'en 1946, tandis que l'adaptation de *Rendez-vous avec la mort*, entreprise par l'écrivain au même moment, serait jouée dans la capitale britannique à partir de mars 1945. Agatha était si passionnée par ce travail théâtral qu'elle était sur le point d'accepter une participation avec l'Association des spectacles du service national à une tournée en Afrique du Nord. L'information selon laquelle Max allait bientôt revenir en Angleterre la retint cependant de partir. Elle eut raison : quinze jours avant la date arrêtée pour le départ elle reçut de son mari la lettre l'avertissant de son retour.

**Retour de Max**

Agatha a raconté avec humour, dans son *Autobiographie*, ce retour de Max. C'était un dimanche soir; elle rentrait d'un week-end passé avec Rosalind au Pays de Galles. Les transports londoniens étaient désorganisés, et elle mit longtemps pour rejoindre son appartement de Lawn Road Flats depuis la gare de Paddington. En ces temps de ravitaillement difficile, elle rapportait une valise chargée de... harengs! Les harengs commençaient à frire quand elle entendit un bruit bizarre, et elle vit «s'avancer une silhouette harnachée comme un vieux poilu de la première guerre» : c'était Max. «Il aurait pu être parti de la veille. Il était de retour. Nous étions réunis. Une odeur de harengs frits coupa court à notre émotion.» Les deux époux découvrirent qu'ils avaient pris du poids autant l'un que l'autre «vingt kilos à nous deux» écrit Agatha! Pour s'en excuser, Max reconnut qu'on pouvait fort bien grossir dans le désert du Fezzan, puisque «on n'avait rien d'autre à faire que de rester assis en buvant de la bière». Les Anglais, décidément, savaient raconter leurs exploits avec le sourire. «Nous avons mangé les harengs et nous étions très heureux.» Ainsi finit la guerre de Max et d'Agatha.

**Rapport de police**

**1945** : Accord avec *Ellery Queen's Mystery Magazine* pour la publication de nouvelles — *Meurtre au champagne*
**1946** : *Le Vallon — Dis-moi comment tu vis*
**1947** : 26 mai. Diffusion par la BBC de *Trois souris aveugles* — Au printemps, voyage en Suisse, à Lugano et en France, à Cannes — Max Mallowan est nommé titulaire de la chaire d'archéologie sur l'Asie Mineure, à l'Université de Londres — *Les Douze travaux d'Hercule*
**1948** : Janvier : Diffusion par la BBC de *Butter in a Lordly Dish — L'If et la rose* (peudo. Mary Westmacott) — *Le Flux et le reflux* — Voyage à Paris pour rencontrer Alfred Pigasse, directeur des éditions du Masque.
**1949** : Janvier : Première saison de fouilles à Nimrud — *La Maison biscornue — Trois souris...* — Octobre : remariage de Rosalind avec Anthony Hicks
**1950** : *Un meurtre sera commis le...* — Mort de Madge.
**1951** : *Rendez-vous à Bagdad — Le Vallon* est porté à la scène par Peter Saunders
**1952** : *Jeux de miroirs — Mrs McGinty est morte — Ainsi vont les filles* (pseudo. Mary Westmacott) — 25 novembre : Première présentation de *La Souricière*
**1953** : *Les Indiscrétions d'Hercule Poirot* — 26 septembre : première de Témoin à charge — *Personal Call*, pièce pour la BBC
**1954** : *Destination inconnue — La Toile d'araignée*, pièce de théâtre
**1955** : *Pension Vanilos*
**1956** : (1er janvier) Agatha Christie devient Commandeur de l'Empire britannique — *Poirot joue le jeu — Le Poids de l'amour* (pseudo. Mary Westmacott)
**1957** : *Le Train de 16 heures 50*
**1958** : *Témoin indésirable*
**1959** : *Le chat et les pigeons*
**1960** : *Christmas Pudding* — Dernière expédition de Max et Agatha à Nimrud.

**Résidences** : Greenway — Wallingford — Cresswell Place, puis 48 Swan Court, toujours à Chelsea, à Londres.

# IX

# Le spectacle du monde, l'intensité des rêves

## 1945-1960

> «J'ai eu beaucoup de plaisir à la seconde floraison qui se produisit quand je découvris soudain que, à l'âge de cinquante ans, une nouvelle vie s'ouvrait à vous. (...) Pendant une longue période, votre vie personnelle a absorbé toute votre énergie : maintenant vous êtes libre de regarder autour de vous. (...) En même temps le poids des ans se fait plus lourd. Vous découvrez que votre corps vous fait toujours mal quelque part. (...) Mais la gratitude que l'on éprouve pour ce magnifique cadeau qu'est la vie devient, je pense, plus forte durant ces années. On y trouve l'intensité et la réalité des rêves et j'aime encore énormément rêver.»
>
> A. Christie, *Autobiographie*

A la fin de la guerre, Agatha a cinquante-cinq ans. Les quinze années qui suivent peuvent sembler étrangement répétitives : pour l'organisation du temps, début de chaque année à Bagdad, puis à Nimrud, sur les chantiers de fouilles avec Max Mallowan. La saison chaude se passe en Angleterre, à Greenway en partie, à Winterbrook le reste du temps.

Greenway, c'est toujours, par la proximité avec l'ancien Ashfield, le retour au Devon de l'enfance. C'est aussi, pour Agatha, l'occasion d'expérimenter une organisation du jardin potager et du verger qui oscille entre émerveillement et agacement à l'endroit des problèmes d'embauche du personnel jardinier; Winterbrook House à Wallingford, entre Londres et Oxford, c'est la «maison de Max» acquise avant la guerre, «une délicieuse petite maison du temps de la reine Anne» écrit Agatha dans son *Autobiographie*, avec ses toits pentus, ses grande baies à petits carreaux, le potager à l'arrière, la pelouse qui lèche le devant de la maison et descend en pente douce jusqu'à la Tamise, et, noyant le tout dans la verdure, des arbres magnifiques, dont un cèdre du Liban qui permettra, se disent les époux Mallowan au moment de leur achat, de «prendre, en été, le thé à l'ombre». Max s'est aménagé, sur tout un étage, une immense bibliothèque où il peut classer et consulter livres, cartes et documents d'archéologie.

Sur les chantiers, comme dans ses maisons anglaises, Agatha écrit : chaque année voit éclore au moins un, et quelquefois deux romans policiers, auxquels s'ajoutent les adaptations théâtrales, les pièces radiophoniques et autres exercices que les «médias» sollicitent de plus en plus de la part d'un auteur devenu si célèbre. Cette production intense s'accorde sans doute à la demande, mais elle s'explique aussi d'une autre manière, dont Agatha a elle-même parlé quand elle menait de front, en 1940, la rédaction de *N ou M?* et celle d'*Un cadavre dans la bibliothèque* : «L'un des problèmes de l'écriture, c'est que l'on perd soudain tout enthousiasme pour le livre que l'on est en train de rédiger. On est obligé de le mettre de côté et de passer à autre chose. Mais je n'avais rien d'autre à faire, et je n'avais aucune envie de rester dans mon coin à broyer du noir. Je me dis que si je m'attaquais à deux livres, en alternant la rédaction, je ne me lasserais ni de l'un ni de l'autre.» Etonnante modestie pour évoquer, en se contentant de parler de «manque d'enthousiasme» ce que tant d'écrivains, guettant en eux-mêmes les signes du génie, mettent au compte des ratés de l'inspiration et de la torture de la page blanche!

### Des complots de guerre froide...

«L'air du temps» est toujours présent chez Agatha Christie, même si nombre de ses ouvrages paraissent échapper à toute datation. Au fil des années on y voit apparaître les préoccupations socio-politiques du moment, même si elles ne servent que de toiles de fond, la plupart du temps, à des conversations dont le véritable intérêt est ailleurs. Cette toile de fond, c'est la reconstruction des villes bombardées et l'explosion de la demande de logements, c'est l'opposition entre travaillistes et conservateurs pour la conquête du pouvoir avec l'échec politique de Churchill, le grand homme de la résistance à l'Allemagne, c'est l'entrée progressive dans la guerre froide avec son lot de batailles idéologiques et d'espionnite aiguë.

Ainsi Mr Farraday, dans *Meurtre au champagne*, est-il un entrepreneur parti de rien qui gagne beaucoup d'argent en construisant ces immeubles qu'avant les H.L.M. on appelait, en France, des «habitations à bon marché», et son fils fréquente Oxford, flirte d'abord avec les travaillistes avant de devenir député conservateur à la chambre des Communes. Ainsi l'état de l'Angleterre pendant l'immédiat après-guerre fait-il souvent l'objet de remarques sur l'administration et la politique : dans *Le Flux et le reflux*, un des membres de la famille Cloade, ruinée par la guerre, s'écrie : «on ne sait pas quelle sera la prochaine invention de ce fichu gouvernement... on est déjà ligotés de tous les côtés et noyés sous la paperasserie jusqu'à des minuit...» L'auteur invente un «formulaire mille cent quatre-vingt-dix-neuf» à propos duquel les paysans ne «comprennent pas le quart de ce qu'on leur demande». Elle évoque aussi le désarroi qui s'empare des populations amenées à assumer à nouveau leurs responsabilités individuelles, tandis que la guerre permettait d'«exister sans penser».

L'intrigue lui donne surtout l'occasion de brosser le portrait d'un de ces jeunes gens qui ont fait merveille par leur courage pendant le conflit, et que le retour à la vie civile révèle comme des têtes brûlées, portrait où l'on retrouvera sans doute l'évocation du frère aîné Monty :

«Je connais ce genre d'hommes. (...) Ils ont fait des prouesses pendant la guerre. Un courage physique incroyable. De l'audace, un mépris total pour le danger. Ils prennent tous les risques. Ce sont des candidats à la Victoria Cross, quoique à titre posthume, bien souvent. Oui, en temps de guerre, ces hommes sont des héros. Mais en temps de paix (...) ils échouent en prison plus souvent qu'à leur tour. Ils aiment les sensations fortes et ils n'arrivent pas à rentrer dans le rang. Ils se fichent de la société comme d'une guigne – et, au bout du compte, ils n'ont aucun respect de la vie humaine.»

*Le Train de 16h50* fourmille de notations sur les impôts qui augmentent, sur les conséquences, tantôt bénéfiques, tantôt détestables, du système de prise en charge des frais de santé par la Sécurité sociale. Dans *Le Chat et les pigeons*, à côté de la présentation animée d'une institution scolaire pour jeunes filles (où il semble qu'Agatha ait voulu peindre Caledonia, l'école qu'avait fréquentée Rosalind) l'action se déroule sur arrière-fond de révolution dans un pays du Moyen-Orient. Ce qui donne l'occasion à l'auteur de revenir à cette région du monde qui lui est chère et de brosser quelques tableaux saisissants de l'après-guerre : «La grande rue ressemblait à la plupart des grandes rues du Moyen-Orient. Elle présentait un mélange de misère et d'opulence. Les banques affichaient la magnificence de leurs bâtiments neufs. D'innombrables échoppes offraient des collections de camelote de plastique. Des chaussons pour bébé y voisinaient bizarrement avec des briquets à bon marché. Il y avait des machines à coudre et des pièces détachées pour automobiles. Les pharmacies proposaient des potions maison couvertes de chiures de mouche, toutes sortes de prospectus pour de la pénicilline et des antibiotiques à foison» etc. Ce qui lui permet aussi de développer quelques réflexions bien senties sur la démocratie, «un mot qui a partout des sens différents» et que des «marchands d'illusions» peuvent pervertir en couvrant leur désir de pouvoir et leurs pratiques violentes de la prétendue volonté du peuple.

Plusieurs intrigues de cet après-guerre tentent de sortir du cadre familial et villageois cher à Agatha et prennent pour cadre l'affrontement sous forme de complot mondial qui semble s'inspirer du climat de «la guerre froide».

Mais si *N ou M?* avait réussi à dresser un tableau sans doute assez pertinent de l'état d'esprit au Royaume-Uni pendant le deuxième conflit mondial, la peinture que réalise Agatha Christie de vastes complots internationaux que trameraient des nations opposées semble bien peu réaliste! *Rendez-vous à Bagdad, Destination inconnue* font partie de ces ouvrages où l'intrigue met en présence quelques courageux défenseurs des valeurs de l'Occident libre avec des représentants d'Etats totalitaires à l'appétit de pouvoir démesuré, et des savants fous ayant mis leur génie au service de ces derniers.

Et, comme dans l'un de ses premiers romans – *Les Quatre* – la romancière semble soudain avoir perdu tout repère, dans une confusion singulière entre machinations à peine à la mesure d'escroqueries de petits truands et stratégies planétaires. Les services d'espionnage communiquent à l'aide de codes qui ressemblent furieusement aux messages scouts pour jeux de pistes, des cités interdites s'édifient sous la terre des déserts, avec, pour en percer les secrets, les mêmes combinaisons que les bons vieux coffres des maisons victoriennes. Le «complot international», aussi vaste que mystérieux, reprend donc les fantasmes de la «cinquième colonne».

«Ce que je voudrais vous faire comprendre, explique Dakin à la jeune Victoria dans *Rendez-vous à Bagdad*, c'est qu'il existe un groupe dont les intentions demeurent encore obscures, qui a intérêt à entretenir toutes les suspicions, toutes les divisions, toutes les incompréhensions. (...) Ce groupe possède des agents dans tous les pays. (...) Ils forment une sorte de "cinquième colonne", travaillant, non pas à l'échelle nationale, mais à l'échelle mondiale.» Dans le même roman, l'héroïne naïve – puisque la jeune secrétaire va devenir, sans l'avoir voulu, la pièce maîtresse d'une entreprise de domination mondiale! – se fait aussi chapitrer sur les batailles idéologiques du monde moderne :

«Deux grandes forces se disputaient le monde : le Capitalisme et le Communisme. D'un côté, des bourgeois repus, accrochés à leurs dividendes et hostiles au progrès, de l'autre, des imbéciles fanatisés, résolus à faire de leur paradis marxiste une réalité universelle. Ces deux forces devaient disparaître, se détruire l'une l'autre, dans une guerre totale qui ferait table rase de tout le passé. Alors sonnerait l'heure des élus, de jeunes hommes, des "surhommes", tous, qui construiraient l'Ordre Nouveau, dans la foi et dans l'enthousiasme.»

Agatha Christie avait toujours détesté la «propagande». A un point tel qu'elle avait refusé, lorsqu'elle cherchait à se rendre utile au début de la guerre, une proposition transmise par Graham Greene de mettre sa plume au service de la propagande politique de l'Angleterre. «Je ne pensais pas être le genre d'écrivain qui pourrait faire de la bonne propagande, parce que je ne savais pas ne regarder qu'un seul aspect d'une question et rien ne peut être moins efficace qu'un propagandiste tiède. Il faut pouvoir dire avec assurance : "X est aussi noir que la nuit", et le croire. Je n'en aurais jamais été capable.» (*Autobiographie*) On comprend donc qu'elle caricature abondamment les «adhérents» que n'effleure pas le doute.

*Destination inconnue* met en présence des types humains qui paraissent prêts pour toutes les aventures de la guerre froide. Une militante exaltée : «Il y avait en elle quelque chose de net, mais, dans ses prunelles au regard d'acier, flambait parfois une flamme inquiétante.» Un partisan du communisme qui déclare :

«Ce qui compte, c'est le bonheur de la collectivité. Ce que nous voulons, c'est une société où les travailleurs, libres et unis, possèderont les moyens de production et se trouveront délivrés des fauteurs de guerre et de tous les personnages insatiables et sordides qui, actuellement, mènent le monde!» A côté d'eux, des savants rêvent de voir, par l'intermédiaire des premiers, se mettre en place une nouvelle ère où la science déciderait de tout, en leur conférant des pouvoirs sans limite : «Ce sont les savants qui doivent gouverner le monde. Ce sont des hommes d'une espèce supérieure, et celle-ci seule compte. Les esclaves doivent être bien traités, mais ils ne sauraient être que des esclaves.» Le grand Directeur de l'Unité (la cité souterraine) endoctrine son auditoire : «Le règne de l'Argent s'achève. (...) La Puissance n'est plus dans les richesses accumulées, mais dans les cerveaux des chimistes, des physiciens, des médecins. (...) Le jour venu, nous créerons un trust, le Trust des Cerveaux, et l'avenir nous appartiendra. Nous commanderons aux capitalistes, aux rois, aux armées, à l'humanité entière! Nous donnerons au monde la *Pax Scientifica*!»

Comme Victoria du *Rendez-vous à Bagdad*, la jeune Hilary de *Destination inconnue* – encore une jeune fille! encore une héroïne énergique, entraînée dans un complot mondial sans l'avoir voulu! – écoute avec méfiance ces grandes déclarations : «Elle faillit lui dire que le monde ne lui paraissait pas si mauvais, que les braves gens y restaient nombreux, que la liberté individuelle a bien son prix et qu'elle préfèrerait toujours l'humanité, avec ses imperfections et ses tares, à des robots, supérieurement intelligents peut-être, mais dépourvus de cœur et fermés à la pitié.» Au mépris de ce bon sens-là, les savants fous d'idéologie ont construit une Cité souterraine où tout n'est qu'ordre et logique, dont ils s'étonnent que l'on puisse désirer sortir : «ce qui caractérise notre Unité, c'est justement qu'elle constitue elle-même un monde en réduction et que ceux qui y vivent n'ont donc aucune raison de "sortir". Au surplus, où iraient-ils? Au-delà des murs, c'est le désert.» L'Unité est construite comme un labyrinthe pour égarer d'éventuels candidats à l'évasion... Tombant dans ces détails, après les envolées théoriques, Agatha fait répéter à son héroïne, qui paraît bien incarner le lecteur moyen : «Tout ça semble *incroyable*.»

En 1940 déjà, dans *Un, deux trois...*, c'était un homme mesuré et sage, ancien des services secrets, Mr Barnes, qui prêtait foi aux histoires les plus extravagantes :

«Ces romans d'espionnage, j'en lis des quantités. On tombe parfois sur des histoires invraisemblables. Mais, ce qui est curieux, c'est qu'elles ne sont pas plus invraisemblables que ce qui se passe dans la réalité. Ça existe, les belles aventurières et les individus sinistres à l'accent étranger! Ça existe, les associations de malfaiteurs, les gangs internationaux et les super-escrocs! Je connais des tas d'histoires vraies que je rougirais de voir imprimées – personne n'y croirait une seconde!» et la phrase sceptique «A en croire Mr Barnes, ces choses-là existaient» rythmait le roman.

Dès cette époque, Agatha opposait à la folie totalitaire des individus qui se prennent pour le centre de pouvoir du monde, une éthique humaniste qu'elle prêtait et au sage

Mr Barnes, et au perspicace Hercule Poirot. Sans doute l'écrivain faisait-elle présenter de manière sympathique une défense du conservatisme («Balayer l'ordre ancien! Les Tories, les conservateurs, les réactionnaires, les financiers rassis et rétrogrades! C'est ça l'idée. Peut-être ces gens ont-ils raison – ce n'est pas à moi d'en décider. Mais ce dont je suis sûr c'est que, cet ordre ancien, il faut avoir quelque chose à mettre à la place… quelque chose qui fonctionne – pas simplement de belles idées fumeuses») mais, plus encore, arrivant à la conclusion de l'ouvrage en forme de morale, elle plaçait ces mots dans la bouche de Poirot, qui semblait bien lui tenir lieu de porte-parole, et fustigeait un politicien de qualité pour qui la fin justifiait les moyens :

«La vie de ces quatre personnes est aussi importante que la vôtre. (…) Les nations ne sont pas mon affaire, monsieur. Mon affaire, ce sont les individus, dont nul n'a le droit de prendre la vie.» Et le détective s'adressait alors solennellement à des jeunes gens : «Le monde vous appartient désormais. Ce monde que vous rêvez tourné vers l'avenir. Qu'il y ait seulement place pour la liberté et la compassion dans votre monde nouveau, mes enfants… C'est bien là mon seul souhait.»

Avec *Le Chat et les pigeons* en 1959, apparaîtront, dans le paysage de la guerre froide, ces personnages mystérieux qu'Agatha nomme les «Arrangeurs». Mr Robinson en est le prototype : hommes de l'ombre, ils participent aux arrangements nécessaires pour que les conflits permanents ne dégénèrent pas en explosions violentes : «Nous sommes… – comment dirais-je? –… des Arrangeurs qui jouons notre rôle en coulisses. Au profit des rois, des présidents, des hommes d'Etat. (…) Nos honoraires sont élevés, mais nous sommes honnêtes.» L'existence de tels personnages, sous la plume d'Agatha, est sans doute symptomatique de la croyance qu'avait l'écrivain en l'existence de machinations secrètes, qui se seraient déroulées derrière le rideau, tandis que, sous les feux de la scène, s'agitaient, seuls connus du public, les «politiques» seconds couteaux.

Puisqu'il est question ici de discussions d'ordre social et politique très présentes en toiles de fond dans l'œuvre d'Agatha Christie après la guerre de 39-45, faisons le point rapidement sur un aspect pour le moins gênant chez un auteur qui faisait profession d'humanisme : quelques traces d'antisémitisme incontestables.

On connaît la propension, chez nombre d'auteurs du XIX$^{e}$ siècle et du début du XX$^{e}$ siècle, à étaler en toute bonne conscience les préjugés antisémites les plus vulgaires. Lorsque George Sand, vers 1850, s'emportait contre certains de ses éditeurs, elle n'hésitait pas à s'écrier : «Ce Juif», et le terme portait toute sa part d'injures sur la rapacité habituellement dévolue aux descendants d'Israël.

Vint le nazisme, la «solution finale» et le conflit mondial engendré par le délire totalitaire hitlérien; chacun put mesurer alors la folie des principes racistes et l'horreur de leurs conséquences. L'antisémitisme de plaisanterie ou de caractérisation facile n'était plus possible. Agatha Christie est sans conteste un auteur très marqué par les habitudes de pensée d'avant l'hitlérisme; elle adore, en outre, mettre en valeur les caractéristiques liées au pays d'origine (les Anglais et les étrangers, les Latins et les Nordiques, les Américains, les Ecossais et les Irlandais, etc.) et cette caractérisation dépasse souvent le cliché pour croquer le détail juste.

Souvent aussi, la notation raciste ou antisémite est mise par Agatha dans la bouche d'un personnage borné, comme la secrétaire de Poirot, Miss Lemon, qui, évoquant une pension pour étudiant, s'étonne de son cosmopolitisme et déclare : «les étudiants de cette pension appartiennent à toutes les nationalités. La plupart sont anglais, mais je crois qu'il y a jusqu'à des *Noirs*.» (*Pension Vanilos*). On trouvera donc souvent des notations qui touchent à la caricature antisémite très primaire : dans *Le Train bleu* la description d'un vieillard juif sinistre, dans *Je ne suis pas coupable*, l'évocation d'un «affreux homme au nez juif» dans *Le Vallon* – pourtant sorti en 1946 – le portrait typé et peu flatteur d'une commerçante juive, propriétaire d'une boutique de vêtements. Les défenseurs d'Agatha ont tenu à souligner que *Musique barbare* fait justice, au contraire, des tracasseries et du mépris dans lesquels sont tenus la famille juive du petit Vernon, le sentiment de solitude que ce racisme engendre pour l'enfant et l'adolescent, et la veulerie qui commande aux bonnes familles de la bourgeoisie anglaise de garder le contact avec ces gens riches tout en ne frayant que de très loin avec eux. Sans doute Agatha a-t-elle exprimé là, avec beaucoup d'humanité, ce qu'elle pensait profondément de l'attitude antisémite. Mais l'auteur de romans policiers ne résistait malheureusement que rarement aux clins d'œil en direction de lecteurs toujours rassurés par des clichés commodes. Clichés que nous supportons mal de retrouver aujourd'hui sous sa plume, quel que soit le peu de prétention de l'ouvrage où ils s'étalent.

Avec *Un meurtre sera commis le...*, Agatha revient aux chuchotements de la vie de village, cadre idéal pour Miss Marple. L'intrigue se noue autour des petites annonces d'un journal local, occasion pour la romancière – puisque c'est là que vont être annoncés les crimes commis – de décrire par le menu le réseau qui se noue, jour après jour, dans la campagne anglaise, par l'intermédiaire de cette presse. Elle est distribuée par un facteur à vélo «pédalant en danseuse et sifflant comme un forcené», mettant «pied à terre devant chaque boîte aux lettres, le temps d'y jeter les journaux»...

«Après un rapide coup d'œil au courrier des lecteurs (où petites haines et grandes passions de la vie rurale se donnaient libre cours) neuf abonnés sur dix se penchaient sur la rubrique des petites annonces. C'est là que se trouvaient regroupés, pêle-mêle, objets à vendre ou à acheter, appels désespérés de maîtresses de maison en quête d'aides ménagères, ainsi que les sempiternelles rubriques ayant trait aux : chiens, volailles, outils de jardinage et autres sujets d'intérêt majeur pour les membres de la petite communauté.» C'est l'occasion aussi pour Agatha de traduire en termes bien sentis les changements perçus par la population rurale entre l'avant et l'après-guerre (l'ouvrage est publié en 1950). Un paysan s'écrie : «Des hommes masqués qui débarquent et qui menacent toute une assemblée avec un revolver! Des choses pareilles, ça se serait jamais passé avant-guerre. Des déserteurs, c'est moi qui vous le dis. Des va-nu-pieds qui rôdent dans la campagne. Pourquoi que l'armée les ramasse pas?»

Suivent dans son discours tous les clichés sur les étrangers qui circulent librement, les gens qui pensent mal : «C'est une communiste, et p't'être même pire, et on aime pas ces gens-là, par chez nous.»

Miss Marple, en femme intelligente mais «bien du pays», analysera avec finesse le sentiment de perte d'identité qui accompagne l'arrivée, parmi les populations villageoises des effrayants «étrangers» : ceux qui arrivent de très loin sans doute, de tous les pays du Commonwealth, mais aussi les hommes et les femmes de régions différentes à qui la simple mobilité accrue a permis le changement : «Et ainsi personne ne sait plus qui sont ses voisins.» «Tous ces gens n'étaient que des visages, des personnalités attestées par des carnets de rationnement et des cartes d'identité (...) les liens subtils qui régissaient autrefois la vie sociale dans la campagne anglaise s'étaient relâchés. En ville, personne ne s'attendait à connaître son voisin. Et maintenant, à la campagne, personne ne le connaissait non plus, même si on en conservait parfois encore l'illusion...»

Bref, quand elle analyse les transformations de l'époque, Agatha n'est jamais loin du registre psychologique. Terrain qu'elle explore aussi dans *Une poignée de seigle*, avec la description des rapports de rivalité et d'estime, les manies et les drames de la vie de bureau à Londres. Recherche confirmée dans *Jeux de glaces*, en 1952. Si le cadre de l'action est une institution pour jeunes délinquants, cadre qui permet à Agatha d'exposer quelques-unes de ses vues sur l'éducation, et sur les adolescents déboussolés de l'après-guerre, c'est, là encore, l'intrigue familiale qui l'emporte sur les vues sociales. Cependant, à travers le réseau imaginé par l'inventeur de l'institution, Lewis Serrocold, nous retrouvons une autre sorte de «grand complot», de perversion systématique de la jeunesse... Grand complot qui n'est guère plus vraisemblable que les tentations d'hégémonie de quelques hommes de pouvoir dans les romans précédents.

Mais le thème de la drogue lié à l'existence de trafiquants se cherchant des clients et des passeurs possibles dans le milieu étudiant cosmopolite et voyageur apparaît aussi dans *Pension Vanilos* en 1955. Agatha Christie se livre même à de brillants exposés sur le blanchiment de l'argent sale dans les tripots! Plusieurs types de garçons et de filles appartenant à la génération nouvelle sont alors brossés, des idéalistes, porte-paroles de milieux extrémistes, aux sages jeunes gens préoccupés de leur avenir avant tout. Là encore, le tableau de mœurs cèdera vite le pas à l'analyse de l'insécurité psychologique, du manque de confiance en soi, de la peur de ne pas être aimé qui caractérise les personnages encore hésitants devant les choix de l'âge adulte.

### ...aux tortures de l'intimité

Même quand elle livre au passage quelques clefs pour saisir ce que furent ses convictions et ses jugements sur le monde contemporain, Agatha, encore et toujours, fait son miel des situations dramatiques qui naissent dans le cercle clos des familles, des villages, dans les rapports intimes entre les êtres. *Mort sur le Nil*, le premier des romans publiés après-guerre, en est sans doute l'exemple le plus frappant. Sans doute se passe-t-il quelque deux mille ans avant Jésus-Christ; sans doute Mrs Mallowan nous livre-t-elle un ouvrage pétri d'histoire, où la philosophie de la mort dans l'antiquité égyptienne prend toute sa place; sans doute les scènes de la vie courante sont-elles restituées avec bonheur; mais il s'agit avant tout d'un drame familial – même si la famille étudiée est plus large que nos familles contemporaines – et le roman est sans doute l'une des meilleures études psychologiques qu'ait produites Agatha Christie. *Meurtre au champagne*, qui le suivit, est plein aussi de ces notations auxquelles elle excelle : faiblesse et sottise de l'aveuglement amoureux, réflexions qui ressemblent à s'y méprendre à des confidences, et petits tableaux de mœurs comme celui de ces «grouillots» s'activant aux prises avec des ordres contradictoires entre salle et cuisine d'un grand restaurant.

Parmi les romans de cette période où le point de vue psychologique domine, *Le Vallon* occupe sans doute une place particulière, qu'a remarquablement analysée Sophie de Mijolla-Mellor, dans son ouvrage d'interprétation psychanalytique de l'œuvre d'Agatha Christie : *Meurtre familier*. L'auteur dresse un parallèle entre ce roman et *Loin de vous ce printemps*, signé Mary Westmacott, remarquant qu'ils ont été écrits à peu de mois d'intervalle. Dans l'un et l'autre de ces textes, Agatha se serait livrée à un retour sur son passé et l'histoire de son divorce.

Dans *Le Vallon* elle s'identifierait à Gerda, l'épouse meurtrière «terne et lente d'un séduisant mari», tandis qu'elle aurait brossé dans *Loin de vous ce printemps* «une féroce autocritique» d'une femme qui a prétendu régenter la vie des siens et s'aperçoit non seulement du vide de son existence, mais des tourments qu'elle a fait supporter à son entourage familial. Ainsi le roman de Mary Westmacott donnerait raison à l'homme séduisant qui l'avait quittée, tandis que le «policier» d'Agatha montrerait où peut mener le sentiment d'infériorité et le désir de vengeance que mûrit en secret la femme délaissée.

Agatha disait d'ailleurs elle-même que *Le Vallon* était «davantage un roman tout court qu'un roman policier» et même qu'elle avait «gâché ce livre en y introduisant Poirot». Que l'on accepte ou non l'hypothèse de l'identification d'Agatha à Gerda, il reste qu'Agatha a su décrire, avec des accents d'une grande justesse, une femme qui s'imagine toujours inférieure à l'homme qu'elle aime et, au-delà de lui, à tous ceux qui composent son univers quotidien.

Petite fille, elle se comparait à ses camarades «plus vives qu'elle, plus adroites»; elle avait fini par exagérer ses expressions d'étonnement et de sottise pour tirer profit de sa réputation de stupidité, «car cette attitude, elle l'avait découvert par la suite, présentait cet avantage que, bien souvent, les gens faisaient les choses à votre place, ce qui vous épargnait bien du souci». Le lecteur voit Gerda se paralyser de timidité, et enchaîner les sottises au volant quand son mari est près d'elle, il assiste à la panique qui s'empare d'elle lorsqu'elle ne sait, attendant son mari pour un repas, si elle doit renvoyer le gigot pour qu'il soit réchauffé à la cuisine, ou le laisser à table, refroidi mais non desséché.

*La Maison biscornue*, l'un des deux livres qu'elle disait préférer (l'autre étant *Témoin indésirable*) n'est pas seulement, comme nous avons déjà eu l'occasion de le dire, une étude remarquable sur l'enfant observateur des adultes et capable du pire dans sa vanité pervertie. Il s'attaque avec une violence inhabituelle au cocon étouffant que peut constituer le cercle familial. Dans cette demeure à pignons, où vivent les membres d'une famille élargie, où chacune des femmes imprime (ou impose...) aux pièces qui sont allouées à son propre foyer sa personnalité à travers les meubles, la décoration, etc. où toutes les cellules superposées offrent l'image d'une maison de poupée en coupe, ou d'une petite ruche, la jeune Sophia déclare à son ami qui vient de lui conseiller : «Oubliez donc votre famille, Sophia» – «Nous avons toujours trop vécu les uns sur les autres. La vérité, c'est que… nous nous aimons trop! Nous ne sommes pas comme ces familles où tout le monde se déteste. Evidemment, ça ne doit pas être drôle! Mais, s'aimer comme nous le faisons, ce ne l'est guère plus. Ici, personne n'a jamais été indépendant, seul, délivré des autres!»

Le drame de famille sera encore le sujet d'un Miss Marple dont Jacques Baudou écrit qu'il est à la fois l'un des meilleurs romans policiers d'Agatha Christie, et qu'il s'apparente à la veine développée par Hitchcock au cinéma : *Le Train de 16h50*. Il faut lire, en effet, le premier chapitre de ce livre, «voir» avec Mrs McGillicuddy, depuis la vitre de son compartiment, la scène du crime où un homme étrangle une femme dans le train qui fonce sur une voie parallèle; il faut observer comment la vieille Miss Marple, aussi bloquée dans son fauteuil que l'observateur infirme de *Fenêtre sur cour*, arrive à mener l'enquête en association avec une jeune femme intelligente, brillante, aventureuse : Lucy Eyelesbarrow (les jeunes femmes d'Agatha!); il faut assister à la recherche d'un problématique cadavre… pour s'apercevoir du talent consommé d'une Agatha de près de soixante-dix ans (l'ouvrage parut en 1957). Et, là encore, ce qui l'emporte, ce sont les relations troubles qui se nouent dans une famille, les conséquences des passions de l'amour et de la cupidité.

Un roman de cette période tient une place un peu particulière : *Témoin indésirable*. D'abord pour le titre qu'il ne porta pas : «L'Innocent», et que voulait lui donner son auteur. Nous savons qu'à plusieurs reprises Agatha avait fait tenir, à Miss Marple en particulier, des propos sur la sauvegarde de l'innocent comme but premier de la recherche du coupable : il faut bien trouver qui a commis le crime si l'on ne veut pas que d'autres en soient injustement accusés. Ce roman-là est tout entier sur ce thème; un témoin réapparaît plusieurs années après un meurtre, remettant en question l'équilibre fragile acquis par une famille aux dépens d'un «innocent». Mais la Grande Charte anglaise, rappelle le superintendant, doit continuer à faire la loi : «A nul nous ne dénierons justice.» Le témoin indésirable répète à son tour : «Les innocents ne devraient pas avoir à souffrir, et il ne faut pas qu'ils souffrent.» La famille et ses proches n'auront pas assez de rancune contre ce gêneur qui vient remettre en cause des valeurs établies.

Occasion de plus pour Agatha de débusquer au passage les vertus trop encensées : celles que l'on vante chez les femmes en particulier, à travers le personnage de Rachel Argyle, qui ressemble trait pour trait à l'héroïne de *Loin de vous ce printemps*. «Rachel avait toujours raison, Rachel savait toujours tout mieux que les autres», «Elle était occupée, heureuse, terrifiante d'énergie». Et c'était aussi une «mère merveilleuse», mais «qui en a fait trop», qui n'a pas donné à ses enfants «ce dont ils auraient eu besoin (...), d'être bonnement, et honnêtement, un peu négligés». Une femme auprès duquel un mari ne peut que «se faner», comme si Rachel, toute de vigueur robuste et d'ardeur de vivre, l'avait dévoré de l'intérieur. L'auteur plaide aussi contre l'amour passionné, «parfait lorsqu'on pouvait y échapper neuf ou dix heures par jour».

Dans le registre «intime», Agatha cède trois fois la plume à Mary Westmacott durant cette période, pour *L'If et la rose*, en 1947, pour *Ainsi vont les filles*, en 1952, et *Le Poids de l'amour* en 1956. *L'If et la rose*, pourtant, dut se ressentir de l'agitation politique qui suivit la guerre au Royaume-Uni. On le sait, la Grande-Bretagne connut une période de conflits sociaux aigus, et une majorité travailliste de 1945 à 1951. L'un des personnages principaux du livre est un candidat conservateur à la chambre des Communes, et la romancière ne se prive pas de dessiner au vitriol le portrait d'un carriériste sans scrupule. En toile de fond, l'angoisse d'un pays appauvri, dans un monde en pleine reconstruction : «Les années qui suivirent la guerre de 39-45, écrit-elle, furent pour le monde entier une période de ténèbres, avec la Peur en étoile ascendante, et tout son cortège de barbarie et de cruauté.» Une élection se prépare : les travaillistes l'emportent dans le pays et les *torries* cherchent des candidats nouveaux pour faire pièce aux succès de l'adversaire.

La romancière décrit avec délectation et férocité le petit monde du conservatisme politique : les vieilles ladies et leurs cercles d'amies qui cherchent à gagner le vote féminin dont se gaussent les hommes du parti («Avec les votes féminins, on ne sait jamais où on va»), la quête d'hommes neufs pour représenter un idéal vieilli («si on ne peut pas avoir un gentleman, je suppose qu'il faut se contenter d'un héros»), «sentiment de supériorité» à toute épreuve qu'inspire le fait d'«être né». Ces personnages distingués échangent sur l'autre camp des clichés bien rodés, à propos des communistes par exemple : «Ils ont des idées si horribles... Ils s'attaquent à la propriété privée.»

Aussi, quand le narrateur – condamné par un accident à vivre en fauteuil roulant, et faisant donc office à merveille d'observateur et de confident – évoque la campagne électorale en cours avec un jeune militaire qui rentre, lui, du front d'Extrême-Orient, il s'exprime ainsi : «Je m'étais trouvé plongé (...) dans un bain de politique pure, et les milieux politiques, du moins dans des endroits comme St-Loo, sont essentiellement féminins. C'est un monde de probabilités, de manœuvres, d'apparences, d'influences, de mille et une subtilités combinées avec une forte dose de cette routine ménagère qui est à la base d'une vie de femme. C'est un monde en miniature et l'univers extérieur avec ses effusions de sang et ses violences, n'y figure qu'à la manière d'une toile de fond sur une scène. Contre cette toile de fond d'une guerre mondiale en pleine activité, nous poursuivions nos petites luttes de clocher. Et sous la noble bannière des clichés : Démocratie, Liberté, Sécurité, Empire, Nationalisations, Loyauté, Monde Nouveau, il en était de même dans toute l'Angleterre. Tels étaient les slogans, et tels les étendards.» Le parallèle entre la politique vue par les hommes, selon Agatha, et celle vue par les femmes est exposé longuement : les hommes sont des guerriers, pris dans la logique mondiale du conflit international, les femmes pensent famille, foyer, sécurité. Il n'est pas étonnant que ce soit elles qui fassent l'opinion et les votes au lendemain d'un ébranlement destructeur. «Le monde civilisé repose sur la terre qui fait croître et produit. Il se construit des demeures et les remplit de ses possessions.

Dans ce monde maternel fécond, la survivance est infiniment compliquée et comporte des milliers de chances de réussite ou de défaite. Les femmes elles, ne voient pas les étoiles, mais quatre murs solides qui les protégeront du froid, et la marmite sur le feu, et le visage prospère des enfants endormis.» La romancière tente d'explorer, à pleines pages auxquelles on s'attend peu, les motifs, les raisonnements qui sous-tendent les choix politiques. Cependant l'ironie cruelle l'emporte le plus souvent à l'égard des jeux politiciens eux-mêmes, de ce qu'ils comportent de pose et de rouerie : «Qu'est la politique après tout, sinon une rangée de baraques à la foire du monde, chacune proposant quelque orviétan de quatre sous pour guérir soi-disant tous les maux. Et le public (avec quelle gloutonnerie!) avale tous les boniments.»

Lorsqu'une lady conservatrice s'exclame : «Pensez au gâchis que nous préparent les travaillistes» le narrateur lui répond : «Pensez au gâchis que n'importe quel parti nous prépare. On ne peut pas s'empêcher de faire du gâchis après une guerre. Et, à ce compte-là, il vaut mieux que ce soit nos adversaires qui s'en chargent.» Bien sûr, comme dans tous les romans d'Agatha Christie, la psychologie reste l'intérêt majeur, mais quand le candidat se voit expliquer avec exactitude les raisons de sa conduite, raisons qu'il connaît bien lui-même, il a cette réplique : «A la gare, la psychologie!», comme pour indiquer que la politique a son jeu et ses règles propres.

Pourtant le roman d'Agatha, en dehors de l'étude sociologique qu'il nous livre, tourne tout entier autour de l'affrontement entre deux hommes, l'infirme et le candidat, entre lesquels se dresse une jeune fille énigmatique, l'auteur réussissant sans peine à entretenir, entre ces pesonnages, le même type de suspense qu'elle sait créer dans un roman policier. Avec *Ainsi vont les filles*, paru en 1952, Agatha reste au contraire dans le genre du drame intime qu'elle avait déjà cultivé avec *Loin de vous ce printemps*. Les deux personnages principaux sont une mère et sa fille, les hommes gravitant autour d'elles n'étant que l'occasion, pour l'une et pour l'autre, de tenter de conquérir leur liberté contre la dépendance dans laquelle elles vivent l'une vis-à-vis de l'autre.

Agatha se souvient-elle de ses années adolescentes passées avec Clara? La très indépendante Rosalind a-t-elle servi de modèle à la jeune Sarah du roman? Un romancier, chacun le sait, travaille toujours à partir de ce qu'il connaît bien, même quand il fait œuvre de fiction pure. En tout cas, l'exploration des sentiments maternels et filiaux est poussée aussi loin que possible; chez la mère, peur de la possessivité qui aboutit à un excès de distance : «on parle tellement de ces mères excessives que certaines femmes ont peur de faire preuve d'une affection normale pour leurs enfants», chez la fille, tyrannie inconsciente : «c'est une fille excessive» dit d'elle un très sage témoin du drame. Au-dessus de ces deux femmes qui s'adorent et se déchirent s'élève, telle une statue du commandeur femelle, le personnage de «Dame» Laura, marraine de la jeune fille, confidente des deux protagonistes. C'est elle qui, à la manière des détectives d'Agatha dans ses romans policiers, lance les avis pertinents, un rien sentencieux, sur la manière probable dont va évoluer la situation. Mais elle se refuse à conseiller vraiment; elle veut que, reprenant raison, chacune des deux femmes comprenne le sens de ses propres actes et décide par elle-même ce qui sera le meilleur. Pourtant que d'autorité dans cette apparente absence d'intervention! C'est que «Dame» Laura représente sans doute, dans cet enchevêtrement de sentiments tourmentés, l'idéal de l'âge mûr enfin atteint, de l'autonomie acquise, de la sagesse.

«Entre vingt et quarante ans les femmes sont absorbées par des activités biologiques, et c'est bien ainsi. Elles ne s'intéressent qu'à leurs enfants, à leurs maris, à leurs amants – à des contacts humains. Ou bien elles subliment ces choses et se jettent dans une carrière avec une ardeur émotive très féminine. Mais la seconde floraison naturelle est de l'esprit et de l'âme, et elle se produit pendant l'âge mûr. (...) Le cercle des curiosités masculines ne cesse de s'étrécir, celui des femmes de s'agrandir. Un homme de soixante ans se répète comme un phonographe. Une femme de soixante ans, si elle a la moindre parcelle de personnalité – est quelqu'un d'intéressant.»

C'est elle qui énonce, en lieu et place de l'auteur, les maximes du savoir exister. Elle s'insurge, en particulier, contre la consommation de sexualité qui serait obligatoire pour l'équilibre : «A l'époque victorienne, tout ce qui touchait au sexe nous faisait peur (...) maintenant nous en sommes venus à l'extrême inverse. Nous traitons la sexualité comme un médicament qu'on peut acheter chez le pharmacien.» Elle plaide pour la belle et bonne solitude des personnes qui, comme elle, se sont trouvé des buts estimables dans l'existence : «Nous devons accepter le fait que nous n'avons qu'un seul compagnon en ce monde, un compagnon qui nous escorte du berceau jusqu'à la tombe : nous-même. Il faut être en bons termes avec ce compagnon-là. Il faut apprendre à se supporter soi-même. Ce n'est pas toujours facile.»

Comme dans *Loin de vous ce printemps*, c'est pendant une sorte de «vacance» «une interruption dans la trame uniforme de sa vie» créée par un voyage de sa fille qu'Ann, la mère, découvre un peu mieux qui elle est. Dans une attitude très pascalienne, elle déclare que cette solitude devrait même se passer de lectures : «La lecture est un vice acquis. Si l'on a assez à manger, à boire et rien – absolument rien – à faire, on a, enfin, une chance convenable de faire connaissance de soi-même.»

La femme forte qu'est Laura se reproche presque le penchant trop fort qu'elle manifeste pour le travail : voyages, interventions politiques et diplomatiques qui lui ont valu son titre de «Dame». Car, dit-elle, «le travail est une des voies principales par lesquelles on échappe à soi-même.» Elle est capable de se concentrer absolument sur l'activité présente, en laissant en arrière le reste de ses attachements, puis, l'activité terminée, de reprendre doucement contact avec les amis un instant délaissés. Elle suggère le droit à un sain égoïsme, et tente de détourner ses jeunes amies de la fascination du sacrifice de soi fait à ceux que l'on aime :

«L'ennui, avec un sacrifice, c'est qu'on n'en a pas fini en une fois. Il faut continuer.» Jamais, sans doute, Agatha n'a aussi bien parlé de la manière dont elle se représente son âge mûr qu'à travers l'incarnation de «Dame» Laura…

Face au roc de cette personnalité (l'«idéal du moi» diraient peut-être les psychanalystes), la trop tendre Ann représente sans doute la part d'émotivité, de timidité, de sentiment d'impuissance dont la romancière ne se débarrassa jamais tout à fait. Et le début du roman évoque un rêve fait souvent par Ann, celui des chambres inconnues qui se révèlent dans le songe, et dont un sentiment obscur vous dit qu'elles ont toujours été là, mais qu'on les avait oubliées.

## Nimrud

Les livres de cette période ne sont pas tous écrits dans les paisibles demeures et jardins anglais d'Agatha. Nous l'avons dit, une partie de l'année (en tout cas de décembre-janvier à mars, et quelquefois aussi l'automne) se passe avec Max sur les terrains de fouille, et, à partir de 1949, à Nimrud dont l'archéologue a pressenti la richesse et dont il fera la grande affaire de sa vie. Nimrud – l'ancienne Kalakh – est située au nord de l'Irak, à une trentaine de kilomètres au sud de Mossoul. Kalakh était une des capitales de l'Assyrie au sud de Ninive.

Les fouilles sur le site avaient été commencées un siècle auparavant, de 1845 à 1851, par Layard, mais l'exploration n'en fut vraiment accomplie que par l'équipe de Max Mallowan. Celle-ci devait, en particulier, découvrir et mettre en valeur un nombre considérable de pièces assyriennes en ivoire : plaquettes sur lesquelles s'enlèvent, en haut-relief, les silhouettes d'Assurbanipal, figures de génies ailés à tête de rapaces ou à visage humain, et cette tête de femme couronnée, découverte un jour par Max au fond d'un puits empli de boue, et dont le sourire étrange fit qu'on la surnomma «Mona Lisa».

Les ouvrages savants d'archéologie (dont ceux que devait écrire Max Mallowan lui-même, en particulier *Nimrud et ses vestiges*) décrivent longuement l'importance de ces découvertes, la beauté et la fraîcheur des pièces d'ivoires rehaussées de lapis-lazuli, de cornaline et d'or. Et il ne fait pas de doute qu'Agatha participa de l'enthousiasme que durent ressentir Mallowan et son équipe certains jours. «On se sent fière de la race humaine, quand on découvre des objets merveilleux que des êtres humains ont conçus et façonnés de leurs mains.» Grâce au talent de Max pour obtenir les subventions nécessaires, la «mission» se composait de spécialistes et d'experts; Agatha cite souvent les architectes qui y collaborèrent, mais il fallait aussi s'entourer d'épigraphistes, de géologues, etc. D'année en année, Agatha se rendait toujours un peu plus précieuse, confirmant ses talents de photographe de l'expédition, règnant discrètement semble-t-il, et sans causer de frictions, sur les affaires domestiques de la petite troupe. Toujours très «comme il faut», elle continuait de porter au milieu du désert des tailleurs de tweed bien coupés, des robes de chez Worth, de la soie, des bas, des souliers à talon…

Lorsque Agatha était là, on «s'habillait» pour le dîner, comme on l'eût fait chez un hôte anglais de bonne compagnie. Lors de ses déplacements à Bagdad, elle achetait pour le plaisir, dans les «bazars» des collections de tapis, de couvertures, de lampes, sans toujours savoir quels seraient les destinataires de ces cadeaux, un peu comme une acheteuse britannique qui se sentirait prise dans la frénésie des soldes, ou comme la jeune femme qu'elle avait été autrefois, pendant son tour du monde, accumulant les objets typiques qu'elle aurait bien du mal à acheminer ensuite.

Elle a décrit avec couleur et précision l'ambiance des souks de la capitale irakienne dans *Rendez-vous à Bagdad*. Sans doute, toujours prête à défaire les mythes les plus solides, Agatha remarque-t-elle combien la ville est marquée par les apports de la technologie moderne et sa jeune héroïne, s'attendant à de l'exotisme, est surprise de l'ambiance urbaine : «Une circulation intense, des autos dont les avertisseurs claironnaient sans discontinuer, des magasins dont les vitrines regorgeaient de produits européens, des gens qui crachaient par terre après s'être raclé la gorge à grand bruit, elle n'avait rien prévu de tout cela et elle était fort surprise de ne rencontrer que très peu de femmes au visage voilé. Où était donc ce mystérieux Orient dont parlaient les livres?» Pourtant, certains quartiers répondent davantage à son attente. «Là tout était bruit et mouvement. Des indigènes se bousculaient pour se frayer un chemin, certains chassant devant eux un bourricot lourdement chargé, des gosses se chamaillaient, ne cessant de se disputer que pour courir derrière les Européens en implorant un *backchich...*» Et elle note au passage les produits entassés «des poêles en aluminium, des théières, des cuivres martelés, de l'argenterie d'Amara, des montres en acier, des pots émaillés, des broderies venues de Perse et des tapis de même origine, des coffres en bois, des vêtements d'occasion, des couvertures, des lampes peintes, des jarres en argile». Elle montre les cours circulaires entourées de boutiques, les marchands de vêtements en peau de mouton préparant du café offert à leurs clients, elle détaille les vêtements typiques, elle promène, sur la ville, ses habitants et ses mystères, un regard aigu et fasciné à la fois. Il sera aisé pour elle de situer dans cette cité étrange, pleine de passages secrets et d'arrières-boutiques ombreuses, ce que Jacques Baudou nomme «un passionnant roman d'espionnage».

Au passage, elle campe un personnage d'archéologue que «le moindre fragment de poterie antique passionne plus que n'importe quel individu du XX^e^ siècle», et elle décrit avec exactitude, à travers le personnage de Victoria, ce qu'avait été sa propre approche de l'archéologie :

«Victoria était assez surprise de l'activité dont elle faisait montre depuis cinq jours qu'elle était là, et de l'intérêt qu'elle prenait à son travail. Elle avait commencé par développer des clichés photographiques (...) Les premiers paniers de débris dont elle avait eu ensuite à s'occuper avaient excité son hilarité. Comment pouvait-on s'intéresser à de tels détritus? Quand elle eut appris à les distinguer et, d'après un fragment, à reconstituer par la pensée l'objet entier, elle changea d'avis. Elle se mit à imaginer ce que pouvait être l'existence quotidienne des hommes qui vivaient là quelque trois mille ans plus tôt, à deviner leurs occupations, leurs besoins, leurs espoirs et leurs craintes. Les vestiges des humbles demeures (...) lui avaient révélé que, contrairement à ce qu'elle croyait, l'archéologie ne s'attachait pas seulement aux palais et aux sépultures royales et qu'elle n'ignorait pas les petites gens. Victoria trouvait cela fort sympathique.» Cependant, la romancière restait toujours soucieuse de se ménager calme et indépendance pour son travail d'écriture. Jacques Baudou en parle avec émotion, dans la préface au volume 9 de l'*Intégrale* publiée par Le Masque : «Elle fit construire, à ses frais, une petite pièce carrée supplémentaire qui lui servit de bureau et dont elle orna les murs de deux tableaux achetés à de jeunes artistes irakiens. Sur la porte, l'épigraphiste Donald Wiseman accrocha une pancarte sur laquelle il avait écrit en carctères cunéiformes : "Beit Agatha", c'est-à-dire "La maison d'Agatha". C'est dans cette maison-là qu'Agatha commença un jour la rédaction de son autobiographie...» Agatha joua même les mécènes à l'égard de l'Ecole britannique d'archéologie en Irak, puisqu'elle décida par exemple, en 1953, de lui abandonner les royalties du roman *Une poignée de seigle*, dont une partie devait revenir au financement du livre de Max *Nimrud et ses vestiges.* L'année de ses soixante-dix ans, au moment où elle abandonnera définitivement les fouilles, Agatha laissera son chapeau de paille sur une patère de cette Ecole. Lorsque Janet Morgan écrivit son livre, en 1984, le chapeau se trouvait toujours accroché là-bas...

## Sur tous les tableaux

Il était inévitable qu'un auteur dont les livres connaissaient autant de succès qu'Agatha reçût, au moment où se développait l'empire de la radio, des propositions de collaboration avec ce nouveau moyen d'expression. Mais c'est de manière indirecte qu'elle fut conviée à écrire pour les ondes. La BBC avait proposé à la reine Mary, mère du roi George VI, de composer, pour son quatre-vingtième anniversaire, le programme qu'elle aurait le plus de plaisir à écouter. La reine Mary parla de sa prédilection pour Agatha Christie. La romancière fut donc sollicitée d'écrire une pièce radiophonique d'une demi-heure. Ce fut *Trois souris aveugles*, qui connut un vrai succès, auprès de sa destinataire comme auprès du public habituel de la chaîne. Cette pièce radiophonique devait avoir un grand destin. Dans la foulée, puisque le public était ravi, la BBC demanda une autre pièce : ce fut *Butter in a lordly dish.* Une troisième suivra plus tard : *Personnal Call.*

Dans le même temps, Agatha, qui avait toujours aimé le genre de la nouvelle et en avait publié plusieurs recueils en Angleterre, reçut une proposition de Frederic Dannay – qui dirigeait la revue américaine très populaire *Ellery Queen's Mystery Magazine* – de rééditer une douzaine de ces nouvelles. C'était une popularité accrue garantie pour l'auteur : cette revue, chère aux amateurs du genre policier, touchait aussi le très large public des kiosques. En France les recueils, eux-mêmes, ne seront traduits que tardivement, à partir des années soixante, et la plupart des nouvelles d'Agatha seront connues du public français par l'intermédiaire de revues : *Le club des masques*, *Ric et Rac*, *Marianne*, avant de trouver leur place dans deux revues spécialisées dans le genre de la nouvelle policière, *Mystère-magazine*, version française de cet *Ellery Queen's Mystery Magazine* avec qui Agatha signait un accord en 1945, et *Le Saint Détective Magazine*, lui aussi adapté d'une revue américaine «The Saint detective magazine». Une recension très scrupuleuse des nouvelles d'Agatha parues en France figure à la fin du sixième volume de l'*Intégrale* publiée par Le Masque.

C'est en 1947 que paraissent en recueil, chez Collins, certaines des nouvelles les plus célèbres à la gloire d'Hercule Poirot : *Les Travaux d'Hercule*. Plusieurs d'entre elles avaient déjà été publiées dans le *Strand Magazine*, mais Agatha écrit pour l'ensemble un prologue qui constitue un morceau de bravoure et d'humour. Le thème bien connu de l'étrange écart d'apparence physique entre le personnage du détective et celui de son illustre parrain est d'abord traité de manière sarcastique par un professeur de littérature grecque et latine, épicurien jouisseur qui se moque tout à loisir de l'allure rigoriste de Poirot, non sans savourer le Mouton-Rotschild de son hôte. Cette confrontation permet à la romancière de condenser en quelques pages tous les traits de son personnage favori : la vanité, la tenue intemporelle tirée à quatre épingles, le projet de se retirer des «affaires» pour se consacrer à la culture des cucurbitacées, le goût des collections et des séries, etc.

Surtout, Agatha en profite au passage pour nous faire assister au déroulement des pensées les plus intimes de son héros, méprisant la force physique de son glorieux homonyme avec une insolence qui nous vaut une page d'anthologie : «Prenez cet Hercule, ce héros! Drôle de héros! Qu'était-il, sinon un malabar au front bas animé de tendances criminelles? A Poirot, cet Hercule rappelait un certain Adolphe Durand, boucher de son état, fort comme un bœuf et qui avait été jugé à Lyon en 1895 pour le meurtre d'une ribambelle d'enfants (...)

D'ailleurs, l'ensemble du canevas mythologique le heurtait. Ces dieux et ces déesses!... Ils s'affublaient d'autant d'identités qu'un criminel d'aujourd'hui! Et alcoolisme, débauche, inceste, viol, brigandage, meurtre et captation d'héritage, ils se comportaient, d'évidence, comme des délinquants. (...) Et avec ça pas d'ordre! Pas de méthode! Jusqu'à leurs crimes et délits qui fleuraient l'amateurisme et trahissaient une absence totale d'esprit de synthèse!» Lorsque Poirot, au contraire, va conduire ses douze travaux (ses douze dernières affaires avant sa retraite, promet-il!) «ce ne serait pas seulement amusant, ce serait aussi raffiné et *spirituel.*»

En 1960, lorsque Collins ne recevra pas de manuscrit pour son Agatha annuel, l'éditeur et l'auteur décideront de concert de composer un recueil de nouvelles à partir de textes déjà parus. Agatha proposa d'ailleurs – pour l'épaisseur du recueil! – de rallonger quelques-uns de ces textes… Mais c'est sans doute au théâtre qu'Agatha dut alors, surtout en Angleterre, un regain de célébrité. Nous allons y venir. Qu'on nous pardonne de nous attarder un instant sur l'un des «assistants» d'Agatha qui tint un rôle éminent pour elle, en particulier durant cette période : Edmund Cork.

**Edmund Cork**

Le recueil de nouvelles publié en 1947 sous le titre *Les Travaux d'Hercule* fut dédié ainsi : «A Edmund Cork, dont j'apprécie tant les travaux pour le compte d'Hercule Poirot, je dédie affectueusement ce livre.» Dans son *Autobiographie*, la romancière n'en parle presque toujours qu'en accolant quelque adjectif comme «cher» au nom de celui qui devait rester pendant des décennies son agent littéraire.

Elle a raconté dans le même ouvrage sa première rencontre avec lui. Elle avait déjà publié trois livres avec son premier éditeur, Bodley Head, quand elle reçut un avis de son inspecteur des impôts lui demandant le relevé exact de ses revenus d'écrivain. Elle eut beau contester le titre qui lui était généreusement conféré («Je n'étais pas un écrivain. Je n'allais pas écrire toute ma vie») le fisc exigea des comptes clairs.

Elle décida donc de s'adresser, pour une meilleure tenue de ces comptes, au seul agent littéraire qu'elle ait jusqu'alors connu, celui auquel l'avait adressé l'écrivain

Eden Philpotts, quand elle lui avait soumis son premier manuscrit. Cet agent s'appelait Hughes Massie. Mais Hughes Massie était mort, et, raconte-t-elle «en me rendant à son agence (...) je fus reçue par un jeune homme qui bégayait un peu». Le bégaiement n'était sans doute pas pour déplaire à la timide Agatha. Edmund Cork, dit-elle «parut effaré par mon ignorance et se montra empressé à guider mes pas à l'avenir. Il me précisa le montant exact de sa commission, les possibilités de droits sur les feuilletons, la publication en Amérique, les droits d'adaptation dramatique, toutes sortes de choses improbables (ou qui le paraissaient).» Et Agatha de conclure : «Je me plaçai entre ses mains avec un soupir de soulagement. Je sentais qu'un énorme poids avait été retiré de mes épaules. Ce fut aussi le commencement d'une amitié qui a duré quarante années.»

Ainsi voyons-nous Cork intervenir dans tous les cas difficiles où Agatha se trouve aux prises avec une administration des impôts insatisfaite, avec une demande d'exploitations de droits indirects (radio, cinéma, télévision théâtre, reproduction de textes en revues, etc.). Il sert aussi d'agent de liaison avec l'agent d'Agatha aux Etats-Unis, Harold Ober. Mais il apparaît aussi sur des terrains où l'on attendrait moins un agent littéraire : il sert d'intermédiaire, par exemple, entre l'écrivain partie à Nimrud et le personnel en permanence à Greenway, réglant d'épineux problèmes de recrutement, de culture maraîchère même! s'obligeant – pendant des vacances passées en France en 1952 – à revenir d'urgence à Torquay où il dut faire face aux péripéties d'un drame domestique!

On voit, à travers l'abondant courrier privé entre l'écrivain et son agent, comment une romancière devenue trop célèbre savait interposer entre elle et les bruyantes demandes du monde extérieur cet homme de confiance, diligent et discret, qui lui préparait ses revues de presse, la tenait au courant quand elle était en voyage de la bonne tenue de ses pièces au théâtre, atténuant, quand il l'estimait nécessaire, une critique un peu acerbe, la conseillant sur les invitations à honorer ou à décliner. En somme un bon gestionnaire, *lawyer* à ses heures, un chef de cabinet comme auraient aimé en avoir bien des ministres, un ami de tous les instants ne dédaignant aucune corvée. Sans doute Agatha était-elle, avec tous ses succès, une cliente rémunératrice, mais elle avait eu la main heureuse, et elle savait se montrer reconnaissante, n'oubliant pas, au cours de ses périples, de faire envoyer le cadeau qui lui plairait à son «cher Cork».

### D'une inépuisable «Souricière» et de quelques autres pièces

Agatha n'avait jamais économisé sa peine pour répondre aux demandes de ses éditeurs, et nous avons vu combien la période de la guerre avait été féconde. Or, au début des années cinquante, l'auteur semble prise de paresse et se fait tirer l'oreille. Sans doute le lecteur qui consulte aujourd'hui la liste de ses publications découvre-t-il toujours, au minimum, «le Christie» annuel, mais cette parution est parfois difficile. Il existe sans doute pour elle comme une lassitude, liée au fait que les bénéfices importants qu'elle fait sur ses livres sont largement ponctionnés par le fisc.

«Un livre par an serait amplement suffisant. Pour en écrire deux, il me faudrait m'échiner à la tâche et je n'en serais au bout du compte pas plus riche pour autant. Il va sans dire que je n'avais plus le feu sacré» avoue-t-elle. Même quand elle s'achète à Bagdad, en 1952, une machine à écrire portable dont elle dit qu'elle l'aime beaucoup et qu'elle va l'«encourager à travailler», elle laisse passer les semaines.

Plus tard, bloquée à Greenway par un été pluvieux, elle se brisera le poignet et devra se servir d'un dictaphone offert par l'éditeur Collins inquiet de ne pas voir arriver le manuscrit annoncé (*Une poignée de seigle*). Lorsque le même Collins sera en possession des deux livres à publier en 1953 (*Les Indiscrétions d'Hercule Poirot* en plus d'*Une poignée de seigle*) il quémandera le manuscrit de l'année suivante à une Agatha qui aura l'impertinence de lui répondre : «La vérité, c'est que je n'ai pas envie de travailler. Avez-vous jamais ressenti cela?»

En 1952, justement, elle insiste si fortement sur ce thème qu'elle fait reprendre ses propres termes par son alter ego Ariane Oliver dans *Mrs McGinty est morte*. La romancière fictive, qu'un metteur en scène sollicite d'adapter pour le théâtre un de ses livres, s'écrie : «Je me demande bien pourquoi je me laisse faire! Mes livres me rapportent pas mal d'argent, le fisc m'en prend la plus grande partie et, s'ils me rapportaient plus, il m'en prendrait plus, de sorte que je juge inutile de me fatiguer.» C'est le moment où le malheureux Collins (mais peut-on dire d'un éditeur d'Agatha qu'il fut malheureux?) multipliera les cadeaux, dont une voiture, une Humbert Imperial choisie par Agatha comme la plus spacieuse, pour transporter les fruits et les légumes de ses jardins, et «sept ou huit personnes pour les pique-niques sur la plage». Comme Collins va jusqu'à lui proposer une Jaguar, elle lui répond : «Vous n'avez aucune idée du nombre d'objets encombrants qu'un archéologue peut transporter avec lui.» Il reste que Collins devra attendre plusieurs mois la livraison de *Destination inconnue*.

Pour ne pas manquer de «marchandise», Billy Collins avait fait une proposition à Agatha Christie : réunir des nouvelles, parmi lesquelles *Trois souris*... Mais publier ainsi le texte qui avait servi de scénario à *La Souricière*, c'était dévoiler pour tous les lecteurs la solution de l'énigme et briser le suspense d'une pièce qui avait entamé une carrière si magistrale. De cela, Agatha ne voulait pas! Car, de plus en plus, elle s'intéressait aux succès que lui fournissait le théâtre. Et, parmi ces succès, le plus spectaculaire, celui de *La Souricière*.

Rappelons les faits : le 26 mai 1947, *Trois souris aveugles* avait été diffusé à la BBC. Peter Saunders, avait déjà réalisé pour Agatha une adaptation du *Vallon*, montée en 1951, et qui avait tenu l'affiche durant onze mois. Il obtint l'autorisation d'adapter la pièce radiophonique pour le théâtre, et la pièce fut présentée la première fois le 25 novembre 1952. L'année 53, où Agatha s'avoue si paresseuse à envoyer de la copie, voit la pièce continuer jour après jour à faire le plein de spectateurs. Agatha aurait trouvé, au moment de la générale, «que "c'était une pièce charmante" et prédit qu'elle se jouerait environ six mois». Durant ses séjours à Bagdad, Cork l'avertit que les locations se poursuivent. On connaît la suite : *La Souricière* ne devait jamais plus quitter l'affiche! En 1955, on fêta la 1000^e^, avec programmes en soie distribués aux spectateurs. Le 13 septembre 1956, Peter Saunders fit organiser une réception pour la 1998^e^ représentation, célébrant ainsi «la pièce la plus longtemps jouée dans l'histoire du théâtre britannique». Le 13 avril 1958, le titre devint même plus ronflant : «la production de tout genre jamais jouée sans interruption de toute l'histoire du théâtre anglais». Réception de mille personnes au Savoy, presse, radios, télévisions…

Pendant que *La Souricière* prenait sa vitesse de croisière, d'autres scénographies voyaient le jour. Il est probable que le succès de certaines adaptations cinématographiques, en particulier les *Dix petits nègres* (réalisé en 1945 aux Etats-Unis pour la Fox sous le titre *And Then There Were None* par René Clair) donnait de plus en plus d'idées aux hommes de théâtre et de cinéma. Dès 1948, Agatha avait été sollicitée d'accepter une adaptation pour la scène d'un de ses romans. Agatha proposa *L'Affaire Protheroe*. La pièce fut présentée pour la première fois au Playhouse Theatre, à Londres en décembre 1949. Elle devait atteindre 1776 représentations!

D'autres projets étaient en chantier, qui dépendaient bien sûr des réalisateurs; l'un était Bertie Meyer, qui avait entrepris de faire représenter *L'Heure zéro*; l'autre Peter Saunders qui s'intéressait à l'adaptation de *Témoin à charge*. Bertie Meyer avait demandé les droits pour *L'Heure zéro* en 1951. Agatha s'irritera beaucoup de ne rien voir venir avant 1956! Peter Saunders, conforté par le succès de *La Souricière*, fut plus efficace et la première de *Témoin à charge* eut lieu à Nottingham le 26 septembre 1953. Décors coûteux, en particulier une reproduction très fidèle de l'Old Bailey (le célèbre tribunal de Londres), générale glorieuse pour Agatha qui salua de sa loge, telle une reine, le public qui se levait pour l'applaudir, réceptions en série (une centaine de personnes au Savoy, amis de toujours et grands noms de la littérature policière)... Agatha avait beau être timide, le théâtre avait du bon! *Témoin à charge* allait connaître aussi un grand succès aux Etats-Unis (deux ans d'affiche à Broadway, prix du Cercle des Critiques pour la meilleure pièce étrangère en 1954).

Ces réussites et leurs satisfactions secondaires impliquaient pourtant un travail redoublé qui explique largement la baisse de régime en matière de romans que déploraient les éditeurs. Agatha dut, à plusieurs reprises, modifier l'intrigue, trouver un dénouement différent, proposer des variations du texte. Elle restait aussi très attachée, quand elle le pouvait, à une surveillance de la mise en scène, donnait son avis sur le choix des comédiens, suivait les répétitions, etc. Cette attention un peu tâtillonne n'était pas toujours du goût des réalisateurs, mais, de ses maisons à la campagne, de Bagdad ou de Nimrud, elle échangeait de long courriers, par l'intermédiaire de Cork le plus souvent.

Les projets au long cours ne l'empêchaient pas de répondre très rapidement à la demande, lorsque une nouvelle proposition lui paraissait sympathique : ainsi écrivit-elle en quelques semaines, une pièce *La Toile d'araignée* à la demande de l'agent théâtral d'une actrice, Margaret Lockwood. Elle lui prépara un rôle sur mesure, et dans la foulée fit cadeau à la fille de l'actrice, Julia, qui n'avait que quatorze ans, d'un personnage d'adolescente prévu pour elle. Le lecteur découvre dans les romans de cette période quelques notations pointues qui montrent qu'Agatha observait avec une attention ironique le monde du spectacle; ainsi cette comédienne, personnage de *La Maison biscornue* qui ne joue que «pour la gloire» : «elle n'a pas besoin de jouer la comédie pour vivre. Elle peut choisir les pièces qu'elle veut interpréter et, à l'occasion, mettre de l'argent dans une affaire pour paraître dans un rôle dont elle s'est toquée et qui, généralement, ne lui convient pas du tout. Conclusion : on la considère plutôt comme un amateur que comme une professionnelle (...) Les directeurs ne l'aiment pas. Ils prétendent qu'elle est trop indépendante et que c'est une faiseuse d'histoires, avec qui on n'en a jamais fini (...) Ses camarades n'ont pas pour elle une sympathie exagérée.» Ainsi les rapports tendus qu'entretient Ariane Oliver, dans *Mrs McGinty est morte*, avec un metteur en scène qui trahit son œuvre : «Je ne vois pas pourquoi je me laisse manipuler par les auteurs dramatiques, qui transforment mes personnages, leur font dire des choses qu'ils n'auraient jamais dites et faire des choses qu'ils n'auraient jamais faites! (...) S'il est si remarquable, pourquoi n'écrit-il pas une pièce de son cru?»

Les romans parus ces années-là furent sans doute un peu moins nombreux : un «seulement» par an à partir de 1954 (ce rythme sera très exactement maintenu jussqu'à la mort d'Agatha) auxquels s'ajoute un Mary Westmacott, *Le Poids de l'amour*, en 1956. Etait-ce vraiment envie de ne plus travailler, comme elle l'avait écrit à Collins, organisation calculée de ses sources de revenus? Qu'on nous laisse parier pour la simple sagesse, chez un écrivain qui comptait alors plus de soixante années et pas moins de soixante livres.

**Rapport de police**

**1961** : *Le Cheval pâle*
**1962** : *Le miroir se brisa*
**1963** : *Les Pendules*
**1964** : *Le Major parlait trop*
**1965** : *A l'hôtel Bertram* — 11 octobre : Agatha Christie date ainsi la fin de l'écriture de son *Autobiographie*.
**1966** : *La Troisième fille*
**1967** : *La nuit sans fin*
**1968** : *Mon petit doigt m'a dit*
**1969** : *La Fête du potiron*
**1970** : *Passager pour Francfort*
**1971** : *Nemesis* — Agatha Christie est anoblie par la reine et devient «Dame» Agatha Christie.
**1972** : *Une mémoire d'éléphant*
**1973** : *Le Cheval à bascule* — publication d'*Akhenaton*
**1974** : *Le Bal de la victoire*
**1975** : *Hercule Poirot quitte la scène*
**12 janvier 1976** : Mort d'Agatha Christie — Publication de *La Dernière énigme*
**1977** : Publication de l'*Autobiographie*

**Résidences** : — Winterbrook — Greenway — Wallingford

# X

# Dame Agatha Christie

«Un enfant dit :
"Merci, mon Dieu, pour ce bon dîner".
"Que puis-je dire, à soixante-quinze ans?
– Merci, mon Dieu, pour la bonne vie que
j'ai vécue, et tout l'amour qui m'a été donné".»
A. Christie, *Autobiographie*

Ainsi s'exprimait Agatha le 11 octobre 1965, le jour où elle signa la fin de son *Autobiographie*. Il lui restait encore pourtant plus de dix ans à vivre, dix ans sur lesquels nous n'aurons pas le précieux témoignage de ses pages personnelles. Mais seules les toutes dernières années de la vie d'Agatha seront vraiment des années infécondes.

De ses soixante-dix à ses quatre-vingts ans, le rythme de son existence a sans doute changé, mais le travail continue d'occuper la romancière. Et l'on pourrait placer dans sa bouche la formule qu'elle prêtait en 1937 à un médecin évoquant la vieille Miss Arundell de *Témoin muet* : «Vous êtes jeune, ma fille, et vous ignorez le puissant désir de vivre chevillé au corps des vieillards.»

**Je ne me sens pas vraiment un écrivain...**

La vieillesse est venue. Finis les voyages au Moyen-Orient, finies les fouilles, finies les pérégrinations de maison en maison. Reste l'écriture. Année après année, sort «le» livre d'Agatha Christie, toujours aussi attendu par les éditeurs et le public, toujours plus lu, toujours plus traduit, toujours plus adapté pour la télévision, le cinéma et la scène.

En 1961 l'UNESCO annonce qu'Agatha est l'auteur de langue anglaise le plus vendu dans le monde (le deuxième auteur dans la liste, Graham Greene, doit se contenter de tirages qui atteignent à peine la moitié de ceux de la romancière!). Se multiplient aussi les anniversaires, les célébrations, les déplacements sous les flashes des médias. 1962 voit ainsi le dixième anniversaire de la première représentation de *La Souricière* qui doit être fêté au Savoy. L'écrivain a raconté elle-même cette célébration.

Alors que Janet Morgan note sobrement que la romancière reçut ce-jour-là, des mains de l'actrice Dame Sybil Thorndike, «un manuscrit original de la pièce relié en or», Agatha s'est plue à en rappeler les circonstances exactes : sa panique à l'idée de devoir prononcer un discours en public, son incapacité à le préparer en préférant se laisser aller à l'improvisation, l'incident où éclate cette timidité quand un portier qui ne l'a pas reconnue la refoule à l'entrée du grand hôtel et... qu'elle le laisse faire! Elle a tenté d'analyser ce qui pouvait être simplement une preuve de plus de sa timidité : si elle ne raffole pas des réunions mondaines, elle ne s'y sent pas d'ordinaire aussi gênée. Elle risque alors une explication qui mérite vraiment d'être reproduite : «Je ne sais pas si tous les auteurs éprouvent ce sentiment, mais je crois que c'est le cas d'un grand nombre. Personnellement, j'ai l'impression que je prétends être quelqu'un que je ne suis pas, parce que, aujourd'hui encore, je ne me sens pas vraiment un écrivain. Peut-être suis-je un peu comme mon petit-fils Mathew qui, à deux ans, descendait l'escalier en disant pour se rassurer : "C'est Mathew qui descend l'escalier." De la même manière, j'entrai au Savoy en me disant : "C'est Agatha qui prétend être un écrivain. Elle va à une grande réception donnée en son honneur et doit prononcer un discours, ce dont elle est totalement incapable."»

Ce jour-là, Rosalind fut la seule à parler avec franchise à la romancière : «Tu aurais pu te donner un peu plus de mal, Maman, et préparer quelque chose!» Les autres invités multiplièrent les éloges polis : «Tout le monde voulut bien m'assurer que c'était parfait. Je ne le crois pas vraiment, mais je pense que cela pouvait passer.» Il est vrai que, pour une seule des phrases prononcées ce jour-là, le reste du discours pouvait bien être pardonné : «ne laissez personne vous dire que rien de passionnant ne peut vous arriver quand vous devenez vieille»...

Quelques mois plus tôt, Agatha avait pu juger, d'ailleurs, de l'accueil mitigé que lui réservait l'intelligentsia anglaise. L'université d'Exeter, dans le Devonshire, avait décidé de conférer à la romancière le titre de docteur ès lettres. La presse de l'époque (Monique Mounier, *Paris-Presse*, 12.5.1961) rapporte des réactions d'étudiants : «Nous n'avons rien contre Agatha Christie, mais nous aimerions bien savoir pourquoi notre université a décider de couronner un écrivain du genre «Whodunit» (contraction de Who done it? [Qui l'a fait?], désigne les romans d'énigme, souvent par opposition aux thrillers, aux romans à suspense.») Le professeur chargé du discours de félicitation se serait aussi abstenu des commentaires d'usage «sur le style et la qualité de l'œuvre». Agatha ne fut pas dupe. Tout en se disant toujours aussi intimidée et heureuse «de faire ses premiers pas dans la carrière académique», elle ajoutait avec humour : «Je sais que j'appartiens à un genre un peu "inférieur"... mais qui plaît bien à des gens "supérieurs".»

Pourtant les titres continuent de s'accumuler chez Collins. Et certains de ces livres de fin de vie sont de grands romans policiers. *Le Cheval pâle*, par exemple. Pour l'anecdote rappelons que l'on y trouve le personnage de ce pharmacien inspiré à Agatha par la rencontre d'un Mr P., au dispensaire où elle apprit le rôle des poisons pendant la Première Guerre mondiale. L'intérêt de l'ouvrage est ailleurs. En premier lieu, dans les réflexions qu'il comporte sur l'écriture, à travers le récit d'un écrivain, dont Agatha fait un spécialiste de l'architecture et de la civilisation mongole (!) et ami d'Ariane Oliver (le double d'Agatha dans bon nombre de romans, nous l'avons vu). On voit ce Mark Easterbrook éprouver «une de ces crises de dégoût bien connues des écrivains», se demander s'il ne «gâche pas sa vie, plongé dans des livres». Quand il rencontre Ariane, celle-ci est au bord de la crise de nerfs, aux prises où elle se trouve avec les personnages qu'elle a créés et dont elle ne parvient pas à assurer la vraisemblance. Ariane, auteur confirmé, se demande avec angoisse comment le lecteur ne va pas découvrir du premier coup l'identité du meurtrier. Mark lui fait remarquer qu'elle a déjà réussi cinquante-cinq fois à monter une énigme, et elle répond, prise du même doute qu'Agatha sur sa capacité d'écrivain : «Chaque fois je n'y crois pas, et je souffre le martyre». En second lieu par l'atmosphère trouble dans laquelle Agatha place le roman, dès l'exergue tiré d'un texte de l'Apocalypse qui donne son titre au livre : «je vis un cheval de couleur pâle, et celui qui le montait était la Mort, et l'Enfer le suivait…» Le roman opposera tout au long les personnages de clarté et de raison aux individus qui mêlent naturel et mystère et pourraient figurer dans les galeries de portraits de la sorcellerie moyen-âgeuse. L'ennui est, qu'à la différence des fous spectaculaires – «un individu qui se démène, qui divague, les cheveux mêlés de brins de paille, enfin qui a *l'air* fou, n'a rien d'effrayant» – ces personnages étranges font partie de l'environnement quotidien. Et l'on retrouve là tout l'art d'Agatha, manifesté souvent dans ses nouvelles, à user du surnaturel sans y croire en se faisant fort, après nous avoir conduit à frôler l'abîme, de démasquer les charlatans qui transmuent l'angoisse devant le mystère en subterfuge criminel.

La même atmosphère de mystère est entretenue dans *Le miroir se brisa.* Cette fois, ce n'est plus *L'Apocalypse* qui est cité, mais un poème de Tennyson, où il est question de Lancelot du lac et de la Dame de Shalott; prédiction de malheur d'abord :

«Se défaisant, la trame s'affaissa;
En mille éclats le miroir se brisa :
"La malédiction est sur moi!" s'écria
La dame de Shalott.»
Puis, l'intrigue dénouée, message de pardon :
«Mais Lancelot s'attarda un moment.
Il dit : "Elle a un visage charmant;
Dans sa pitié, que Dieu lui soit clément,
A cette dame de Shalott."»

En dehors de ces références classiques, le roman était tiré d'un fait divers qui avait concerné une célèbre actrice du cinéma américain, Gene Tierney. Celle-ci avait contracté la rubéole par la faute d'une admiratrice un peu sotte qui l'avait contaminée au début de sa grossesse. Son enfant était né anormal. Plus tard, Gene Tierney devait apprendre tout à fait par hasard l'identité de la personne qui avait provoqué le drame. Elle avait choisi de «tourner les talons» et de tenter d'oublier. Dans le roman d'Agatha, l'actrice Marina Grey décide au contraire de se venger, sans rien révéler de sa découverte. D'où la difficulté de démêler les fils d'une intrigue absolument incompréhensible, puisque les personnages semblent n'avoir aucun lien entre eux. Mais Miss Marple est là! L'action se déroule en effet à ... St Mary Mead, dans la demeure même où résidaient certains protagonistes d'un roman bien plus ancien, le premier Miss Marple : *L'Affaire Protheroe*. Et l'occasion est belle pour Agatha de glisser quelques remarques de son héroïne sur la vieillesse : «Il fallait regarder la réalité en face : St Mary Mead n'était plus ce qu'il avait été. Dans un sens, il y a du vrai là-dedans, rien n'est plus jamas ce qu'il était. Libre à tout un chacun d'en accuser la guerre – les deux guerres, en l'occurrence –, la jeune génération, les femmes qui travaillent, la bombe atomique, voire, en dernier ressort, le gouvernement... alors que la réalité, c'est qu'on vieillit.»

Un peu plus tard, dans *Le Major parlait trop*, la vieille demoiselle accumulera les remarques piquantes sur les personnes âgées qui envahissent les paradis pour touristes que sont les îles des Antilles. Ici, Miss Marple et ses vieilles amies observent avec un brin d'amertume, et en vrac, les libres-services, les céréales du breakfast, le lotissement installé pour loger des familles modestes dans des rues aux noms bizarres, la disparition des petites bonnes et l'arrivée, pour pourvoir à leur remplacement, de travailleuses sociales bêtifiantes. Surtout, elle dit son effarement devant la rationalisation de la reconstruction de l'après-guerre «le radieux monde nouveau en train de pousser comme les champignons», à la manière «d'une maquette ou d'un jeu de construction». (Cinq ans plus tard, elle glissera encore, dans *La nuit sans fin*, quelques remarques acérées contre l'abandon des grandes maisons à la campagne pour les «appartements de luxe perchés en haut des immeubles modernes» de la part des riches investisseurs.)

A ce monde si étranger, Miss Marple appliquera comme il se doit sa méthode favorite : la recherche des analogies avec ce qu'elle connaît bien, et qui lui permet de n'être désemparée nulle part : «Ce monde tout neuf était le même que l'ancien.» Forte de son expérience, la vieille demoiselle n'a pas de mots assez durs pour fustiger les personnes censées s'occuper des vieillards, et qui les infantilisent. «Toute sucrée, miss Knight – sa garde-malade – lui suggère : "Que dirions-nous d'une bonne tasse d'Ovomaltine? Ou d'un Viandox, pour changer?" Miss Marple la remercia et lui confia qu'elle aimerait un petit verre de Xérès. Du sec. Miss Knigth lui jeta un regard désapprobateur.» Car, pour Miss Marple, il n'est pas de meilleur remède contre l'assoupissement du grand âge qu'une bonne énigme à résoudre; même si elle nomme toujours les taxis qu'elle emprunte des «Inch», du nom du propriétaire de fiacres qui desservait le village de St Mary Mead au temps de sa jeunesse.

Le roman donnera aussi l'occasion à Agatha de développer un thème qui lui est cher, et pour lequel elle a quelques raisons de s'animer : les méfaits de la célébrité pour la vie privée des stars du spectacle, les indiscrétions et les harcèlements de la presse, etc. Comme elle règlera leur compte dans le roman de l'année suivante, *Les Pendules*, aux auteurs de romans à scandale. Dans l'agence de secrétariat où travaille la malheureuse héroïne de l'histoire, on tape de tout à la machine, y compris les livres d'un certain Mr Levine, fort désargenté, et la plume acérée d'Agatha de noter : «Pourtant il s'échinait à la tâche. Il était l'exemple flagrant de ce que rien n'est plus soporifique que la pornographie ordinaire. Malgré des couvertures torrides et des titres provocants, ses ventes ne cessaient de baisser».

Ce roman d'Agatha Christie renoue par ailleurs avec le thème de l'espionnage. Mais au lieu qu'il soit le seul sujet de l'ouvrage, nous assistons au croisement de deux intrigues, l'une plus traditionnelle dans l'univers d'Agatha, l'autre concernant les services secrets, les deux enquêtes se rejoignant par le jeu d'une rencontre inattendue dans un immeuble à la géométrie bizarre, en forme de croissant. Agatha prend soin au passage de démystifier le roman d'espionnage et les espions, en expliquant longuement qu'un espion célèbre n'était qu'«un brave type» qui avait simplement accès à des documents importants. «Il les fourrait dans sa poche au moment de sortir, on les photographiait avant de les lui rendre illico, et il les remettait bien gentiment à leur place l'après-midi.» Tout ceci grâce à des échanges de pardessus identiques dans des restaurants toujours différents... Bref, les espions d'Agatha n'ont rien de James Bond, et ils entrent plus volontiers dans la longue cohorte des gens ordinaires qu'elle s'est toujours efforcée de peindre. Et, pour ajouter aux raisons d'être désabusé sur les services d'espionnage, elle en rajoute : «Ce n'est pas aussi excitant qu'un vain peuple se l'imagine. C'est même souvent ennuyeux comme la pluie. Mais il y a pire. On a de nos jours l'impression qu'aucune information n'est jamais protégée. On connaît *leurs* secrets, *ils* connaissent les nôtres, nos agents sont souvent *leurs* agents et vice-versa.» Et l'agent secret déclarera lui-même : «Je vais parfois jusqu'à me soupçonner *moi-même* d'avoir changé de camp.» Décidément, si cet univers-là passionne peu la romancière, il lui faudra revenir à la cruauté des petites vies quotidiennes, qui poussent meurtrier et meurtrière, dans ce roman-là comme dans tant d'autres, à accumuler crime sur crime. D'ailleurs, Agatha Christie semble faire peu de différence entre «faits divers» et «politique». Un indice nous en est donné dans la préface au *Passager de Francfort*, où elle répond d'avance aux questions qui pourraient lui être posées sur ses sources d'inspiration :

«Il nous suffit de placer un miroir devant l'Angleterre de 1970, c'est-à-dire de lire chaque matin la première page de notre quotidien. Il y a tous les jours un meurtre, une jeune fille étranglée, une vieille dame attaquée et dépouillée de ses maigres économies, des jeunes gens qui se livrent à une agression, des bâtiments incendiés ou détruits par des explosions, de la contrebande de drogue, des enfants disparus que l'on retrouve, assassinés, à quelques pas de chez eux, des cambriolages et des hold-up.»

Sans doute, ajoute-t-elle, ceci n'est pas l'Angleterre, ou du moins ne l'est pas encore, «mais cela pourrait l'être». Et elle enchaîne aussitôt sur l'idée de vastes projets, moraux, idéologiques ou politiques pour remettre de l'ordre dans cet univers «de bruit et de fureur». Ou de l'Angleterre de la petite délinquance aux grands montages internationaux de délinquance supérieure. Ainsi la romancière navigue-t-elle toujours à vue entre la côte bien balisée des petits travers et des crimes familiers qu'elle connaît si bien, et le grand large des problèmes sociaux, conflits internationaux, menées secrètes qu'elle soupçonne.

Dans *Les Pendules*, la peinture des gens ordinaires livrera aussi son lot de cruautés, celles qu'exercent en particulier les enfants sur leurs parents, et qui fait soupirer à la mère de deux garnements : «Il n'y a que six journées d'absolue béatitude dans l'année d'une femme : le premier et le dernier jour des trois périodes de grandes vacances», ou encore «C'étaient toujours les mères qui avaient la plus mauvaise part.» Peinture relayée six ans plus tard, dans *La Fête du potiron*, par une Ariane Oliver en verve sur l'esclavage que représentent, pour un certain nombre de femmes, la présence d'enfants tyranniques, les fêtes que l'on s'astreint à préparer pour eux, l'obligation de participer aux sacro-saints rites familiaux dans l'Angleterre post-victorienne. Un autre genre d'enfant intervient aussi dans le roman : une petite fille qui regarde à sa fenêtre, et note les détails avec tant de précision qu'elle fournira un indice essentiel. On songe à la formule empruntée – au moins Agatha l'affirme-t-elle avec prudence – à Walter Scott, et qui revient dans *La Maison biscornue* et dans *La Fête du potiron* : «Il y a toujours parmi nous un enfant qui prend des notes.» Cette petite fille aux nattes sur les épaules

(«C'était une enfant assez laide, au front bombé et au menton pointu, avec des cheveux queue-de-vache séparés en deux nattes et des yeux gris intelligents») remplacera les vieillards observateurs dont le narrateur déplore qu'ils aient tous disparu dans les maisons de retraite au lieu de pouvoir mener une vie paisible et passionnément curieuse (n'est-ce pas, Miss Marple?) «quand elles n'encombrent pas les lits d'hôpitaux dont on aimerait bien les extraire pour y mettre les malades».

*Les Pendules* sert enfin à Agatha de moyen pour livrer – à travers les jugements de Poirot, très très vieux, et qui s'ennuie, et qui lit donc... des romans policiers! – quelques morceaux de bravoure sur les auteurs de ce genre! Et comme cette revue inclut Ariane Oliver, elle se livre gaiement à une autocritique : «Je suis loin d'approuver globalement son œuvre. Les événements y relèvent parfois de l'improbable. Elle joue en outre un peu trop des coïncidences. (...) Mais bon, elle a un tour d'esprit original, il lui arrive parfois de faire des déductions astucieuses et elle a, ces dernières années, beaucoup appris sur les sujets qu'elle maîtrisait mal. La procédure policière par exemple. Et les armes à feu, au sujet desquels elle devient un peu plus crédible. D'autre part, elle s'est sans doute liée avec un avocat ou un juge, car elle a fait des progrès en matière de droit, là où le bât blessait le plus.»

Un domaine, en tout cas, dans lequel Agatha se montre excellente après ses soixante-dix ans comme avant, est la description qu'elle brosse de cette Angleterre qui se donne en spectacle à elle-même, cultive ses curiosités, ses étrangetés, son insularité. Un roman paru en 1965, l'année de ses soixante-quinze ans, est sans doute l'un des plus réussis de ce point de vue. Il s'agit de *A l'hôtel Bertram*. L'établissement, qu'on ne peut appeler simplement un hôtel, mais à qui ne conviendrait pas non plus le nom de palace, est, selon Agatha, «imposant sans ostentation et discrètement coûteux». On s'apercevra, au fil des pages, qu'une grande partie de son activité consiste simplement à faire exister, comme autant de tableaux vivants, des vestiges du passé qui, pour les étrangers et les touristes, représentent la vieille Angleterre. Ainsi se met en place une théâtralisation de tous les clichés attendus de la part de la population britannique, depuis sa manière de beurrer des muffins et de prendre le thé jusqu'à la révérence qui entoure les clergymen, les militaires de retour des colonies et les vieilles ladies. L'aspect «théâtral» recevra d'ailleurs une explication redoublée : l'hôtel Bertram sert en réalité de couverture à un vaste trafic international. On s'aperçoit alors que les livrées de certains domestiques sont de véritables «costumes», et que le décor entretenu à des fins commerciales sert à masquer des menées criminelles. Ainsi, Agatha vous prend deux fois au piège; elle vous fait retrouver avec amusement tout ce que vous vous attendiez à voir sur l'Angleterre («Pouvait-il y avoir quelque chose qui clochait dans un hôtel où l'on servait le thé à la mode ancienne?») pour vous déclarer ensuite : nous, Anglais, sommes prêts à vous donner le spectacle que vous attendez de nous, mais attention, tous ces vieillards sont «des faux fantômes» et un spectacle peut en cacher un autre!

Avec *Mon petit doigt m'a dit*, Agatha renouera, en 1968, avec le couple de Tommy et Tuppence Berensford. Les deux détectives, à qui la guerre avait fourni une passionnante aventure d'agents secrets (*N ou M?*) se retrouvent, tout aussi jeunes d'esprit, à la recherche d'un mystérieux tueur d'enfants, avec la macabre hypothèse d'une cheminée murée autour de petits squelettes... Une bonne part du roman, pourtant, est consacrée à des observations et des réflexions sur la vieillesse : l'accueil des personnes âgées en maisons de retraite, la mémoire vacillante et insistante des vieillards, le caractère insuppportable de certains d'entre eux, et les manipulations dont ils peuvent faire l'objet. L'auteur approchait de ses quatre-vingts ans... Dans *Une mémoire d'éléphant*, un peu plus tard encore, en 1972, Agatha ira même jusqu'à plaisanter des côtés déplaisants du grand âge, épiloguant sur les nourritures agressives pour les «fausses dents», bâtissant la typologie de ses personnages, tous ces vieillards dont s'entourent Hercule Poirot et Ariane Oliver, sur leur aptitude plus ou moins grande à se souvenir, comme ces énormes plantigrades à peau ridée qui semblent avoir emmagasiné entre leurs deux oreilles tout le passé du monde. Plus clairement peut-être encore que tous les autres, ce roman décrira la romancière par le truchement d'Ariane Oliver, et dira le vrai mobile du petit détective belge. Quant à la romancière – Ariane? Agatha? – elle est toujours, l'année de ses quatre-vingt-deux ans, aussi intimidée par les prestations en public : «Je sais parfaitement ce que je peux faire et aussi ce qui ne me convient pas. Je serais absolument incapable de prononcer un discours quelconque. Je me troublerais, je m'énerverais, et je me mettrais certainement à bafouiller ou à répéter deux fois les mêmes choses. Non seulement je me sentirais stupide, mais j'en aurais probablement l'air.» Elle sait aussi apprécier avec exactitude sa valeur : ses romans sont bons, sans doute, mais cela n'implique rien quant à un talent littéraire extraordinaire, ni quant à l'excellence de ses propres sentiments : «Elle avait simplement le talent d'écrire des livres que beaucoup de gens aimaient lire.» Quant à son héros favori, il livre ici la motivation essentielle de ses recherches – motivations d'Hercule Poirot? d'Agatha Christie? – la curiosité avant tout. Tant de romans policiers donnent à voir la quête de la justice, le goût de punir les coupables, ou peignent un univers noir dont un destin implacable conduit le bal... Hercule Poirot cherche peu à punir, même quand Agatha, elle, alliée à Miss Marple, tente de sauver l'innocent. «Vous aimez découvrir la raison cachée des choses» remarque Ariane Oliver, en lui demandant de l'aider à résoudre une énigme; et le détective enchaîne : «La curiosité est une chose passionnante. Que ne lui devons-nous pas!» Cette curiosité que le petit Belge fait remonter à la civilisation grecque, qu'il suppose être le moteur essentiel du progrès... et la cause des ennuis engendrés aussi par ce progrès! Alors, on se moquera bien que «justice soit faite» pourvu que la vérité éclate. On comprend qu'une psychanalyste comme Sophie de Mijolla-Mellor ait placé tous les romans d'Agatha sous le signe de ce désir de voir et de comprendre par lequel l'enfant cherche à saisir «la scène primitive» et à s'en défendre à la fois.

**Le théâtre**

*La Souricière*, encore et toujours, continuait... Mais, à partir de 1960, Agatha eut moins de chance avec ses nouvelles créations pour la scène : un flop de l'adaptation des *Cinq petits cochons*, un essai avec *Rule of three*, du genre de celui que développera en France Robert Hossein interrogeant les spectateurs, par exemple, sur la condamnation ou la grâce à accorder à Louis XVI... La voix de la romancière, enregistrée sur une bande magnétique, demandait au public de découvrir le coupable, le criminel sortait de derrière un écran... La mode n'était pas encore à l'interactivité, et ce fut un nouvel échec.

**Quatre-vingts ans...**

«Agatha connut le sommet de la gloire en 1970, l'année de ses quatre-vingts ans.» Ainsi commence le dernier chapitre de la biographie consacrée à Agatha Christie par Janet Morgan. Agatha elle-même s'en est peu expliquée, puisque son *Autobiographie* s'était terminée cinq ans plus tôt. Mais les articles de presse sur cette célébration sont fort nombreux, même si l'auteur sut obtenir de son éditeur de n'avoir à répondre elle-même directement qu'à un seul interview, celui de Godfrey Will pour le *Daily Mail*. Quant à l'éditeur, il ne se privait pas d'exploiter l'occasion de promouvoir ainsi la sortie du *Passager de Francfort* : «le quatre-vingtième livre d'Agatha Christie pour ses quatre-vingts ans.»

Le siège d'Agatha commença l'année précédente, en 1969. On lui demandait des photographies (l'une d'elles, très officielle, était destinée à la National Portrait Gallery), des détails biographiques qu'elle avait toujours répugné à exposer, des interviews sans fin. La télévision, en particulier, se faisait insistante. Si Agatha était convenue, avec son agent littéraire, qu'il lui faudrait bien célébrer cet anniversaire, et donc accepter quelque allégeance à l'égard des médias («Je suppose que vous et moi devons nous incliner devant mon grand âge») au moins ne voulait-elle rien sacrifier aux petites lucarnes :

«C'est une allergie chez moi» répondait-elle, admettant que la télévision pouvait avoir son utilité «pour regarder les courses de chevaux», qu'elle pouvait aussi servir à obtenir «des prédictions météorologiques erronées», mais qu'elle-même, Agatha, n'y trouvait que rarement plaisir, et, en tout cas, ne désirait pas y paraître. Son accueil fut meilleur à la proposition de Max de faire réaliser son portrait par le peintre expressionniste Oskar Kokoschka. Ce fut le petit-fils Mathew qui servit d'intermédiaire.

Le peintre, âgé lui-même de quatre-vingt-trois ans, ne peignait presque plus de ces portraits qui l'avaient rendu célèbre, mais il admirait l'œuvre d'Agatha; la romancière, quant à elle, accepta de bonne grâce les huit séances de pose de deux heures chacune où le peintre consomma des quantités impressionnantes de whisky!

Lorsque le tableau fut terminé, Agatha se serait écriée : «C'est effrayant! Mais, du moins, il ressemble à quelqu'un. Kokoschka est un grand admirateur de mon nez, si grand, si imposant! Je vois que toutes les stars de cinéma font réduire la taille du leur. Personnellement, je tiens à mon nez romain!» Plus prosaïquement, Agatha fit organiser autour de son anniversaire des réceptions dans sa maison de Greenway, où la vieille dame gourmande qu'elle était restée se plaisait à détailler les délices du menu :

«Pique-nique sur la lande avec cinq chiens et un super-dîner hier soir :

Avocats à la vinaigrette

Langouste à la crème

Glace aux mûres et véritables mûres avec beaucoup de crème

et,O Delice! une grande jarre de crème fraîche pour MOI et champagne pour tous les autres.»

Le fidèle Edmund Cork lui offrit un superbe stylo en or. Mais le cadeau d'anniversaire qu'elle apprécia le plus arriva l'année suivante : Agatha était anoblie par la Reine!

**Dame Agatha Christie**

La romancière n'a jamais fait mystère du prix qu'elle attachait à un certain type de hiérarchie sociale. Autant elle pouvait mépriser les bravos de la clameur publique, autant elle craignait le bruit fait autour d'elle par les médias, autant elle nourrissait le désir d'entrer dans le cercle très fermé d'une société dont la naissance l'avait privée : l'aristocratie.

Aux dernières lignes de son *Autobiographie*, elle rappelle quelles furent ses deux suprêmes ambitions : l'achat de sa première voiture, la chère Morris Cowley, et «dîner avec la reine d'Angleterre»! Chaque fois qu'elle se souvient de l'invitation à Buckingham Palace lui revient sur les lèvres la chanson :

*Pussy cat, Pussy cat, où es-tu allé?*
*Je suis allé à Londres visiter la Reine.*

Elle a alors ce mot touchant : «c'était presque aussi bien que d'être née Lady Agatha.»

La fameuse visite est située par Agatha quarante ans après l'autre merveilleuse aventure : l'achat de la première voiture. Celui-ci eut lieu en 1924. La visite à la Reine est rapportée brièvement par Agatha, mais que de respect dans sa manière d'évoquer Elisabeth : «Elle était si petite et menue dans sa simple robe de velours rouge foncé, avec un seul bijou, et j'appréciai sa gentillesse et son aisance à bavarder.» La romancière septuagénaire la plus lue dans le monde aurait pu percevoir – si elle n'avait été Agatha – que l'honneur à la recevoir était au moins aussi grand que celui à être reçue. Au contraire, l'écrivain est toute jubilation; elle s'étonne de la simplicité de la souveraine et – comme si la Reine avait fait un effort pour descendre à la portée de sa visiteuse – s'amuse d'un incident domestique raconté par Elisabeth. Rappelons pourtant qu'avant son titre personnel de «Dame» Agatha Christie, Mrs Mallowan s'était vue attribuer celui de «Lady», lorsque Max devint Lord en 1967. Janet Morgan raconte qu'elle usait volontiers de ce «Lady Mallowan», quand elle n'était pas reconnue dans ses voyages à l'étranger, et désirait demeurer en retrait, comme l'épouse du fameux archéologue. D'autres fois, Max prenait les devants, et se présentait lui-même en omettant ses titres, et en signalant seulement : «Je suis le mari d'Agatha.»

**Des voyages et des rencontres encore**

Nous l'avons dit : la très longue saison nomade dans la vie d'Agatha, celle où elle accompagnait Max Mallowan sur les terrains de fouille, s'était terminée l'année de ses soixante-dix ans. Mais elle comptait bien profiter de la liberté plus grande que lui laissait la nouvelle organisation de son temps pour entrecouper, de voyages qui ne seraient plus que d'agrément, les séjours agréables dans ses chères maisons anglaises. En 1957-1958, elle s'était offert, avec

Max, un voyage à La Barbade, en profitant pour rendre visite à l'un des architectes des fouilles au Moyen-Orient, John Rose. Celui-ci résidait dan l'île de Sainte-Lucie, et quand elle situera aux Antilles l'intrigue de son livre *Le Major parlait trop*, elle dédiera l'ouvrage à cet ami, «en souvenir ému» de ce voyage.

Toute jeune, alors qu'elle caressait encore l'espoir de réussir une carrière musicale, elle avait connu l'une de ses plus fortes émotions à la découverte de Wagner lorsque Madge l'avait emmenée voir *L'Anneau du Nibelung*, sous la direction de Richter, à Londres. Elle peut maintenant, d'une certaine manière, réaliser ses rêves d'adolescence en accomplissant le pélerinage à Bayreuth. En 1960, elle se rend donc, en compagnie de son petit-fils Mathew, alors âgé de dix-huit ans, au célèbre festival. En 1962, elle se réjouit de pouvoir renouveler l'expérience et, puisque son agent lui a déniché des billets, elle décide de répondre à un certain nombre d'invitations en organisant un long périple à travers l'Allemagne, périple pour lequel elle demande simplement qu'on lui ménage un certain confort : première classe en avion, hôtels de qualité, et, s'il faut sacrifier aux séances de dédicaces, réduction au minimum de celles-ci. La romancière eut tout loisir, au cours de ce voyage, de prendre la mesure de sa célébrité, en en savourant sans doute les signes (une ovation à Bayreuth) mais en se protégeant aussi des pressions désagréables de la foule et des médias.

On retrouvera une Agatha touriste, cette même année, dans les ruines de Persépolis. En février 1964, elle visite des sites de Haute-Egypte avec Max et écrit à Cork : «Je suis assise au soleil, aussi placide qu'une vache sacrée!» Le rythme des voyages semble se ralentir pourtant en 1964 et 1965. Puis 1966 remet la voyageuse en route : en janvier à Paris, où Max se serait plaint de l'hôtellerie française en comparant prix et confort du Ritz parisien et du Bristol londonien. En été, séjour en Belgique, avec la visite d'un musée dédié à... Hercule Poirot. Fin août, le couple villégiature un moment en Suisse. Mais l'Europe n'est pas leur seul territoire; l'automne de cette même année, Agatha accompagne Max dans une tournée de conférences aux Etats-Unis. Elle profitera de ce séjour pour se rendre sur la tombe de son grand-père, Nathaniel Fray Miller, à Greenwood, très étonnée de l'aspect fastueux du monument de marbre noir surmonté d'un obélisque («on se croirait à Louxsor!»). Elle prendra des notes sur une soirée élégante à Princeton («Tout le monde paraît très riche»), sur le mauvais état du réseau ferré américain («j'ai maintenant une meilleure opinion des trains anglais»), sur le Texas, les jardins d'Austin, un gratte-ciel à Dallas... Le printemps 1967 voit le couple Mallowan de nouveau en Perse, où Max est sollicité d'intervenir à l'Institut britannique. Au mois de mai ils se rendent en Yougoslavie : peut-être pour retrouver, près de quarante ans plus tard, les souvenirs et les paysages de leur voyage de noce; plus prosaïquement, souffle Janet Morgan, pour dépenser – comme le font souvent les écrivains ou les éditeurs qui vendent des livres dans les pays à monnaie non négociable – les dinars des droits d'auteur accumulés par Agatha! Tous deux passeront, la même année, une partie de l'automne en Espagne. Entre ces voyages, Agatha séjournait à Winterbrook ou à Greenway, et ces séjours n'avaient rien d'un enfermement, car, outre les amis et les proches, la romancière recevait sans compter, en particulier des personnalités du monde du théâtre et de la musique.

Cependant, les voyages prennent de plus en plus l'allure de cures de santé. En 1970, quand les Mallowan se rendent en janvier à Chypre, c'est pour échapper à l'hiver anglais, et le début du printemps qu'ils passeront en Autriche est censé les faire bénéficier de l'air montagnard. Le voyage à Paris du début 1971, une longue excursion à Nice, furent sans doute les derniers que put se permettre Agatha. La vieillesse était là.

En 1967, la romancière avait suivi des soins contre la surdité. En 1969, elle connut un hiver difficile. En mai 1971, elle fit une mauvaise chute et l'on s'aperçut avec retard qu'elle s'était fracturé la hanche. Elle dut subir une opération et s'ennuya ferme pendant une convalescence dont elle ne se releva vraiment qu'à la fin de l'année. En 1974, elle fut de nouveau clouée au lit après une crise cardiaque, et, de nouveau, elle supporta très mal cette inactivité : «Dieu que je m'ennuie!». Etait-ce un autre malaise ou un simple accident, en décembre de la même année elle tomba et se blessa à la tête. Elle eut des absences, de ces dépressions que connaissent souvent les vieillards. L'hiver 1975, elle prit froid à nouveau et s'éteignit, le 12 janvier 1976. Elle aurait murmuré avant de mourir : «Je vais rejoindre mon créateur». Si l'anecdote est vraie, la romancière aurait tenu son «rôle» jusqu'au bout, sacrifiant – elle pour qui les convictions religieuses ne paraissent pas avoir été primordiales – à un conformisme de bon aloi. Auparavant, elle s'était mise en règle avec la logique de son héritage de romancière et avait accompli son dernier crime.

### La «liquidation» d'Hercule Poirot

Le personnage du petit détective belge, si attaché qu'il fût aux succès d'Agatha, avait souvent embarrassé la romancière. Nous l'avons dit, elle l'avait fait naître vieux! Pour ménager des enchaînements vraisemblables d'un roman à l'autre, elle n'en finissait pas de rajouter, année après année, des artifices qui permettaient une longévité incomparable à cet impérissable vieillard. Dans *A.B.C. contre Poirot*, elle faisait dire à son héros : «Je suis comme une *prima donna* qui accumule les fausses sorties.» Un jour, il lui faudrait tuer Poirot. Ou plutôt, elle révèlerait, quand elle estimerait ne plus jamais avoir à faire appel au personnage, la façon dont elle l'avait tué. Car, rappelons-nous, c'est au début de la guerre de 1939-1945 qu'elle écrivit les deux romans *Hercule Poirot quitte la scène* (encore intitulé en français *Rideau*) et *La Dernière énigme* : le premier décrivait la mort du détective, le second celle de Miss Marple. Elle aurait alors enfermé ces livres dans un coffre pour les publier plus tard, comme une conclusion à son œuvre, quand elle ne se sentirait plus capable de continuer. Janet Morgan parle à leur propos d'un «bas de laine» constitué ainsi pendant la période d'insécurité du conflit. D'ailleurs, des dispositions testamentaires accompagnaient les deux ouvrages. Les droits de *La Dernière énigme* devaient revenir à Max, ceux de *Hercule Poirot quitte la scène* à Rosalind.

En 1975 donc, en autorisant la publication de *Curtain* (Rideau ou *Hercule Poirot quitte la scène*, titre repris par les traductions françaises) Agatha «achève» ou «exécute» Hercule Poirot. L'action du livre a lieu à Styles qui avait été, on s'en souvient, le cadre de son premier roman et celui de la première apparition du détective. Et ce décor se trouve mêlé de manière curieuse aux souvenirs propres de la romancière, puisqu'elle attribue à ce domaine de Styles (comme à la maison personnelle qu'elle avait baptisée de ce nom) des influences maléfiques. A de nombreuses reprises, elle insiste sur «les pensées de meurtre» qui planent sur la demeure. Quand Judith Hastings, la fille du vieux compagnon de Poirot, interroge : «Est-ce que les gens étaient heureux ici?» son père répond sans hésiter qu'ils ne l'étaient pas. «Styles était une maison qui ne portait pas chance.» Car les maisons «possèdent vraiment une atmosphère. Et celle-ci a une histoire sinistre». Toutes ces affirmations sont parfaitement cohérentes et banales, sans doute, puisque Styles Court a vu le crime du premier roman. Mais elles prennent une allure étrange d'évocation autobiographique quand on songe à l'autre «Styles», la maison de la rupture avec Archie, de l'épisode de la disparition, du divorce... Pour le reste, malgré son grand âge Poirot se montre égal à lui-même en ne laissant rien au hasard, fut-ce la mise en scène de sa propre mort. Au passage, il tue le criminel Norton en masquant cette exécution sous forme de suicide. Mais il ne peut se décider, dans le seul meurtre dont il se soit jamais rendu coupable, à viser son adversaire à la tempe et – goût de l'ordre toujours aussi obsessionnel – il signe ainsi cet acte : «je n'ai pu me résoudre à ce manque de symétrie : j'ai donc visé exactement au milieu du front»!

Agatha ne survécut que quelques mois à son personnage. Le roman connut un succès énorme en Angleterre et aux Etats-Unis, et, en France, *Le Figaro* décida de le publier en feuilleton à partir du 16 décembre 1975. Si l'on en juge par les journaux français (articles dans la plupart des grands quotidiens et magazines), la mise à mort du célèbre détective fut une bonne opération publicitaire.

### «La Dernière énigme»

Miss Marple, elle, survivra à sa créatrice puisque *La Dernière énigme* ne paraîtra qu'en 1976. Encore faut-il souligner qu'à l'inverse de Poirot, Miss Marple ne connaîtrait pas la mort : ce très bon roman, destiné à servir des droits directs à Max Mallowan, nous présente une dernière fois la vieille demoiselle (à travers la description de son neveu auteur de romans policiers, Raymond West) comme «une pièce d'époque, victorienne jusqu'au bout des ongles. Chez elle les tables de toilette ont leurs pieds emmaillotés d'indienne»... L'amour viscéral pour une maison tient une place primordiale dans l'intrigue, en parfaite résonnance avec les thèmes chers à Agatha. Et l'auteur y répète une fois de plus que rien ne distingue un criminel d'un homme ordinaire. Les journaux de 1976 ne manquèrent pas, à l'occasion de cette publication, d'évoquer «L'éternité de Miss Marple» (Brigitte Legars *Le Monde des livres*). Et il est vrai que le livre se terminait par un «Postscript at Torquay» où Miss Marple retournait, sur les pas d'Agatha, à l'Imperial Hotel, dans la cité de villégiature chère à l'enfance de l'écrivain. Ainsi, après avoir assouvi une vieille revanche contre le petit Belge qui lui avait pesé si fort, elle laisserait flotter en toute liberté, hors du temps, l'image de la demoiselle aux tricotages floconneux. Ce dernier livre permit, un an après la mort de son auteur, une nouvelle campagne de presse, des compte rendus et des rétrospectives. Jusqu'à son dernier soupir – et longtemps après ce dernier soupir – Agatha se vendrait bien!

Agatha fit inscrire sur sa tombe ces vers d'Edmund Spenser (The Faerie Queen), que Poirot citait dans *Poirot joue le jeu* :

«Le sommeil après le labeur, le havre après la tempête, le repos après la guerre, la mort après la vie sont pour nous autant de bienfaits...»

# Annexes

Quelques-unes des comptines (*nursery rhymes*), chansons et poèmes citées par Agatha Christie :

*Le mystère de Listerdale* (1934)
Six pence pour une chanson,
Une poignée de seigle, une poignée de son,
Et vingt et quatre merles
Brillants comme des perles

*

*A.B.C. contre Hercule Poirot* (1935)
Et un renard attraperas,
Et dans une boîte l'enfermeras,
Et jamais plus ne l'ouvriras.

*

*Mort sur le Nil* (1937)
La vie est vaine,
Un peu d'amour,
Un peu de haine,
Et puis bonjour.

La vie est brève,
Un peu d'espoir,
Un peu de rêve,
Et puis bonsoir.

*Dix petits nègres* (1939)
Dix petits nègres s'en furent dîner,
L'un d'eux but à s'en étrangler
- n'en resta plus que neuf.
Neuf petits nègres se couchèrent à minuit,
L'un d'eux à jamais s'endormit.
- n'en resta plus que huit.
Huit petits nègres dans le Devon étaient allés,
L'un d'eux voulut y demeurer.
- n'en resta plus que sept.
Sept petits nègres fendirent du petit bois,
En deux l'un se coupa ma foi.
- n'en resta plus que six.
Six petits nègres rêvassaient au rucher,
Une abeille l'un d'eux a piqué.
- n'en resta plus que cinq.
Cinq petits nègres étaient avocats à la cour,
L'un d'eux finit en haute cour.
- n'en resta plus que quatre.
Quatre petits nègres se baignèrent au matin,
Poisson d'avril goba l'un.
- n'en resta plus que trois.
Trois petits nègres s'en allèrent au zoo,
Un ours de l'un fit la peau
- n'en resta plus que deux.
Deux petits nègres se dorèrent au soleil,
L'un d'eux devint vermeil.
- n'en resta plus qu'un.
Un petit nègre se retrouva tout esseulé,
Se pendre il s'en est allé.
- n'en resta plus… du tout.
AND THEN THEY WERE * NONE

*Un meurtre est-il facile* (1939)
Fiddle de dee,
fiddle de dee,
the fly has married the bumble bea.

*Un, deux, trois...* (1940)
Un, deux : je boucle mon soulier,
Trois, quatre : je ferme la porte.
Cinq, six : j'amasse des brindilles,
Sept, huit : je les mets en ordre,
Neuf, dix : une poule bien dodue,
Onze, douze : les garçons bêchent.
Treize, quatorze : les filles se font faire la cour,
Quinze, seize : les unes sont à la cuisine.
Dix-sept, dix-huit : et les autres au salon.
Dix-neuf, vingt : mon assiette est vide…

*

*N ou M?* (1941)
Petit jars, petite oie…

*

*La Plume empoisonnée* (1942)
Mon cher amour, je ne suis nulle part,
Je n'ai pas de foyer, pas de maison,
Ni sur la mer ni sur la côte!
Il me suffit d'être dans ton cœur!

*

*Cinq petits cochons* (1943)
Premier petit cochon est allé au marché,
Deuxième petit cochon n'est pas sorti de chez lui,
Troisième petit cochon a mangé tout le pâté,
Quatrième petit cochon n'a rien eu pour lui,
Cinquième petit cochon a pleuré groui, groui, groui..

*

*La Maison biscornue* (1949)
Sur un chemin biscornu, allait un homme biscornu
Il trouva un sou biscornu près d'une tuile biscornue
Il avait un chat biscornu qui attrapa une souris biscornue
Et ils vécurent tous ensemble dans une petite maison biscornue.

*

*Trois souris* (1949)
Trois souris
Trois souris
Trois souris aux yeux crevés
Trottinaient-menu
Trottinaient-menu
Trottinaient-menu après la fermière
Quand aiguisant son couteau la mégère
Une à une leur a coupé la queue.
A-t-on jamais rien vu de plus affreux
Que trois souris
Sans yeux
Ni
Queue.

*

*Un meurtre sera commis le...*(1950)
C'est un si beau jour pour tuer
L'air est pur et embaumé
Les assassins sont lâchés
Hardi! le sang va couler

*

*Rendez-vous à Bagdad* (1951)
Jumbo dit à Alice : «Je vous aime.»
Alice dit à Jumbo : «Je ne vous crois pas,
Car si vous m'aimiez vraiment comme vous le prétendez
Vous ne partiriez pas pour l'Amérique en me laissant au Zoo.»

Combien de lieues d'ici à Babylone?
Trois fois dix moins une.
Aurai-je le temps d'y aller avant que la chandelle s'éteigne?
Oui, grandement, et même d'en revenir.

*

*Mrs McGinty est morte* (1952)
Mrs McGinty est morte. Comment est-elle morte?
Un genou en terre, exactement comme moi.

Mrs McGinty est morte. Comment est-elle morte?
En tendant le bras, exactement comme moi.
Mrs McGinty est morte. Comment est-elle morte?
Exactement comme ça…

*

*Une poignée de seigle* (1953)
Une chanson de quatre sous, une poignée de seigle
Et vingt-quatre merles dans un pâté en croûte!
Le pâté ouvert, les oiseaux se mirent à chanter.
Un gentil plat à servir à un roi!
Le roi était dans sa trésorerie, à compter son argent,
La reine chez elle, à se régaler de pain et de miel,
Et la servante pendait le linge dans le jardin
Quand le petit oiseau est venu qui lui a becqueté le nez!

*

*Pension Vanilos*, titre anglais *Pension Vanilos, Hickory Dickory Dock.* (1955)
Hickory dickory dock
The mouse round up the clock
The clock struckone
The mouse ran down
Hickoty dickory dock.

Ce que Poirot détourne en chantant :
Il y a du thé en stock,
Voilà le five o'clock,
Hickory, dickory, dock.

*

*Témoin indésirable* : (une berceuse) (1958)
La colombe sur le mât,
Qu'on a prise comme appât,
Pleure et pleure, et pleure encore…
O mon amour chéri, je ne suis pas d'ici,
Et ne possède rien en ce monde.
Ma seule demeure est dans ton cœur,
Et non dans la mer que voilà.

*Les pendules* (1963)
Le temps est venu, dit le Morse,
De parler de diverses choses :
De chaussures, de bateaux, de cire à cacheter,
De choux et de rois,
Et de se demander pourquoi la mer est bouillante
Et si les cochons, ma foi, ont des ailes.»
(extrait de *De l'autre côté du miroir*)
Parce qu'il manquait un clou, un fer fut perdu
Parce qu'il manquait un fer, un cheval fut perdu,
Parce qu'il manquait un cheval, une bataille fut perdue,
Parce qu'il manquait une bataille, un Royaume fut perdu,
Et tout cela parce qu'il manquait un clou au fer d'un cheval.

*

*La Troisième fille* (1966)
Rub a dub dub, three men in a tub
(Trois hommes dans un baquet)
And who do you think they be?
(Et qui pensez-vous qu'ils soient?)
A butcher, a baker,, a candlestick maker
(Un boucher, un boulanger, un fabricant de chandelles…)
Texte que Poirot transforme ainsi :
Pat a cake, pat, three girls in a flat
(Trois filles dans un appartement)
And who do you think they be?
(Et qui pensez-vous qu'elles soient?)
A personal Aide and a girl from the Slade
(Une secrétaire et une fille des Beaux-Arts)
And the third is a…
(Et la troisième est…)

*

*La nuit sans fin* (1967)
Every night and every Morn
Some to Misery are born
Every Morn and every Night
Some are born to Sweet Delight,

Some are born to Sweet Delight,
Some are born to Endless Night.

William Blake

*

*Le bal de la victoire (*1974)
Madame Mary, comme c'est joli!
Comment poussent donc vos fleurs?
Au cœur des coquilles de clovisses et des petites clochettes,
Avec tout autour, de jolies soubrettes.

*

*Autobiographie* (1977)
Ma poule noire,
Agatha-Pagatha,
Pond des œufs
Pour des messieurs.
Six elle en pond et même sept,
Onze un jour elle en a pondu!

# Quelques-unes des «créatures» d'Agatha…

(Hercule Poirot, flanqué de son ami Hastings, et Miss Marple sont des personnages trop importants pour figurer dans cette liste de «seconds rôles»).

**A**

Joseph Aarons. Agent théâtral. Ami d'Hercule Poirot dans *Le Crime du golf* (1923). Se retrouve dans *Les Quatre* (1927).

Albert Batt, dit Albert.

Apparaît une première fois dans *Mr Brown* (1922), comme «assistant portier». Devient l'assistant des époux Beresford dans leur agence de détectives de *Le crime est notre affaire* (1929).

**B**

Le chef de police (ou surintendant) Battle, de Scottland Yard :

Il apparaît pour la première fois dans *Le Secret de Chimneys* (1925). Il sera présent dans *Les Sept cadrans* (1929), *Cartes sur table* (1936), *Un meurtre est-il facile?* (1939), *L'Heure zéro* (1944). Dans ce dernier roman, il est le seul détective. Et c'est aussi l'une de ses créatures qu'Agatha Christie ne caricature pas, et à qui elle prête – dans ce roman en particulier – des remarques très profondes sur la psychologie des criminels et la longue mise en place des machineries meurtrières.

«Un homme de forte carrure, aux traits rudes (...) On avait l'impression que le visage de M. Battle était sculpté dans du bois provenant d'un navire de guerre.» «Officier de police zélé, droit et consciencieux... Voilà mon genre, monsieur Poirot. Ni fioritures, ni puérilité. De la sueur d'honnête homme. Pas très malin, je dirais même un peu stupide : tel je suis.» *Cartes sur table.*

Dans *Les Pendules* (1963), Agatha Christie nous fait rencontrer le fils de Battle, un agent secret au pseudonyme de Colin Lamb. Celui-ci vient raconter à Hercule Poirot, bribes par bribes, les détails de l'enquête, lui permettant ainsi de résoudre l'énigme depuis son fauteuil.

Tommy et Tuppence Beresford :

Tommy Beresford et Prudence Cowley, surnommée Tuppence (Quat'sous dans les premières traductions françaises) apparaissent dans le deuxième roman d'Agatha Christie, *Mr Brown* (1922), appelé d'abord Les jeunes aventuriers. Tuppence est une ancienne V.A.D. (*Volunteer aid detachment*, corps d'aides-soignantes pour les blessés dont Agatha Christie avait fait partie pendant la Première Guerre mondiale).

Tommy a fait la guerre dans l'aviation et, démobilisé, il cherche du travail (comme Archie!). Leur gaieté à toute épreuve et leur énergie risque-tout les caractérisent. Ils se marieront à la fin de l'ouvrage, en présentant leur mariage comme «une sacrée aventure»!

Ils deviendront dans *Le crime est notre affaire* (1929) un couple de détectives bluffeurs et entreprenants.

Obligés à une sorte de préretraite dans *N ou M?* (1941), ils chercheront à se rendre utiles. (Cf. notre ch. 8). Ils sont alors dotés de deux enfants, Derek et Deborah, adultes et engagés dans les conflits.

On les retrouvera dans l'un des derniers romans d'Agatha, *Le Cheval à bascule* (1973).

Bundle :

(Lady Eileen Caterham, fille de Lord Caterham)

Bundle est un surnom amical, traduit en français par «Bundle-la-Boulotte», bien que (foi d'A.Christie) ce soit une jeune fille svelte élégante! Elle apparaît dans *Le Secret de Chimneys* (1925), *Les Sept cadrans* (1929). Un des prototypes de jeune fille énergique chère à Agatha Christie.

**C**

Sir Henry Clithering : policier important de Scoland Yard, à la retraite, ami de Jane Marple. Il fait partie des protagonistes habituels de Miss Marple que l'on retrouve, ou que la vieille demoiselle évoque, dans la plupart des romans dont elle est le détective, en compagnie, entre autres, de l'inspecteur Flem, du colonel Melchett, du révérend Léonard Clement et de son épouse Griselda, du docteur Haydock, etc. Dans *Un meurtre sera commis le…* (1950) il déclare son enthousiasme à l'égard de sa vieille amie : «C'est tout bonnement le détective le plus génial que Dieu ait jamais créé. Un génie au talent inné, cultivé dans l'humus le plus adéquat.»

Dermot Craddock (Inspecteur) :

policier de New Scotland Yard, filleul de Sir Henry Clithering, un des amis de Miss Marple. Apparaît dans *Un meurtre sera commis le…* (1950), *Le Train de 16h50* (1957), *Le miroir se brisa* (1962).

**G**

L'inspecteur Giraud, de la Sûreté parisienne, (ou, comme il vaudrait mieux dire de la Sûreté nationale).

Apparaît pour la première fois dans *Le Crime du golf* (1923). Spécialiste de la «recherche des indices», il sera tourné en ridicule par Hercule Poirot : «Vous êtes peut-être spécialiste des mégots et des bouts d'allumettes, mais moi, Hercule Poirot, je suis spécialiste de la nature humaine.»

Dans *La Mort dans les nuages* (1935) : «Il est très zélé. D'une énergie sans bornes», dit de lui son collègue, M. Gilles. A quoi Poirot répond : «Il l'a toujours été. Il va et vient. Il se traîne à quatre pattes. Il est partout à la fois. Il ne s'accorde jamais une minute de répit, ni de réflexion.»

Ce qui est bien le pire des jugements de la part du héros d'Agatha.

Mr Goby : détective privé. Un homme méticuleux, capable, avec son cabinet d'enquêtes, de fournir tous les renseignements que lui demande Poirot. Celui-ci sollicite ses services quand il ne peut plus que jouer les *armchair detectives*, pour éviter des déplacements et des recherches ennuyeuses. On le trouve dans *Le Train bleu* (1928), *Les Indiscrétions d'Hercule Poirot* (1953), *La Troisième fille* (1966), *Une mémoire d'éléphant* (1972).

**J**

L'Inspecteur Japp :

Il apparaît dans le premier roman, *La Mystérieuse affaire de Styles* (1920). Il sera présent dans *La Maison du péril* (1932), dans *Les Quatre* (1927), dans *Feux d'artifice* du recueil de nouvelles *Le Miroir du mort* (1936). Dans *La Mort dans les nuages* (1935) il a ce mot sur le détective fétiche d'Agatha : «C'est Monsieur Hercule Vanité Poirot»!

**L**

Mrs Felicity Lemon :

Secrétaire d'Hercule Poirot, dans *Pension Vanilos* (1955), *Poirot joue le jeu* (1956), etc. A d'abord été la secrétaire Mr Parker Pyne, et apparaît dans le livre du même nom, en 1934. Dans *Pension Vanilos* (1955) – où elle se voit dotée d'une sœur – son orthographe irréprochable lui permet d'indiquer à Poirot un nouveau sujet d'enquête.

**N**

Neele (Inspecteur) : *Une poignée de seigle* (1953). Un policier très doué, très subtil. Il «avait un petit air bravache et des cheveux drus qui lui faisaient le front bas.» Ce qui trompe son monde. «Sous des abords frustes, l'inspecteur Neele dissimulait un cerveau aiguisé et une imagination fertile.» Jacques Baudou relève le fait que le policier est un grand amateur d'*Alice au pays des merveilles*, livre auquel il emprunte des citations pour qualifier ses suspects!

**O**

Mrs Ariane Oliver :

Apparaît pour la première fois dans *Mr Parker Pyne* (1934), en tant que romancière célèbre dont les «46 romans à succès ont été traduits en français, allemand, italien, hongrois, finnois, japonais et autres langues». On la retrouve dans *Cartes sur table* (1936) où elle est présentée plus précisément comme auteur de romans «policiers». Elle deviendra, au fil des années et des romans, un double autocaricaturé d'Agatha Christie elle-même, permettant à l'auteur de développer quelques morceaux de bravoure sur l'écriture, sur le peu de cas qu'elle fait de son propre talent, etc. Comme Agatha elle adore croquer des pommes, comme Agatha elle s'est inventé un détective étranger (finlandais) et, comme Agatha, elle ne sait comment s'en débarrasser. Différences : Ariane Oliver se prévaut de «l'intuition féminine» (et l'on sait quel cas fait Agatha de l'intuition) et elle est résolument féministe, allant jusqu'à souhaiter qu'une femme dirige Scotland Yard.

Présente aussi dans Mrs MacGinty est morte (1952), *Poirot joue le jeu* (1956), *Le Cheval pâle* (1961).

**P**

Mr Parker Pyne :

Apparaît dans *Mr Parker Pyne* (1934). Se dit «professeur de bonheur», et passe des annonces dans *The Times* pour attirer sa clientèle. Un homme tout de rondeur, de sagesse et… d'astuce!

Le colonel Ephraïm Pikeaway :

Intervient dans les romans de la dernière période : *Le Chat et les pigeons* (1958), *Le Cheval à bascule* (1973), *Passager pour Francfort* (1970). Chef des Services secrets, il est normal de le retrouver dans les romans d'espionnage. Signe particulier : masque sa compétence sous une somnolence permanente : «Ses yeux ont toujours l'air de se fermer pour un somme, ou de s'entrouvrir après un somme.»

**Q**

Mr Quinn :

Agatha dit que les histoires où elle fait intervenir Mr Quinn sont ses nouvelles préférées. «Je refusai toutes les offres de séries qui me furent faites par les périodiques. Je ne voulais pas faire de séries avec Mr Quinn. Je voulais seulement écrire une de ses aventures quand l'envie m'en prenait. Il était pour moi une sorte de transfert de mes anciens poèmes sur Arlequin et Colombine.

Mr Quinn était un personnage qui figure dans une histoire. Un catalyseur, rien de plus. Sa seule présence affectait la vie des autres. Il se passait un fait anodin, parfois il suffisait d'une phrase peu significative pour démontrer ce qu'il était : un homme présenté sous une lumière multicolore qui tombait sur lui, à travers la vitre d'une fenêtre. Une soudaine apparence et une soudaine disparition. Il se battait toujours pour les mêmes causes : c'était l'ami des amoureux et il avait un lien avec la mort.» *Autobiographie*.

**R**

Colonel Race : des Services secrets, ex-agent du contre-espionnage britannique. Il apparaît aux côtés d'Hercule Poirot dans *L'Homme au complet marron* (1924), *Cartes sur table* (1936), *Mort sur le Nil* (1937). Il devient le détective principal de *Meurtre au champagne* (1946). Fumeur de pipe, c'est «un homme de belle prestance, à l'allure martiale, au visage buriné, aux cheveux gris coupés en brosse et aux yeux noirs perspicaces.» Il est lourd de son expérience passée : «un aventurier du style "bâtisseur d'empire", et il avait vécu la plus grande partie de sa vie à l'étranger.» Encore un sage silencieux : «Race exécrait les bavardages, les conversations à bâtons rompus. Il était le type même de ces personnages monolithiques, solides comme des rocs et volontiers murés dans leur silence, si prisés, jadis, de certains romanciers.»

Mr Robinson :

Apparaît pour la première fois dans *Le Chat et les pigeons* (1958), puis dans *A l'hôtel Bertram* (1965), *Passager pour Francfort* (1970), *Le Cheval à bascule* (1973).

Un «arrangeur», «énigmatique financier (...) qui joue un rôle important dans les coulisses de la politique et des affaires» (Jacques Baudou). L'«étranger» par excellence : «L'apparence de l'homme qui entra dans le bureau du colonel n'indiquait pas qu'il portât – ou qu'il eût jamais porté – le patronyme de Robinson. Son vrai nom aurait pu être Demetrion, Isaacstein ou Perenna. Au choix. Il n'avait rien de précisément juif, mais rien non plus de grec, de portugais, d'espagnol ou de latino-américain. Ce qui semblait hautement improbable, c'est qu'il soit anglais et que son vrai nom soit Robinson.»

Vera Rossakoff (la comtesse) : tentative d'Agatha pour conférer à Hercule Poirot une existence amoureuse. «Aristocrate russe d'une grande beauté». Apparaît pour la première fois dans une nouvelle de 1925 : *Un indice de trop*. Inspirée, semble-t-il, par l'Irène Adler d'*Un scandale en Bohême* de Conan Doyle. Hercule Poirot la rencontrera à nouveau dans *Les Quatre* (1927). Il l'évoquera dans *Un, deux trois...* (1940) : «Quelle somptueuse créature, un oiseau de paradis, une Vénus... la fine fleur de l'aristocratie russe, racée jusqu'au bout des ongles! Et aussi, se remémorait-il, voleuse hors pair. Un de ces génis innés.» L'auteur remettra Poirot et la comtesse en présence dans *La Capture de Cerbère*, une des nouvelles des *Travaux d'Hercule* (1947). Le détective rencontre alors la sulfureuse comtesse dans une «boîte» de nuit, nommée l'Enfer! «Une femme aux formes pleines et sensuelles, à la flamboyante chevelure rougie au henné que couronnait un anneau de paille sur lequel nichaient une nuée d'oiseaux aux plumes luxuriantes. Un niagara d'improbables fourrures lui cascadait des épaules.»

**S**

Mr Satterthwaite :

Apparaît dans le recueil de nouvelles *Le Mystérieux Mr Quinn*, 1930, toujours en compagnie de Mr Quinn. Puis en 1935, dans *Drame en trois actes*, cette fois en protagoniste d'Hercule Poirot, et dans une nouvelle, *Le Miroir du mort*, en compagnie encore du policier belge, en 1937. «C'était un drôle de petit bout d'homme, tout ratatiné (...) un mécène des arts et du théâtre, un snob incorrigible mais sympathique, toujours présent dans les dîners et les raouts mondains : au bas de toute liste d'invités digne de ce nom figurait invariablement la mention "...et Mr Satterthwaite, bien entendu". Fort intelligent au demeurant, il était célèbre pour sa modestie innée et pour la perspicacité avec laquelle il savait juger et les gens et les choses.» *Drame en trois actes* (1935).

«Mr Satterthwaite n'aimait rien tant que d'observer les gens. Et, dans l'ensemble, les femmes l'intéressaient plus que les hommes. D'ailleurs, pour un homme, il en savait beaucoup sur elles. Quelque chose de féminin dans son caractère lui permettait de pénétrer en profondeur leur esprit.» *Ibid.*

Spence (Superintendant), de la police de l'Oatshire : un des policiers appliqués et méthodiques chers à Agatha. Il est, comme Battle, «lourd et imposant» *Le Flux et le reflux* (1948).

Spence (Bert. Superintendant) : un autre policier que le précédent, bien que portant le même nom. «Policier à l'ancienne mode», dit Jacques Baudou, il intervient dans *Mrs Mac Ginty est morte* (1952).

**W**

West (Raymond) : le neveu de Miss Marple. Apparaît presque toujours – au moins cité par sa tante – dans les romans et nouvelles où Miss Marple joue le rôle principal. «Un romancier moderne qui traitait de sujets corsés dans ses livres : inceste, sexe, descriptions sordides de chambre à coucher et de bidets. Sa vieille tante Jane (...), il la traitait avec une tendresse indulgente, comme quelqu'un qui ignore tout de la vie.»

Le colonel Weston : chef de police, apparaît dans *La Maison du péril* (1932). Il revient dans *Les Vacances d'Hercule Poirot* (1941).

«Mr Satterthwaite n'aimait rien tant que l'observer les gens. Et dans l'ensemble, les femmes l'intéressaient plus que les hommes. D'autant plus qu'un [illegible], il en savait beaucoup sur elles. Quelque chose de féminin dans son caractère lui permettait de pénétrer au profondeur leur esprit» (1930).

Spence (Superintendant) : de la police de l'Oxfordshire, un des policiers sympathiques et méthodiques chers à Agatha. Il est, comme Battle, sérieux et important. *Le Flux et le reflux* (1948).

Spence (Bert Superintendant) : un autre policier que le précédent, bien que portant le même nom. «Policier à l'ancienne mode», dit Jacques Baudou. Il intervient dans *Mrs Mac Ginty est morte* (1952).

## W

West (Raymond) : le neveu de Miss Marple. Apparaît presque toujours – au moins cité par sa tante – dans les romans et nouvelles où Miss Marple joue le rôle principal. «Un romancier moderne qui traitait de sujets osés dans ses livres : inceste, sexe, descriptions sordides de chambre à coucher et de bidets. Sa vieille tante Jane (...), il la traitait avec une tendresse indulgente, comme quelqu'un qui ignore tout de la vie».

Le colonel Weston : chef de police, apparaît dans *La Maison du péril* (1932). Il revient dans *Les Vacances d'Hercule Poirot* (1941).

## «Du même auteur…»

Œuvres d'Agatha Christie, dans l'ordre de leur parution en Angleterre. (Nous donnons les titres français. Nous nous en tenons, en ce qui concerne les recueils de nouvelles, aux titres choisis pour la version anglaise; les nouvelles ont connu des regroupements divers, en France en particulier. Nous choisissons les titres qui sont reproduits dans L'Intégrale des œuvres d'Agatha Christie publiée par le Masque. Le volume 6 de cette collection comporte une recension des nouvelles et de leurs différentes publications.)

Les pièces de théâtre et adaptations pour le théâtre ne sont pas reprises ici.

Romans (et recueils de nouvelles) policiers :
1920. *La Mystérieuse affaire de Styles.*
1922. *Mr Brown.*
1923. *Le Crime du golf.*
1924. *L'Homme au complet marron.*
1925. *Les Enquêtes d'Hercule Poirot (nouvelles).*
1925. *Le Secret de Chimneys.*
1926. *Le Meurtre de Roger Ackroyd.*
1927. *Les Quatre.*
1928. *Le Train bleu.*

1929. *Les Sept cadrans.*
1929. *Le crime est notre affaire (nouvelles).*
1930. *L'Affaire Protheroe.*
1930. *Le Mystérieux Mr Quinn (nouvelles).*
1931. *Cinq heures vingt-cinq.*
1932. *La Maison du péril.*
1932. *Miss Marple au Club du Mardi* (nouvelles).
1933. *Le Couteau sur la nuque.*
1933. *Le Flambeau* (nouvelles).
1934. *Mr Parker Pyne* (nouvelles).
1934. *Le Crime de l'Orient-Express.*
1934. *Pourquoi pas Evans?*
1934. *Le Mystère de Listerdale* (nouvelles).
1935. *Drame en trois actes.*
1935. *La Mort dans les nuages.*
1936. *A.B.C. contre Poirot.*
1936. *Cartes sur table.*
1936. *Meurtre en Mésopotamie.*
1936. *Le Miroir du mort* (nouvelles).
1937. *Mort sur le Nil.*
1937. *Témoin muet.*
1938. *Rendez-vous avec la mort.*
1938. *Le Noël d'Hercule Poirot.*
1939. *Un meurtre est-il facile?*
1939. *Dix petits nègres.*
1940. *Un, deux, trois...*
1940. *Je ne suis pas coupable.*
1941. *Les Vacances d'Hercule Poirot.*
1941. *N ou M?*
1942. *Un cadavre dans la bibliothèque.*
1942. *Cinq petits cochons.*
1942. *La Plume empoisonnée.*
1944. *L'Heure zéro.*
1945. *La mort n'est pas une fin.*
1946. *Meurtre au champagne.*
1946. *Le Vallon.*

1947. *Les Travaux d'Hercule* (nouvelles).
1948. *Le Flux et le reflux.*
1949. *La Maison biscornue.*
1949. *Trois souris.*
1950. *Un meurtre sera commis le...*
1951. *Rendez-vous à Bagdad.*
1952. *Mrs McGinty est morte.*
1952. *Jeux de glaces.*
1953. *Les Indiscrétions d'Hercule Poirot.*
1953. *Une poignée de seigle.*
1954. *Destination inconnue.*
1955. *Pension Vanilos.*
1956. *Poirot joue le jeu.*
1957. *Le Train de 16 h 50.*
1958. *Témoin indésirable.*
1959. *Le Chat et les pigeons.*
1960. *Christmas pudding* (nouvelles).
1961. *Le Cheval pâle.*
1962. *Le miroir se brisa.*
1963. *Les Pendules.*
1964. *Le Major parlait trop.*
1965. *A l'hôtel Bertram.*
1966. *La Troisième fille.*
1967. *La nuit sans fin.*
1968. *Mon petit doigt m'a dit.*
1969. *La Fête du potiron.*
1970. *Passager pour Francfort.*
1971. *Nemesis.*
1972. *Une mémoire d'éléphant.*
1973. *Le Cheval à bascule.*
1975. *Hercule Poirot quitte la scène.*
1976. *La Dernière énigme.*

Livres autobiographiques :
1946. *Dis-moi comment tu vis.*
1977. *Autobiographie.*

Romans publiés sous le pseudonyme de Mary Westmacott :
1930. *Musique barbare.*
1934. *Portrait inachevé.*
1944. *Loin de vous ce printemps.*
1947. *L'If et la rose.*
1952. *Ainsi vont les filles.*
1956. *Le Poids de l'amour.*

# Table des matières

CET OUVRAGE A ÉTÉ COMPOSÉ
PAR LES ÉDITIONS FLAMMARION

*Achevé d'imprimer en janvier 1999*
*sur presse Cameron*
*par* ***Bussière Camedan Imprimeries***
*à Saint-Amand-Montrond (Cher)*
*pour les éditions FLAMMARION*

— N° d'édit. : FF749602. — N° d'imp. : 990076/1. —
Dépôt légal : décembre 1998.

*Imprimé en France*